「究」叢書・知を究める 8

自由の条件

スミス・トクヴィル・福澤諭吉の思想的系譜

猪木武徳［著］

ミネルヴァ書房

自由の条件——スミス・トクヴィル・福澤諭吉の思想的系譜

目次

序章　本書の目論み

スコットランド啓蒙思想を背景としたアダム・スミスの著作は、フランスの自由主義思想家トクヴィルにいかなる痕跡を残しているのだろうか。そして彼らの古典的自由主義思想は日本の福澤諭吉の社会観にいかなる影響を与えたのか。本書の目的は、こうした思想（観念）の国際的な伝播を具体的にテキストに沿って辿ることにある。

本書で取り上げたこれら英・仏・日の三人の思想家に関する研究蓄積は、文字通り汗牛充棟の観がある。仮にその各々の研究史に明るかったとしても、過去の膨大な量の研究を博捜して書き進めると論は長くなるだけでなく、焦点を見失う恐れがある。筆者はそうした研究史に明るいわけではなく当面の関心事ではないこともあって、本書では基本的にこれら三人の思想家の著作のみから引用し、それ以外の研究文献に言及するところは少ない。過去の研究書の山に屋上屋を重ねることは避け、これら思想家の作品そのものに向き合うことにした。

トクヴィルを軸として自由の問題を記述したのは、トクヴィルの『アメリカのデモクラシー』を再構成すれば、自由の現代的な意義がさらに明確になると考えたからである。トクヴィルのこの社会科学上の大傑作には、比較体制論、地方分権論、産業化と大衆社会論、デモクラシー制の下で生きる人間の類型論など、さまざまな視点が含まれている。その議論の中核部分を際立たせるためには、次のように三つのレベルに分けて再構成すると、現代の産業社会が直面する基本的な問題を理解するための鍵が得られるように思う。

第一のレベルは、デモクラシー、すなわち「境遇の平等化」と、それがひき起こす問題と弊害は何かを問うこと、第二のレベルは、その弊害を食い止めるための仕組みとして、米国のデモクラシーはどのような装置を組み込んできたかを検討すること、そして第三のレベルは、デモクラシーの下で私的な生活領域にのみ強い関心を抱く「個人」を、公共精神を持った「市民」へと転化させるための観念（イデア）としての「共同善（common good）」とは何かを考察することである。このうち、第三のレベルは、「共同善」という概念を前提とした形而上学の分野か、神的な直感を語る宗教の世界に踏み込まねばならない。現代社会の人間が持ちうる共通の「理念」とは何かを十分に精査することが必要になるのだ。この作業は現在の筆者には手に余る。

ただ、このように三つのレベルを区別しておくと、トクヴィルの著作が指し示す現代へのメッセージがより鮮明になるように思う。本書の目的は、これら三つのレベルを意識しながらトクヴィルを換骨奪胎し、その構造と現代的な意味を省察することにあると言ってもよい。トクヴィルはアダム・スミスを読み、N・W・シーニア、J・S・ミルはじめ英国の古典経済学者と交友関係を結び、後にはドイツ語圏のブルクハルト、ウエーバー、さらにはハイエクや日本の福澤諭吉にも大きな影響を与えた。その思想的・政治的立場は対極をなすが、トクヴィルはマルクスと並ぶ一九世紀の最もスケールの大きい社会科学の理論家であったと言えるのではないか。一世代前、あるいは同時代のイギリスの古典経済学の研究から多くを吸収した点も、マルクスとトクヴィルには共通する特徴があったと言える。

実証的な比較体制論

プラトン、アリストテレスはもちろん、モンテスキューに至るまで、伝統的な政治学の基本テーマは、政体（regime）の比較論にあったと言えよう。しかし、「比較体制論」と銘打たれていたわけではないものの、極めて実証的に、自由と隷属の政治経済システムを同時代の視点から、将来の「見通し」を含め本格的に論じている点にトクヴィルの『アメリカのデモクラシー』の特色がある。トクヴィルの著作を読むと、彼が観察、資料収集、概念の抽出、聴き取り、比較、といった社会科学の基本的なメソドロジーに大変忠実であったことがわかる。彼の直観と洞察力の背後には、丹念な資料収集と、新たな概念を探るための観察、文献的な情報を確認するための面接調査があり、その著作が単に「天才的な」レトリックだけで飾られた言説ではないことに改めて気付かされる。そうした学問的姿勢が整っていたからこそ、新しい社会科学の古典的名著を生み出すことができたのだろう。

この点を具体的に見るために、そして彼の社会科学者としての面目躍如たる力量を示す例として、「比較体制論」の理論的・実証的な議論をまずこの序章で紹介しておきたい。筆者のように経済社会の構造を学んできた者にとって、トクヴィルがなぜ魅力的なのかを説明するための格好の例と考えるからである。

トクヴィルは一八三一年春から三二年春までの約十カ月、ジャクソニアン・デモクラシー下の米国を旅している。この旅によって自由の有無がいかに人間の生活を変え、自由の侵害がいかなる社会的・経済的な帰結をもたらすのかを実感し、帰国後十分な歳月を費やして『アメリカのデモクラシー』(第一巻、一八三五年、第二巻、一八四〇年)を著わした。一八三〇年代の米国では、北部諸州の奴隷制はすでに廃止されていたが、南部では奴隷制が過酷さを増していた。同書第一巻・第二部最後の長大な第十章「合衆国の国土に住む三つの人種の現状と予想されるその将来に関する若干の考察」の「黒人人種が合衆国の中に占める位置、その存在が白人にもたらす危険」と題する節は、自由な労働と奴隷労働の比較を通して、現代社会にも多くの示唆を与えている。特に、政治経済体制の違いによって、人間の存在そのものと密接に関わる労働の持つ意味や目的、そして形態が異なってくるという点を明らかにした意義は大きい(1)。

まず彼が注目したのは、奴隷の少ない州ほど、人口と富が増大しているという点であった。北部では農場主は自分で耕すか、外部から労働力を有償で調達しなければならなかった。他方、南部では（維持と再生産の費用を除くと）ほとんど無償の労働力（すなわち奴隷）が調達できた。にもかかわらず、なぜ北部州の方が経済的に豊かなのか。トクヴィルはこの問いに、自由労働なのか、あるいは奴隷労働なのかに注目しつつ、鋭い洞察をもって答えている。比較の例として挙げられたのは、オハイオ州とケンタッキー州である。

オハイオ川とエリー湖に囲まれたオハイオ州は、一七八七年に建設され、一八〇三年に連邦に十七番目の州として加入、アメリカが独立を成し遂げた後に獲得した北西部領地から生まれた最初の州である。農業も盛んであったが歴史的には全米有数の工業州に成長し、（中西部・西部諸州の中では）都市的性格の強い州として発展していた。

一方のケンタッキー州は、一七七五年に建設され、一七八三年パリ条約によって合衆国領となり、一七九二年に第十五番目の州として連邦に加入している。石炭の産地として知られていたものの、工業化は遅れ、農業面でも先進性はなかった。このようにケンタッキー州の方がオハイオ州よりも誕生が十二年古い。しかし一八三〇年のセンサスでは、オハイオ州の人口は約九三万、ケンタッキー州は約六八万、と、若いオハイオ州の方が人口で二五万人以上多くなっている。自由労働のオハイオ州の方が豊かで人口の増加が速かったのだ。

オハイオ川を挟んだこれら二つの州、オハイオ州（自由州）とケンタッキー州（奴隷州）を対比させたトクヴィルの鋭い観察と、詩的で美しい表現を松本礼二氏の訳（岩波文庫版）から何カ所か引用してみよう。

「オハイオ川の両岸には起伏のある土地が広がり、土壌は毎日農夫にその尽きざる恵みを与える。どちら側でも空気は同じように清浄で、気候は温暖である。両岸がそれぞれ大きな州の境界をなしている。オハイオ川の流れが刻む限りない蛇行に沿って左岸の州はケンタッキーと呼ばれる。もう一つの州はその川自体から名をとった(2)」

これら二つの州（ケンタッキーとオハイオ）の相違は、ケンタッキー州が奴隷を許容し、オハイオ州はこれをすべて拒否したというただ一点にのみある。したがって、

「オハイオ川の真ん中をミシシッピに合流するまで流れにまかせて下る旅人は、いわば自由と隷従の境界を航海することになる。そうした旅人は周囲に目をめぐらすだけで、どちらが人間にとって有利であるか、たちどころに判断できる(3)」

多くの条件がコントロールされた、まさに経済体制を比較するための絶好のサンプルがここにあるとトクヴィルは見ているのだ。

「左岸（すなわちケンタッキー州――筆者注）では、人口は疎らである。ときどき、奴隷の一群が半ば荒れ果てた畑を注意散漫に歩くのが見える。原始林が絶えず姿を現す。社会はまるで眠っているようだ。人は暇をもて余しているように見え、自然が活発で生き生きした姿を示す（4）」

反対に右岸のオハイオ州では、

「産業の存在を遠くまで宣言する騒音が鳴り響いている。豊かな実りが畑を覆い、瀟洒な住まいが農夫の趣味のよさと手入れのよさを窺わせる。至るところに豊かさが滲み出、人は裕福で満足しているように見える。彼は働いているのである（5）」

この「彼は働いているのである」という言葉は、見事に自由な労働と活き活きした人間の感情の関係を捉えている。

奴隷州と自由州とのこうした活力の差を、トクヴィルは古代の文明と今日の文明との間に見られる多くの相違とのアナロジーで理解する。

「オハイオ川の左岸では、労働は奴隷制の観念と混同されている。右岸では安楽と進歩の観念と一体である。かしこではそれは不名誉だが、こなたでは称賛の的である。その川の左岸では白人人種に属する労働者は見つからない。いたとしても、彼らは働いて奴隷に見られるのを恐れるであろう。黒人の労働に頼るほかはない。右岸では閑人を探そうとしても無駄である。白人は活力と知力を傾けてあらゆる仕事に手をのばす(6)」


ケンタッキー州では耕作に当たる人々には熱意と知識がないのだ。ケンタッキーでは主人たちは奴隷を働かせても、賃金を払う義務はない。しかし奴隷の労働からはほとんど成果が引き出せない。熱意と知識を持っている人々は何もしないか、自分の技術を生かし、恥じることなくこれを行使できるように対岸のオハイオに渡るのだ。オハイオ州では、自由な労働者に金を与えれば、それは生産物の値段に「利息付で戻ってくる」。なぜなら、自由な労働者は有給だが、奴隷より仕事が速い。白人は労力を売りに出すが、人がこれを買うのはそれが役に立つときだけである。

「自由な労働者は賃金を受け取る。奴隷は教育を受け、食料をあてがわれ、保護を受け、衣服を支給される。主人が奴隷の保持のためにする金の消費は少しずつ、細々と続き、なかなか気づかない。労働者に支払う賃金は一時に出ていき、受領者を豊かにするだけのように見える。だが実際には、奴隷の方が自由な人間を雇うより高くつき、奴隷の労働の方が生産性が低い(7)」

奴隷の仕事が結局は高くつくことは、アダム・スミスが『国富論』の中で指摘している(8)。自由な労働と奴隷労働は、経済社会の姿と個々の労働者のメンタリティーにかくも大きな違いをもたらすという点を、トクヴィルも鋭く見抜いているのである。この洞察こそ、二十世紀の社会主義国家の多くが経験した事実を予言するが如き体制論的な考察となっている。

自由経済と計画経済を対比させた「比較体制論」には、どのような現代的な意味があるのだろうか。二十世紀はじめに「ソビエト連邦」という社会主義国家が誕生して以来、政治・経済体制の長所短所を「比較」の視点から論究する分野が多くの研究者の関心を集めてきた。異なった体制が長期的な競争をすれば、どちらが、いかなる理由で生き残れるのかという問題意識がそのベースにあった。少なくとも、市場が生み出す「価格」に含まれる情報と、市場の需給調整機能を無視した社会主義計画経済が、自由競争の経済システムの前にあえなく敗退したことは、一九八九年の「ベルリンの壁の崩壊」が象徴的に示している。しかしその後、現代中国のような、経済は基本的に市場システム、政治は（共産党の党官僚による）一党独裁という、自由と専制の入り混じった文字通りの「混合体制」が出現したため、その体制の持続可能性と長期的なパフォーマンスの優劣が改めて問われるようになった。比較体制論は議論の枠組みを変え、装いを改めて復活したのである。

現代社会のアポリア
——自由と平等の両立

さらにトクヴィルが、「自由と平等の両立がいかに困難か」という社会哲学の現代的課題を提起している点にも注目したい。この解決の難しい問題（アポリア）は、民主化（平等化）への情熱が充満する十九世紀前半のヨーロッパの人々にとっては意外な指摘と映ったと思われる。トクヴィルの同時代人にとって、民主化の進展は、専制君主による独裁の消滅とほとんど同義と考えられており、平等化と自由の拡大は相携えて同時に進展するとみなされていたからである。

この点に関するトクヴィルの洞察には、彼の出自と彼が生きた社会の時代状況が深く関係している。フランス・ノルマンディー出身の貴族であったトクヴィルは、民主革命と産業革命という二つの革命の時代、すなわち旧体制の伝統的価値が崩れ去り、「平等」という近代的価値が支配する社会への移行期を生きた思想家であった。彼が生まれるわずか十年余り前に、フランス革命とアメリカ合衆国の成立という政治的な大変動が起こっている。民主化、すなわち「平等の原理」が社会に確実に浸透していく時代であった。こうした時の流れに対して、トクヴィルは平等化の進行を阻止するという「反動的」な立場を取ることはなかった。しかし平等化がいかんともしがたい宿命であるかのごとき「歴史決定論」に与したわけでもなかった。

彼の人間観・社会観の特徴のひとつは、人間本性の表出は社会的条件によって規定されるところが大きいという点にある。法、慣行、あるいは習俗（mœurs-mores）が社会的条件の形成要素をなすが、その中で習俗が、人間の思い、言葉、行いを最も強く左右するとトクヴィルは考えている。プラトンの言葉を借りれば、ひとつの体制（regime）とそれにともなう魂が、人々の感情、行動目標、憧れとする人間のタイプ、さらには言葉遣いなどに影響を及ぼすと見るのである。人間は、与えられた制度の中で、かなりの程度目的合理的な行動をとる。もちろん、その目的がどのような価値意識の下で設定されているのかによって合理性は異なる形をとるであろう。

デモクラシーの社会がどのような人間を生み出すのかを考察することによって、「平等化」の行き過ぎや欠陥を是正できれば、自由と平等の両立は不可能なことではない。そうした民主制社会における自由と平等の両立という難問を取り出し、その解決方法を探ったのが『アメリカのデモクラシー』という作品なのである。

トクヴィルの慧眼は、平等の原理が際限なく拡大されると、新しい専制が生まれるという危険性を察知したという点にある。民主的な力、平等への情熱は、「自由」とも「独裁」とも両立しうるという可能性を喝破しているのである。『アメリカのデモクラシー』の最終部分で、トクヴィルは次のように述べる。平等は二つの道へ通ずる。ひとつは人々を独立心旺盛にし、無政府へと向かわしめる道。もうひとつは、ゆっくりと知らず知らずのうちに隷従へと向かう道である。第一の道には人々は容易に気付き、それに抵抗しようとする。第二の道には、わからないままに引きずり込まれてしまう危険性がある。[9]

後者の道をたどらないようにするために、本書でこれから詳しく論ずるように、国家と国民の間に、「二次的諸権力（pouvoirs secondaires）」を置くことが必要だとトクヴィルは指摘する。この考えには、彼の貴族としての出自が色濃く反映していると思われる。貴族制の時代には、この「二次的諸権力」は、統治に当たるものに、出自、教養、富などが一体となって備わっていたからだ。しかし平等の時代にあっては、こうした「二次的諸権力」という観念は自然と人々の心から消え去ってしまう。「単独の中央権力と一律の法律」という考えが当然とみなされるようになったからだ。平等の時代には、ちょっとした特権も強く嫌悪されるため、あらゆる政治的な権利は徐々に国家の代表者の手に集中していくのである。

この点は二十世紀の社会主義独裁国家が鮮やかに証明してくれた。二十世紀のリベラリズムの旗手の一人、F・ハイエクも、彼の古典的論文「個人主義――真と偽」の中で、こうしたトクヴィルの見解をしばしば引用している。[10]『アメリカのデモクラシー』は民主制礼賛の書でもなく、貴族制擁護の書でもない。民主制を独裁政治から如何に護るのかを論じた「自由擁護の書」なのである。

相互依存の感覚の喪失

デモクラシー社会は、旧体制下の身分制度を支えていた規範そのものが崩れ去り、人々がバラバラになって「アトム化」する傾向を持つ。個人は自分の殻に閉じこもり、社会的、知的、政治的な栄達の道に向かって邁進することに専念しがちになる。と同時に、一人ひとりが「平等な」個人として対峙し、独立してはいるものの無力であることを自覚している（だからこそ、「結社」のような形で互いに連携し援け合う必要を痛感しているのだ）。自己を最終的には他者から切り離された単体として認識するという人間の存在把握は、デカルト哲学の基本であった。トクヴィルが、「アメリカ人は、デカルトを読まずしてデカルトの哲学を生きている」と評したのは、まさにこの「単体性」、つまり社会的存在の基底における「紐帯の喪失」を指していた。

中世の貴族制社会では、国、教会、宮廷、荘園など、さまざまな社会的・政治的紐帯が存在し、人々はより広い社会や宇宙の姿を把握し感じ取ることができた。しかしデモクラシーの下では、あらゆる信仰と愛着の対象が個人の私的判断に委ねられる結果、物質的な安逸を追求し、公的事柄への関心を弱め、私的な福祉が生の最終的な目標となり、卓越性、公徳、偉大さへの情熱が衰える。伝統的な紐帯と社会的義務の感覚が希薄になった社会では、人々は自分たちの生活の条件の向上にとって、直接感じ、理解できるような欲望の満足に精神を集中させるからだとトクヴィルは見たのだ。

伝統的な貴族制社会では、富や物質的な条件は、あたかも「生まれ」によって与えられた「自然なもの」として受け入れられ、時間をかけて生成された「慣習」が人々の生活の安定性と静謐さを支えていた。しかしデモクラシーが生み出す個人主義は、生活の向上と幸福の追求はすべての人間の「自然権」と考えるようになる。「アメリカ独立宣言」(一七七六)は、この思想を、「すべての人間は創造主によって、だれにも譲ることができない一定の権利が与えられている。これらの権利の中には、生命、自由、そして幸福の追求が含まれる。これらの権利を確保するために、人々の間に政府が設置されるのであって、政府の権力はそれに被治者が同意を与える場合のみ、正統とされるのである」と簡潔に語っている。不平等を解消すべき力が「自然権」のひとつとみなされるようになったのである。

デモクラシーは「条件の平等化」の原理に最高の価値を置くため、少数者ではなく、すべての人間の物的福祉への要求を平等に満たさなければならない。資源と技術に制約がある場合、こうした欲求が過度に走る危険性は否定できない。物質的福祉を得る機会はすべての人間に平等に与えられているから、競争は熾烈にならざるを得ない。「もっと得たい」という欲望、「得たものを失うのではないか」という不安と恐怖が常に付きまとう。トクヴィルは、こうした欲望と不安の解決法が商業であり、商業が、物質的な福祉への欲求を満足させるだけではなく、有能な人間の能力を紛らわす最も有効な方法だと見るのである。民主制社会では、能力のある人間は政治よりビジネスへと流れる傾向があることをトクヴィルは見抜いているのだ。

このようにトクヴィルは、民主制を個人主義と物質主義という二つの要素によって特徴付ける。もちろん、個人主義は、ある種「同感（compassion）」の精神によって弱められることも確かだ。人々は相互に境遇の類似性に気付き、同情が生まれるからだ。この同情と自己利益追求の精神が合わさって、民主制の時代にも「社会的紐帯」が生まれる可能性はある。しかしこの紐帯は決して強くはない。同情はしばしば自己利益に圧倒されるからだ。この同情の精神が十分な効果を発揮するためには、「豊かさ」という条件が必要となる。豊かさは、競争を弱め、人々の間の厳しい利害対立を緩和させる力があるのだ。

実際、トクヴィルの見たアメリカは、まだ「フロンティア」が消滅せず、豊かな大地と自然資源に恵まれた大国であった。物質主義と個人主義を精神的な柱とするアメリカ人は、実生活で出会う小さな困難をすべて人の援けを借りずに自力で解決している。そのことから、直ちに、「世界のすべては説明可能であり、知性の限界を超えるものは何もない」と結論するような傾向がアメリカ人には生まれているとトクヴィルは観察する。自分の理解し得ないものの存在を否定してしまうのだ。したがって、アメリカ人は哲学の方法を書物に求める必要がなく、自分自身の中に発見していると言う(11)。

このように、トクヴィルが特性化（characterize）したデモクラシーの基本構図は、バラバラになった「個人」が国家と対峙するというものであった。そこでは「個人」は公共的な事柄への関心を失い、自分と家族そして友人たちとの私的な世界に閉じこもり、国家の運命が個人の行く末にどのような影響を及ぼすかを想像する意欲と関心を弱める。人々は自由を味わうことによって、自分たちが相互に依存しあっているという感覚を失っていくのだ。

社会的な紐帯を回復する

こうした傾向をできる限り弱め、利己心を「啓発された形」に修正するために、アメリカ社会はいくつかの「装置」を意識的に統治構造の中に埋め込んでいるとトクヴィルは指摘する。第一は「地方自治」の徹底である。アメリカには統治（government）の中央集権化はあるが、行政（administration）の集権化はない。法の執行のされ方が下位の行政単位に限定・分散され、「自由の避難所」が存在するからだ。それがタウン（Town）、カウンティー（County）、ステート（State）というように重層構造をなすアメリカの地方分権制である。そして、この地方自治の機能の仕方を文献と聴き取りで詳しく調べた結果、トクヴィルは次のように結論付ける。最小単位での地方自治に参加することによって、利己的な個人は、共同の利益とは何かを考慮するように訓練されると。地方自治が市民（Citizenship）の精神を育むのである。

デモクラシーが生み出す個人主義的な傾向を弱める第二の装置は、陪審制である。トクヴィルは、元来法律家には秩序や形式を尊重する精神があり、貴族主義的な傾向が認められると見ている。したがって、法律家にはデモクラシーへの「対抗物」という役割があり、陪審制は人民主権のドグマとなり、司法制度としてだけでなく、「政治制度」としても重要な意味を持つのだ。その陪審制によって人々は正義とは何かを考え、公正の実践、自己の行為への責任、行政官的な考え方、秩序への感覚を学び取るのである。

第三の「装置」は結社（association）である。トクヴィルが訪れた頃からすでに、アメリカには驚くほど多くの結社があった。こうした中間団体は、時として社会を分断するような力を持つ。しかしむしろトクヴィルは、結社はマイノリティーの権利を護る力を持ち、人々が「共同の利益」あるいは「共同善」へ順応するための訓練を受ける場となると考える。連携することは、「共同の利益」の認識を必要とし、文明が野蛮に回帰しないためにも不可欠な仕組みなのだ。

要約的な形で挙げたこれら三点は、この序論の冒頭で触れた三つのレベルのうち、第二のレベルに該当する。そしてこの第二のレベルは、デモクラシーの限界や欠陥を修正すべく、ここ二十年来日本でもしばしば議論されてきた三つの社会的な課題、「地方分権」「裁判員制度」「ＮＰＯ」と重なっている。これらすべて、社会的な紐帯を回復するための「仕掛け」でもある。社会的な紐帯こそ公共精神の醸成のベースとなるのだ。

このように、公共精神を涵養するための「装置」がアメリカ社会には埋め込まれているとトクヴィルは見た。それだけではない。デモクラシーにとってさらに重要なのは宗教の役割であるとも言う。デモクラシーの下では、「今」「自分」という問題へ絶えず関心が集まりがちな人間を、

「他者へ」「未来へ」と心を押し広げてくれるのが宗教の重要な働きだとトクヴィルは見ている。宗教は人間に崇高な感情を呼び覚まし、他者への義務を思い起こさせる。宗教は徹底した自己中心主義から人間を解放してくれるのだ。したがって、トクヴィルの念頭にあった宗教は、必ずしも特定の宗派の組織宗教ではない。人間の魂が求める「不死」の問題への答えを素朴な形で示してくれるようなものであろう。それは、先に述べた第三のレベル「共同善」という無定義語の内実を探る作業となるはずである。

トクヴィルの考えの根本には、自由は道徳なしには成り立たず、道徳は宗教、あるいは「共同善」なくしてはその根拠を失うという強い信念があったと筆者は考える。宗教的な意識こそが人間の社会的な紐帯を回復する道なのだとトクヴィルは確信していたのではなかろうか。

注

（1）この引用は、拙稿「中間的な組織での自由な労働」猪木武徳編『〈働く〉は、これから』岩波書店、二〇一四年所収で用いたものである。

（2）トクヴィル『アメリカのデモクラシー』（松本礼二訳）第一巻（下）、二〇〇五年、三〇六頁。本書では、特にことわりのない限り、トクヴィルの『アメリカのデモクラシー』は岩波書店の松本礼二訳を使用している。第一巻（上）、（下）は二〇〇五年に、第二巻（上）、（下）は二〇〇八年に刊行された。そのため、以下トクヴィル、巻、頁の形で明示する。

(3) トクヴィル、第一巻(下)、三〇七頁。
(4) トクヴィル、第一巻(下)、三〇七頁。
(5) トクヴィル、第一巻(下)、三〇七頁。
(6) トクヴィル、第一巻(下)、三〇七～三〇八頁。
(7) トクヴィル、第一巻(下)、三〇八～三〇九頁。
(8) アダム・スミス『国富論』(Ⅱ)(大河内一男監訳)中公文庫、一九七八年、一六～二三頁。
(9) トクヴィル、第二巻(下)、二一二～二一三頁。
(10) トクヴィルのハイエクへの影響については、ハイエク全集Ⅰ-3『個人主義と経済秩序』(嘉治元郎・嘉治佐代訳)春秋社、二〇〇八年の新版解説、拙稿「〝自由の思想〟と〝文明の進化〟」における説明を参照されたい。
(11) トクヴィル、第二巻(上)、二〇頁。

第1章　個人の自律性と地方自治

序章では、米国の二つの州、ケンタッキー州（奴隷州）とオハイオ州（自由州）を対比させつつ奴隷制の経済と自由労働の経済を論じたトクヴィルの美しい文章を味わった。実はこうした経済システムの比較が、政治システムとしてのデモクラシーの本質と深く関連していることをトクヴィルは見抜いており、独裁専制政治の「中央集権」とデモクラシーによる「分権」と、奴隷制と自由労働市場との間の類比的な関係に注意を向けるのだ。

ただし、後に論ずるように、自由と平等を謳うデモクラシーにも、専制へ至る可能性が潜んでいることをトクヴィルは見逃すことはなかった。ここにトクヴィルの洞察の非凡さが読み取れる。デモクラシーにおける「多数の専制（tyranny of majority）」の危険性である。この「多数の専制」をいかに避けることができるのか。個人は己の弱さを克服するために、他者から切り離されたバラバラの状態を脱却し、連携することによって力を得なければならないのだ。この「自律性回復のための連帯」、というやや逆説的な構造を理解するためには、二つの異なった意味の「集権化」と「分権化」を区別する必要がある。この点を理解するために、『アメリカのデモクラシー』第一部第五章「連邦政府について語る前に個々の州の事情を研究する必要性」の後半、「合衆国における行政の分権の政治的効果について」の節をまず読まねばならない。

中央集権の二つの意味

集権化という言葉には二つの異なった意味がある。にもかかわらず、人はそれを厳密に区別しないとトクヴィルは言う。全国法の制定や自国民と他国民との関係のような国全体の利害にかかわる問題と、自治体の事業のように国の一部の利害にかかわる問題をまず区別する。前者は一国の「統治(government)の集権化」であり、後者は地域の特殊利益のコントロールを同一の人間や場所に集めるという意味での「行政(administration)の集権化」である。

この統治の中央集権と行政の中央集権とが合体すると、統治(government)の権力は絶大になる。その結果、統治される国民の側が、自分たちの意思を完全に捨て去り、すべてにおいていつも中央政府に服従する習慣を身につけるようになる。言い換えると、行政の分権(地方分権)が未成熟な国では、国民が自分の意思で物事を決めていくという精神を失ってしまう。つまり国民が無気力になるということだ。現代のわれわれ日本人には少し耳の痛い指摘である。

トクヴィルは、この統治と行政の中央集権の違いのわかりやすいケースとして、当時のイギリスやドイツの制度を例に挙げる。(1) イギリスは、国家があたかも一人の人間のように振る舞いながら国民を統治するという「統治の中央集権化」の最も強い国であった。しかし「行政の中央集権化」は見られない。ドイツはどうか。まだ統一はされていないドイツではいまだかつて国民の力がひとつに結集したことがない。全国共通の法律に対する服従の精神が行き渡っていないために、共通の権威に対する協力の上に成り立つ「統治の集権化」が成立していないとトクヴィルは言う。

それに対してアメリカ合衆国では、行政の分権化が徹底している。そのポイントは、統治の中央集権の徹底があればこそ、行政の分権化が可能だというところにある。すなわち、アメリカの各州では、立法機関はひとつだけであり、いかなる下位の合議体もこの唯一の立法機関への参画を避けるような仕組みが作られている。立法府のみが、「理性の唯一の機関であると自負する多数者の代表」であると考えられているからだ。立法府の下にいる執行権の代表者（administration）がいつでも物理的な強制力で服従させることができるほど強力なのである。

同じ第一部第五章の前半で、トクヴィルはいくつかの点に注意を払いながら米国の政治と行政の構造を検討している。(2) 彼が訪れた当時のアメリカは、二四の小さな主権国家が全体で一大連邦国家を形成していたが、アメリカ社会を律している政治的な諸々の原理は、「州（State）」で生まれ、「州」で育ったという点、そして「州」内の政治と行政の活動は、地域共同体（Town）、次に

「郡」(County)、そして最後に「州」という三段構造になっていることに注目する。アメリカの政治制度を研究するには、この最下位にある地域共同体(タウン)の機能の仕方、特に、自然に根ざした社会的な結合であるタウンの自由がいかに確立され、維持されているのかを理解することが肝要だと強調する。この「自然に根ざした社会的な結合」という言葉が重要なのだ。曰く、「地域共同体は唯一自然に根ざした社会的結合であって、人間が集まればひとりでに共同体ができるものである」(3)。トクヴィルが取り上げたのはニュー・イングランドの自治組織である。

アメリカの地域共同体(タウン)は、それ自体にだけかかわる事柄については主権を有し(「政治生活がタウンの中で生まれる」)、その他の事項は州に従属する。アメリカでは、タウンが吏員を政府に貸し出しているという点は大きい。政府のほうからその吏員を市町村に貸し出しているフランスとは、全く逆の人材の流れとなっているのだ(日本の場合も基本的にフランスの「中央から地方へ」という流れと同じ)。地域自治の精神は、吏員が外部から送り込まれてきたものではないという事実によって強化される。タウンは独立と権力を保持しているのである。そして地域の権力を多数の市民の間にばらまき、「分掌」させる。と同時に自治に対する義務を課すことも避けない。

「郡」(カウンティー)は、純粋に行政上の都合で作られたものであり、代議制もなく、政治的な実態はない。「郡」は選挙によらない公務員によって管理されている。この「郡」は司法の基礎単位ともなっている。さらに州全体にかかわる業務についての行政組織もない。これらの業務は、選挙で選ばれる公務員によってそのつど処理されているのである。

このように、アメリカでは行政が政治から切り離され、行政の中央集権が存在しないという点をトクヴィルは強調するのだ。

福澤諭吉がトクヴィルから吸収したこと

以上のようなトクヴィルの米国の地方自治の構造と分権の理論を、日本で早い段階で翻案して論じたのは福澤諭吉であった。彼が以下に触れる『分権論』を著わすに至ったのは、明治十（一八七七）年六月から七月にかけての一カ月の間に小幡篤次郎抄訳の『アメリカのデモクラシー』を通読した後のことであった。この経緯は、安西敏三『福澤諭吉と自由主義――個人・自治・国体』に詳しい(4)。福澤が『分権論』を著わした日本の時代背景を簡単に振り返っておこう。

明治新政府の中央専制の傾向が強まり、没落士族の政治不満が増大していた頃、福澤諭吉は的確にトクヴィルの観察と議論を吸収し、それを換骨奪胎して日本における地方分権を論ずるためのベースにした。福澤は、明治九（一八七六）年十一月、「我社友、随時会席の茶話を記したるものにて、左まで珍しきことにあらず」と断わりつつも、「分権、集権の事に少しく条理を立て、、著書の体裁に綴りたるものなり」として、『分権論』を書き上げた。明治九年は士族の反乱が多発した年である。十月には神風連の乱（二四日）、秋月の乱（二七日）、萩の乱（二八日）が立て続けに起こり、翌十年一月末から二月初めにかけて、日本最大かつ最後の士族の反乱である西南戦争が始まり、士族の新政府に対する不満が最高潮に達した時期であった。『分権論』には新政府の統治体制を根底から批判する見解が含まれていたため、出版条例に抵触することを恐れた福澤は、その刊行を西南戦争が終わった明治十年十一月まで延期する。

士族の知力とエネルギーをいかに日本の政治と行政に生かすかという問題に心血を注いだ福澤は、士族の力を地方自治に生かすことこそが日本の人材活用策として重要であると考えていた。士族反乱の一方的な鎮圧は、士族のエネルギーを殺ぎ、国民を無気力にするだけだと見ていたのである。

すべてが、中央政府の主導で行われることは、国民の「官」に対する依頼心を高め、「官」に対する「民」の競争力を弱め、ひいては一国の独立すらをも危うくしかねない。才能のあるものが中央にポストを得ようとしても、すでにポストは藩閥連中に占拠されており、さりとて、「民」として何か事業を興そうとしても、「官」が有利な条件ですでに手をつけている。地方の人材は、才覚があればあるほど、この知力とエネルギーのやり場に苦しまざるを得ないとして、次のように言う。

「世の人才と称する者は、士民の別なく、各身に適したる地位を求めんとすれども、如何せん、其地位は早く既に政府に占領せられて遺す所あることなし。商売工業に従事せん歟、政府に依らざれば財本を得べからず。或は之に依らんとするも、政府自ら既に着手せり。新地を開墾せん歟、同様の始末なり。鉱山を開かん歟、亦同様の始末なり。或は学校を開て生徒を教ん歟、官の学校に非ざれば資本を得ず、官校の教師たるに非ざれば給料を得ず。著書翻訳の事を業とせん歟、官に出版の廉価なるもの多くして之と競ふ可らず。地方に民会を起して事を議せん歟、幸に区戸長たるを得て地方官の指令に柔順するに過ぎず。百方地位を求めて地位を得ず、乃ち政府に進て官員たらんことを求れば、其席は既に充満して又一人を納る可らず(5)」

続いて福澤は、この問題を「条理を立てゝ」論ずるために、トクヴィルの「政権」と「治権」の概念区別を持ち出している。

「局外の人をして其処を得せしめ、間接に士族の働を変形するの手段を論ずる前に、先づ国権の区別を示すこと緊要なり。抑も国権に二様の別あり。一を政権と云ふ。西洋の語、これをガーウルメントと称す。一を治権と云ふ。即ち西洋に所謂アドミニストレーションなるものなり(6)」

これは、先に引用したトクヴィルの論の進め方そのものである。そしてさらに、その二つの国権の中身をトクヴィルに倣って具体的に示す。

「政権に属するものは、一般の法律を定ること、徴兵令を行て海陸軍の権を執ること、中央政府を支るが為に租税を収ること、外国交際を処置して和戦の議を決すること、貨幣を造て其品位名目を定る等の如き、全国一般に及ぼして恰も一様平面の如くならしむるの権力なり。治権とは、国内各地の便宜に従ひ、事物の順序を保護して、其地方に住居する人民の幸福を謀ることなり。即ち、警察の法を設け、道路、橋梁、堤防を営繕し、学校、社寺、遊園を作り、衛生の法を立て、区入費を取立る等、是なり(7)」

明治維新で政体の大転換があったからといって、内政上の事務(行政)の指揮命令系統が一挙に変化したわけではない。廃藩置県の年(一八七二)の一月に公布された県治条例(太政官六二三号)は、中央政府が取り扱う事務として、租税の賦課や徴収、教育や国民教化、水利や土木の管理、勧業や警保などを幅広く定めている。これは今日の「国と地方」の事業分担という点では、「地方自治の精神」が皆無の法令であったということができよう。町村のレベルでは、確かに江戸時代の住民自治が依然機能していたものの、府県に対する中央政府の広汎な指揮命令権、最終決定権は強化され、中央集権化への道が整えられていったのである。中央と府県というレベルで見ると、人材面でも財政面でも新政府の中央集権化が強まったことは、福澤が、西郷隆盛擁護の書『明治十年　丁丑公論』（一八七八）においても厳しく批判している通りである。

人材活用策としての地方分権

福澤自身、トクヴィルの『アメリカのデモクラシー』のかなりの部分を読破していたことは、「福澤手択本」からも明らかである。同郷出身の小幡篤次郎による抄訳も読んでいた。福澤が小幡の学識に深い信頼を寄せていたことは、『文明論之概略』緒言においても述べられている。この『分権論』においても、トクヴィルに依拠しつつ、「社友小幡君が抄訳せる仏人トークヴィル氏の論に曰く」としつつ、「中央に政権を集合して又これに治権を集合するときは、非常の勢力を生ずるや明らかなり」と述べ、もしこのような不幸なことが生ずれば、人々は自分の意思を捨て、他人の鼻息だけを仰ぐようなことになると言っている。

では福澤は、なぜ、治権（行政）の分権が必要と考えたのか。この点の説明は、トクヴィルよりも例示が豊富で説得力がある。

「南方と北方と習慣を殊にし、水国と山国と風俗を別にし、或は物の名を異にし、道具の形を異にし、家屋衣裳の作りを異にし、宴楽遊興の風を異にし、甚しきは飲食の品にも好悪の異同ありて、遽に之を見れば、其地方の人民は事物の良否、便不便を知らざる歟と疑ふ可きものなきに非ざれども、其実は決して然らず。（中略）其趣は殆ど緻密微妙にして、他人の得て憶測す可き所に非ず。此緻密微妙なる風俗習慣に依て治道を施し、各地の人民をして其所を得せしめんとすることなれば、其治権、決して全国に一様なる可らず。地方永住の人にして始て地方の情実を詳にす可きなり。政権と治権と趣を異にすること以て知る可し[8]」

集権論者は常に、中央政府が地方事務を取扱ったほうが、地方の人民が行うよりははるかに優れた成果を生み出すというが、この説は、中央政府は開明な人々によって占められ、地方の人々は全く無智、中央は神速にして地方は緩漫、中央は事を行うに慣れて地方は指令に従うことに慣れている、という前提に立っていると福澤は批判する[9]。しかし中央と地方の人材の質の差は時間と習慣が生み出した結果とも考えられる。福澤は、「地方永住の人にして始て地方の情実を詳にす可きなり」として、地方に人が定着することによって、初めて健全な治権が成立すると見ているのである。

このあたりは、トクヴィルがヨーロッパの集権論者への反論として記した次の文章から福澤が学んだことがうかがえる。

「中央権力が開明的で、地方は無知なとき、前者が積極的で行動を慣いとし、後者は無気力で服従を慣いとするときならば、その主張は正しいであろう。集権が増すにつれて、この二重の傾向もまた増大し、一方の有能と他方の無能がますます著しくなるとさえ考えられる[10]」

しかし、アメリカの場合はそうなっていないどころか、地方の人々の知識は開け、自らの利益に目覚め、これを絶えず意識している。「このような場合には、市民の集団的な力の方が政府の権威より社会の福利をもたらす能力がつねに高い」とトクヴィルは確信するのである。これは、革命後のフランスが中央集権的色彩を強めていく様子をつぶさに観察していたトクヴィルには当然の結論であったと言えよう。

地方分権論と人間の尊厳

福澤がトクヴィルの考えの中核部分を把握し、それを日本の地方分権の問題に応用しようとした手捌きは見事である。福澤の『分権論』には社会思想面での確固たる論拠があった。さらに、トクヴィルの所論には、ヨーロッパにおける政治権力理論の思想史的背景があることを指摘しておくべきであろう。地方分権と地方自治が、統治原理に係る自由の問題として、ドイツの法律家、アルトジウス（Johannes Althusius, 1557-1638）によって、「補完性原理（principle of subsidiarity）」として提示されており、統治の問題が人間の自由と共同善の問題まで掘り下げて論じられている点に注目しなければならない。

アルトジウスは、君主に認められていた主権を国民全体に認める「国民主権」論を発展させたことで知られる。もちろん、それ以前にも、トマス・アクィナス、パドゥアのマルシリウスなどの統治論の中に、国民主権論の原型は見られる。しかしアルトジウスは国家が単なる個人の集合ではなく、中間的な「部分社会」を単位として「下から上へと」構成された有機体だと理解した点が重要であろう。(11) この統治理論は、トクヴィルの地方分権論の中でも、人間の尊厳と人間の自己決定権の問題として触れられている。

トクヴィルの地方自治に関する説明は、第一部第五章のタイトルが示すように、連邦政府から州政府、そして地方自治体へと論を進めるのではなく、地域共同体（タウン）から出発して郡（カウンティー）へ、そして州（ステート）を経て連邦政府へという「下から上へ」という順序をとっている。この説明の「形式」（順序）が、同時に「国家と自由」の意味内容の核心部分をなしている。その論理構造を追ってみよう。

トクヴィルの社会哲学の大前提は、「人は自分の利害について唯一最善の判定者である」という認識にある。自分の利益を積極的に考える人間が、社会（全体）にしたがうのは、自分の能力が指導者や他者より劣っているからではなく、仲間と手を結ぶのが有益であり、その連携にある種の調整権力が働くと判断するからだ。地域共同体（タウン）の自由は、個人の尊重という人民主権の根本教義に由来しているのである。

タウンと州との関係は、タウンが州からその権限を授与されたのではなく、逆に、元来タウンが持っていた独立性の一部を州に割譲しているにすぎないと見る。これは自治権が国家の統治権に属しており、地方に「授与された」権利と考えるのか、地方自治は前国家的なものであって国家統一の過程で地方から「奪われた」地方固有の権利であると考えるかの分岐点をなすところだ。トクヴィルは後者の立場から、地方自治は独立した個人、地方の主権者としての市民から信託された権限がその基盤をなすと考える。国家の統治権は国民が信託した権限にすぎず、国家の本来的な権利ではないとする考えだ。「個人」の尊厳と自由を最高位に置き、その個人が属する「地域共同体」の自治、そして地域共同体の集合としての「国家」へ、という階層構造に留意しながらトクヴィルは地方自治と自由の問題を捉えているのだ。この思想は後に述べるカトリック教会の「社会回勅」の中に現れる。

自由な人民が住むのは地域共同体（タウン）の中であり、タウンが州に服するのは、他のタウンと共通する利害（社会的利害）が存在する場合だけであり、こうしたタウンの独立性は「人材の流れ」にも反映される。先に述べたように、米国では、フランスのように政府がその吏員を市町村に貸し出すのではなく、タウンが吏員を州政府に貸し出すのである。

この点は、日本の地方自治が明治期から現在に至るまで、いかに地域共同体の「独立性」を保持しなかったかの証左ともなる。日本では、戦前の府県知事や北海道庁長官が内務省から送り込まれていたように、圧倒的に「中央政府から地方政府」への人事異動が主流を占めてきた。筆者は一九九〇年代半ばの中央から地方政府への人事交流の構造と密度を、自治省、建設省、労働省、厚生省、文部省、大蔵省について量的に把握したことがある。日本の地方自治の不徹底は財源の移譲で解決されることはない。人材の問題でもあるのだ。[12]

個人の利害と社会的関心

権威と自由の問題についてトクヴィルは次のように言う。「もしこの権威が私の行く道のもっとも小さな荊まで取り払うと同時に、私の自由と生命の絶対的な主人であるとすれば、（中略）権威のもたらす便益は私にとってなんの重要性もない[13]」、と人間が精神において他者の「奴隷」になることの惨めさを強調する。また、「何事をなすにせよ、人間社会の真正な権力は意志の自由な協力のうちにしか認められぬであろう。そして、すべての市民をあまねく一つの目的に向けて長期間歩ませうるものは、愛国心か宗教しかこの世にない」と。[14]

自由な住民がタウンに愛着を感じる理由を、トクヴィルは次のように述べる。「ニュー・イングランドの住民がタウンに愛着を感じるのは、それが強力で独立の存在だからである。これに関心をいだくのは、住民がその経営に参加するからである[15]」。アメリカの政治の特徴は、強い権力を嫌い、権力の行使を分散させていることにある。「権力は存在するが、どこにその代表者がいるか分からない」ように行政権の仕組みがデザインされているのだ。[16]トクヴィルが観察したマサチューセッツでは、行政権がほぼ完全にタウンにあり、タウンの中で多くの人々の手に権力が分割されていたのである（もちろん、アメリカの諸州はそれぞれ多少異なった行政上の制度を持っているため、ニュー・イングランドだけでアメリカ全体を論ずることはできない。事実、自治活動は南に下るにつれて弱くなり、役人の力は大きくなり、選挙民の力は弱まることをトクヴィルは認めている)。

同じく重要な点は、立法部が行政の内部まで踏み込み、法律は原則だけでなく実施方法の細部まで定めていることである。法律の運用が行政に「丸投げ」されているのではなく、逆に米国では法律は、厳密に規定された義務によって二次的団体とその行政官を縛り上げ、行政権を抑止しているのだ。

また、アングロ・サクソン社会の知恵として生み出された「治安判事（justice of the peace）」が行政の一翼を担い、選挙で選ばれる公務員とともに行政の違法を未然に防ぐ制度を作っている。そして次のように要約する。「アメリカの立法者は人間の誠実性にはあまり信をおかない。だが人間は賢明であるとつねにみなす。だから法の執行にあたって、もっとも頼りにするのは人の個人的利害である」と[17]。

ただ、こうした個人的な利害を頼りにするアメリカのシステムでは、社会全体としては有益ではあるものの個人的な利益が見て取れない法律に関しては、「告発」は行われにくくなる。したがって時には法の執行を確実にする誘因が弱くなるため、徴収した罰金を告発者に分配することによって正義を維持しようとする。トクヴィルは「これは法の執行を確実にするが、習俗を堕落させる危険な手段である」と見ているのだ[18]。

補完性の原理の現代性

以上述べた地域共同体と国家との間の権力の分割の問題は、近年EUで「補完性の原理」の問題として議論されてきた。権力をどのように分割して、個人や地域共同体の自由と独立を確保するのかという問題は、EUとそのメンバー国の統治構造を、いかなる関係として位置づけるかという「補完性」の問題なのである。「補完性の原理」では、個人や地域の自治組織でなしうることは個人や自治組織に任せ、なしえないことだけを国家がカバーする。EU加盟に際しては、マーストリヒト条約の批准を国民投票で否認したデンマークのように、EUによって自国の独立性が侵食されることを強く恐れる国があった。こうした小国の警戒心が影響して、「補完性の原理」がEUの統治構造として最終的に採用されたという。

この問題は日本の地方自治においても、例えば大災害に遭遇した場合、国、都道府県、市町村という統治構造においていかなる順序で災害対策を発動するのか、という問題としても現れる。しかし日本のケースとEUの「補完性の原理」を同一のものとみなすことはできない。EU条約で考慮されたのは、メンバー国が国家として持つ自治権と、超国家的な機関であるEUが持つ権限との調整であって、日本の場合議論される効率化を目指す「行財政改革」のための手段としての地方自治ではないからだ。EUの場合、「人間の尊重」と表裏一体をなす「自治権」の問題がそのベースに存在する。

この点を正確に理解するためには、EUの「補完性の原理」がいかなる風土の中で生まれたのかを知る必要があろう。ＥＵの「補完性の原理」の議論は、先に触れたように、アルトジウスの統治理論の中に最初に現れるが、その二〇〇年後のトクヴィル『アメリカのデモクラシー』からさらに一〇〇年を経たローマ・カトリック教会の回勅（Quadragesimo Anno）に現れている。この回勅は一九三一年五月十五日、当時の教皇ピウス十一世が、その四十年前にレオ十三世が出した回勅「レールム・ノヴァールム（Rerum Novarum）」四十周年を記念して公布したものである。レオ十三世の回勅は、初めてカトリック教会が「社会問題」を公の文書の中で論じ、各々の共同体はその目的によって定義され、その個別のルールに従うべきこと、そして「人間はすべての社会制度を考える上での出発点であり、対象であり、目的である」という人間中心の社会観をはっきりと提示した。「人間は国家より先に出現したものだからである。人間は国家が成立する前に、生きる権利と自分の存在を守る権利とを、自然から受けていたのである」という文章がそれを端的に示している。(19)

学者であり、詩人であり、ダンテの研究家でもあったレオ十三世は、十九世紀に入って近代社会との分断の色合いを強めていたカトリック教会の方向付けを模索するなかで、トマス・アクィナスの「理性と信仰の調和」の思想に動かされて、「社会問題」に目を背けることなくいかに向き合うかの姿勢を示した教皇であった。(20) 回勅「レールム・ノヴァールム」は労働問題を扱った最初の回勅であり、台頭しつつあったマルクス主義や共産主義を批判しつつも、レオ十三世は労働者の権利を擁護し、搾取とゆきすぎた資本主義に警告を発しながら社会問題と社会制度に関する考えを示したのである。

このレオ十三世の回勅（Rerum Novarum）から四十年後に出た教皇ピウス十一世の回勅（Quadragesimo Anno）は、ドイツのイエズス会士で社会学者でもあったネル＝ブロイニング（Oswald von Nell-Breuning）の協力を得て作成され、この「補完性の原理」が盛り込まれたと言われる。[21] ここではこの回勅の中で決定的に重要と思われる箇所の引用に留めよう。

「社会情勢の進展によって、以前には小さな団体が行ってきたことを、現在では大きな団体でなければできないのが事実である。しかし、次の社会哲学の重要な原則は不変のものであって変更することはできない。すなわち、個人の創意と努力によって行うことができることを個人から奪い取って公共団体に移管することは許されない。これと同じように、小さな下級の団体が公共団体のために果たすことができることを取上げて、もっと大きな、上の社会にまかせることは、不正なことであり、また正しい秩序を大きく乱すことである。（中略）そのために、次のことを念頭においていなければならない。すなわち、『相互補足』の原則によって各種の団体の間に段階的秩序が十分に守られておれば、公共団体の権威とその機能とはますます強大なものとなり、公共の事業は一層円滑になり、一層繁栄した国家となるであろう[22]」

ここでいう「相互補足」の原則は、ラテン語原文ではPrincipium subsidiaritatisであり、現代語の「補完性」の原理にほかならない。

注

（1）トクヴィル、第一巻（上）、一三七～一四〇頁。
（2）トクヴィル、第一巻（上）、九四～一三六頁。
（3）トクヴィル、第一巻（上）、九六頁。
（4）安西敏三『福澤諭吉と自由主義——個人・自治・国体』慶應義塾大学出版会、二〇〇七年、第四章。
（5）『福澤諭吉選集』第五巻、岩波書店、一九八一年、三七頁。
（6）『福澤諭吉選集』第五巻、四四頁。
（7）『福澤諭吉選集』第五巻、四四～四五頁。
（8）『福澤諭吉選集』第五巻、四六頁。
（9）『福澤諭吉選集』第五巻、四八頁。
（10）トクヴィル、第一巻（上）、一四三頁。
（11）Thomas Aquinas, *On Kingship, To the King of Cyprus*, translated by I. T. Eschmann, Toronto: Pontifical Institute of Medieval Studies, 1949, Marsilius of Padua, *The Defender of Peace*, translated by A. Gerwirth, 2 vols. Columbia University Press, 1951-1956.
（12）Takenori Inoki, "Staff Loans and Transfers among Central and Local Governments in Japan," *Local Government Development in Post-War Japan*, edited by M. Muramatsu, F. Iqbal and I. Kume, Oxford

University Press, 2001.

(13) トクヴィル、第一巻（上）、一四七頁。
(14) トクヴィル、第一巻（上）、一四九〜一五〇頁。
(15) トクヴィル、第一巻（上）、一一一頁。
(16) トクヴィル、第一巻（上）、一一六頁。
(17) トクヴィル、第一巻（上）、一二六頁。
(18) トクヴィル、第一巻（上）、一二七頁。
(19) カトリック教会の回勅の引用はA・ジンマーマン監修『カトリック教会文書資料集』（改訂版）（浜寛五郎訳）エンデルレ書店、一九八二年に拠った。
(20) レオ十三世の時代に、日本、インド、アフリカに新しい教区が作られ、「教会に秘密はない」と宣言してヴァティカン記録保管所を研究者に開放した（M・バンソン『ローマ教皇事典』〔長崎恵子・長崎麻子訳〕三交社、二〇〇〇年、原著一九九五年）。
(21) ピウス十一世はムッソリーニとの間でラテラノ条約（一九二九）を結び「ヴァティカン市国」を建設した教皇。ロシアのスターリン体制の危険を見抜き、共産主義批判の回勅「ディヴィニ・レデンプトリス」（一九三七）を出している。ヒトラーのナチス政権との「政教条約」はドイツの教会を守るためであったとはいえ、ヒトラーが教会との協調関係の宣伝材料として利用したこともあり、社会から強い批判を受けた。
(22) A・ジンマーマン監修『カトリック教会文書資料集』（改訂版）五六九頁。

第2章　地方分権と「市民」の誕生

前章では、トクヴィルの地方分権論がいかなる倫理的価値に基づいているのかについて述べた。さらに明らかにすべきことは、第一に、住民がタウンの経営に参加することは、どのようにして「個人」を共同善（common good）の意識を持つ「市民」へと導くのかという問題、第二に、「独立した市民」の概念とトクヴィルの言う「啓発された自己利益」とはどのような関係にあるのかという問いである。まず、第一の問いから考えてみたい。

人間の愛着は力あるところに向かう

トクヴィルの地方分権論と人間の自由の関係は、地方自治が独立した個人から信託された権限をその基盤としている点にある。その構造が米国の場合、個人を出発点として地域共同体から州政府、そして連邦国家へと、階層をなしていることに注目した。この構造は、自由の精神が秩序をもたらすと考えるトクヴィルの政治哲学の中心をなし、自由の保証が秩序を自生的に生み出すと考えるアダム・スミスの経済社会観とも重なる。この点を示すために、地域共同体の自由と個人の自由との関係を論じるいくつかの箇所を読んでみたい。まず次の文章に注目する。

「自由な人民の力が住まうのは地域共同体の中なのである。地域自治の制度が自由にとっても つ意味は、学問に対する小学校のそれに当たる。この制度によって自由は人民の手の届くところにおかれる。それによって人民は自由の平穏な行使の味を知り、自由の利用に慣れる(1)」。そして、「他のあらゆる場所と同じくタウンでも人民は社会の諸力の源泉であるが、人民がその力をそれ以上に直接に行使する場所は他にない。アメリカでは人民こそ主人であり、可能性の極限までその意を汲まねばならなかった(2)」と言う。

また、「人が社会に従うのは、自分が指導者より劣っているからでも、自治能力が他人より低いからでもない。仲間と手を結ぶことが有益に思われ、しかもこの結合はある調整権力なしには存在しえないことを知っているから、社会に従うのである(3)」。つまり、地域という具体的な場所において初めて、人々は他者と「結合」することによって直接的にその力を生み出す必要性と可能性を認識するのである。この「結合」によって相互義務が生まれるが、自分に関する事柄については自分自身の判断に任される。この点をトクヴィルは次のように約言する。

「そこで市民が相互に負う義務に関して、人はつねに臣民となる。自分一個にのみ関わる事柄に関しては、人はつねに主人である。そのとき、彼は自由であり、己れの行為について責めを負わねばならぬのは神に対してだけである。ここから、次の格率が生ずる。すなわち、個人は自分の利害について唯一最善の判定者であり、社会が個人の行動を指導しうるのは、社会が個人の行為によって損害をこうむったときか、あるいは社会が個人の協力を要請するときに限られる、というのがそれである(4)」

このように、アメリカには地域自治の諸制度が存在するだけでなく、これを支え、これに生命を吹き込む地域自治の精神がある点を見逃してはならないと言うのだ。この精神の根源は何処にあるのか。それは人間の「独立」と「権力」への愛着であると言う。次の引用がこの点をさらに説得的に説明している。

「ニュー・イングランドのタウンは、独立と権力という二つの魅力を併せもっている。そして、この二つの魅力が見出されるところではどこでも、人々の関心は強くこれに惹かれる。たしかにタウンは出ることのできない限られた範囲の中で動いているが、その中での活動は自由である。（中略）一般に人間の愛着は、力あるところにしか向かわないことをよく知らねばならない。

愛国心は征服された国では永く続かない。ニュー・イングランドの住民がタウンに愛着を感じるのは、そこに生まれたからではなく、これを自らの属する自由で力ある団体とみなし、運営する労を払うに値すると考えるからである[5]」

自治の精神が公共の秩序と安寧を生む

それに対して、ヨーロッパはどうであろうか。トクヴィルの言う「権力をばらまく」というのはどのような意味なのか。

「ヨーロッパでは時として為政者自身が地域自治の精神の欠如を悔やむことがある。なぜなら、誰もが認めるように、自治の精神こそ秩序と公共の安寧の大きな要素だからである。だが、ヨーロッパの為政者はどうすれば自治の精神を生み出せるかを知らない。地域自治体に力をもたせ、独立を認めることによって、社会の力を分裂させ、国家を無政府状態にさらすのではないかと恐れるのである。ところが、地域自治体から力と独立を奪うならば、そこにはもはや被治者しか認められず、市民はなくなるであろう[6]」

言い換えれば、地域自治体の「独立」なくして一国の独立の秩序はない、ということであり、その地域自治体の「独立」は「一身の独立」なくしては達成できないということになる。この構造は、福澤の「一身独立して、一国独立す」を想起させる。

独立した「力」を与えることは「無秩序」を生み出すのではない。「独立」の精神は、かえって安定した秩序をもたらすのだ、という認識は重要だ。特に人間の中にある消し難い「独立」と「権力」への強い愛着を充分に活用することによって、結果的に（つまり意図せずして）秩序を生み出すという見方は、アダム・スミスのよく知られた命題「正義のルールを犯さない限り、個人の自己利益の追求は知らず知らずのうちに社会的福祉の増進につながる」と構造的にも近似している。

さらに米国の市民が「権力」をいかに「ばらまかれている」のかについて、トクヴィルの説明が続く。

「尊敬を得ようと願い、現実に利益を欲し、力と評判を味わおうとする気持ち、これらは日常生活の諸関係の中心であるタウンにこそ集中して向かう。しばしば社会を乱すこれらの情念も、このように住まいのすぐ近くで、いわば家の中も同然のところで発散されるときにはその性質を変える。

より多くの人々を公共の事柄に関わらせるために、アメリカのタウンが、こういう表現が可能であるとすれば、いわば権力をばらまくのにどれほど工夫を凝らしたかを見てほしい。政治の決定を下すためにときどき招集される選挙民を別にして、なんとさまざまな公職、なんといろいろな役人があることだろう。これらがみなそれぞれの権限の範囲内で強力な団体を代表し、その名において行動している。このようにして、どれほど多くの人々がタウンの力に与ることから自分の利益を引き出し、自分自身のためにタウンに関心を寄せることだろう。

アメリカの仕組みは、地域の権力を多数の市民の間に分掌させるだけでなく、自治に関わる義務を増やすことも恐れない。合衆国では正当にも、愛国心とは人々が日々の勤めを通じて帰依する一種の信仰であると考えられている。

このようにして、自治の営みはいわば一刻一刻息づいている。毎日義務を遂行し、権利を行使する中にその営みが現れているのである。こうした政治のあり方は社会に絶え間ない動きを刻印するが、しかしその動きは落ち着いており、社会を活発にしても攪乱はしない(7)」

米国の自治の精神の源泉は、自分たちが地域の経営に参加し、その経営に権利と義務を有しているという点から生まれている。何をしようとしても、中央政府からの指図と干渉するところでは活発な地域活動も愛郷心も生まれない。愛郷心のない処には愛国心も生まれないのだ。この点についてトクヴィルは次のように言う。

「ニュー・イングランドの住民がタウンに愛着を感じるのは、それが強力で独立の存在だからである。これに関心をいだくのは、住民がその経営に参加するからである。これを愛するのは、その中で自分の境遇に言うべき不満がないからである。住民はタウンに野心と将来をかけ、自治活動の一つ一つに関わり、手近にあるこの限られた領域で社会を治めようとする。それなくしては革命によってしか自由が発展しないもろもろの手続きに慣れ、その精神を吸収し、秩序を好み、権力の均衡を理解し、そして自らの義務の本質と権利の範囲について明確で実際的な考えをまとめること、これらを住民はタウンの中で行なうのである(8)」

こうしたトクヴィルの観察と推理を約言すれば、地方自治には、人間を「利己的個人」から共同善（bonum commune-common good）を考慮する市民（citoyen）へと転換させる力があるという命題に帰着する。この力は、地方自治だけでなく、後に議論する陪審制度、結社（associations）などにも同様に認められる。いずれも、共同の利益、共同善へと人間を向かわせるための訓練機能を持つとトクヴィルは見ているのだ。

トクヴィルとスミスにとっての「個」と「秩序」

本章の冒頭に示した第二の問い、自己利益はいかなるメカニズムによって「秩序」をもたらすのか、に対する答えがほぼ明らかになってきた。この問いは、すでに述べたように、実はアダム・スミスの「人々が正義のルールを犯さない範囲において、自己の利益を追求すれば、社会は見えざる手に導かれてその福祉を増進させる」という命題と、形式的にも内容的にも重なっているのだ。個の利益から全体の利益へのメカニズムは、個人の自由から全体の秩序へのメカニズムと構造的には同じである。いずれの命題においても、「自由である」ことが重要な条件となっているのだ。

「臣民」ではなく、「市民」としての「意志による協力」を得るためには、個々人が「権力」に与り、自由に働き、自分の行為に責任を取るという体制が不可欠だという点にトクヴィルは注目する。その考えの根拠は、「人間は独立性を失って、自分の知らぬ目的地に向かって歩くくらいなら、じっと動かないでいる方を選ぶようにできている」[9]というトクヴィルの人間観にある。人間は強制されることを厭い、自分のこと、自分の利益を考えるように「できている」のだ。

この「できている」という表現に注目すべきであろう。人間がそのように「できている」のであれば、それを社会の秩序と両立させる装置が必要となる。トクヴィルと古典派経済学、特にアダム・スミスの市場観との関係が明らかになるのは、まさにこの点においてなのだ。トクヴィルは私的利益こそ、人間の心の中の唯一の不易の点、であることをおおらかに肯定する。しかし彼は単にレセ・フェールの称賛に終わるわけではない。政治的な徳（political virtue）に注目し、「公共的なもの」も尊重するのだ。その公的な秩序を生み出す力が「啓発された自己利益、あるいは利益の正しい理解（la doctrine de l'intérêt bien entendu, 英訳では self-interest rightly understood）」なのである。この点をさらに見ておこう。

「自己の利益」から「啓発された自己利益」へ

トクヴィルは、デモクラシーの「平等化原理」を保持しながら、デモクラシーが潜在的に持つ「人々をバラバラにする」力をいかに軽減するのかについて強い問題意識を持っていた。平等化、民主化は時代の流れであり、歴史の流れに抗することはできないという歴史観が読み取れるものの、トクヴィルは「運命論者」ではない。歴史の流れに完全に身を任すのではなく、無益な抵抗を試みるのでもなく、平等化（デモクラシー）の欠陥を是正する装置を社会の中に組み込むことが現実的な解決策であると考える。

民主制社会では、「自由」は知らず知らずのうちに「平等」によって侵食され、放棄されやすい。確かに「平等社会」では個人主義（individualism）が人間を自分と家族の私的世界に閉じ込めてしまい、個人をアトム化しバラバラにしてしまう。そのアトム化した「平等社会」の個人がかろうじて保持しようとする「自由」こそ、個人間の相互依存の感情を再び目覚めさせ、結果として政治的な相互依存の感情を喚起させうると見る。トクヴィルは「平等」と「自由」のトレード・オフだけでなく、「自由」と「相互依存の感情」のアイロニーに目を向けるのである。

このアイロニーを認識し、そのディレンマから脱け出すために、アメリカ社会は先に論じた地方自治だけでなく、陪審制度、結社などの社会装置を必要としたとトクヴィルは看破する。これら三つの装置のいずれも、根本は、「啓発された自己利益」、あるいは「利益の正しい理解」の醸成を目的としていると見るのだ。

以上の論理を要約すると次のようになろう。人間は、まず何よりも、自分の利益を考える。だが、それだけでは社会秩序は生まれない。自分のことだけを考えるのではなく、地方自治、陪審制、結社を通して、同胞への同情・共感を涵養し心を拡げなければならない。この「同胞への同情・共感」こそ、スミスの場合は「慈愛」と「正義のルール」なのである。むき出しの自己利益ではなく、「啓発された自己利益」を考慮することによって（すなわち市民になることによって）秩序の形成に参画する。これが平等の条件を保持しつつ、人間が自己利益中心から解放されて、公的モラル（慈愛と正義）の精神を保持しうる道なのだ。

以上のような基本的視点を理解しつつ、テキスト第二巻第二部第八章「アメリカ人は利益の正しい理解の説によって個人主義とどのように闘うか」を読んでみよう。

貴族制の時代には、裕福な者が人間の義務を崇高に語り、利害抜きで行動する徳の輝かしさを称賛していた。しかし貴族制の時代の人間が格別に有徳であったとは考えられないとトクヴィルは言う。いつの時代にも、人間は「果たして徳に効用があるのか」とひそかに思案していたからだ。

貴族制が終わりを告げた新しい時代には、モラリストたちはもはや「自己犠牲」という精神の高貴さに大した関心を払わず、むしろ、

「市民の個人的利益が万人の幸福を害するとも限らないのではないかと探求することになる。そして、個人の利益が全体の利益と出会い、一体となる点を一つ発見すると、早速これに光を当てる。類似の観察結果が少しずつ数を増す。孤立した見解に過ぎなかったものが一般の説になり、ついには、人は同胞の役に立つことで自分自身に仕えるのであり、個人の利益はよき行いにあると悟ったと思う(10)」

米国では「徳は有用である」とは言うが「美しい」と言うのは稀だという。つまり、他者への犠牲は、立派な徳だから推奨されるのではなく、犠牲を払う方にも受ける方にも「必要だ」という言い方をするのだ。

「彼らはだから各人が自分の利益を追求できることを否定しない。ただ誰でも正直であることは得になるという証明に努力する(11)」

と言いつつ、トクヴィルは次のモンテーニュの言葉を引用する。

「わたしはただまっすぐだからというだけではまっすぐな道を取らないかも知れないが、経験上結局それがいつも一番有効な道であると認めればそれに従うであろう」[12]

トクヴィルの見たアメリカ人は、日常の行動のほとんどすべてを「利益の正しい理解」の説によって説明し、「開明された自己愛がどのようにして人を絶えず相互の助け合いに向かわせ、自分の時間と財産の一部を進んで国家のために捧げる気にさせるのかを得意気に述べる」[13]。ここでいう「開明された自己愛」とは、「利益の正しい理解」と同義であることは言うまでもない。

この点では、アメリカ人は自分自身を正当に評価していないとトクヴィルは言う。合衆国にも、ときには人間に自然に備わった「無私で後先を考えない感情の高揚」に身を任せる高貴な市民はいる。ところがアメリカ人がこの感情の高揚を認めようとしないのは、この種の衝動に負けない哲学を誇りとするあまり、自分を褒めるより自分の哲学を称揚しようとするからだと。

無理な理想ではなく、到達可能な目標

このアメリカ人の哲学、すなわち「啓発された自己利益」という考えは、高尚ではないが、明晰で確実な考え方だとトクヴィルは認める。それは崇高な目標の達成を求めているわけではないが、普通の頭脳の持ち主であれば誰でも簡単にこの目標を把握し、大した努力なしに達成できる。人間の弱さに見事に適合しているので、その哲学は大きな力を容易に獲得し長く保持することができる。それは個人の利益に訴えて個人の利益を克服し、情念をかきたてる刺戟を利用して情念を制御するからだと言う。

このように「啓発された自己利益」の説が示すように、トクヴィルはいわゆる「理想主義者」ではないものの、人間の中の最も尊いものに決して無感覚ではない。貴族制の時代が終わったことは、多くの人間を自己犠牲の精神で動機付けることが難しくなっただけでなく、徳自体の持つ本来的な魅力で人々の行動を律することができなくなったことを意味する。貴族制の終焉が、別の行動原理を必要としていることを彼は鋭く感じ取っている。唯一ではないにしても、人間の不易の関心事が「自己の利益」であるとするならば、別の行動原理とは、平等の条件の下での「啓発された自己利益」、あるいは「利益の正しい理解」の哲学に他ならないのだと言う。

確かにこの「啓発された自己利益」の説は、「偉大な献身を生まないが、人を毎日ささやかな自己犠牲に誘う。それだけでは人を有徳にすることはできないだろうが、規律を守って節度があり、穏健かつ用意周到で自己抑制に富む市民を大量に形成する。そして、それは意志をもって直接徳に向かわないとしても、習慣によって知らぬ間にそれに近づく(14)」のである。

もちろん、トクヴィルは、フランスの方がアメリカより利己主義者が多いと言っているわけではない。唯一の違いはアメリカではそれが「啓発されて」おり、フランスでは全くそうでない、というところにある。

「アメリカ人は一人一人が個人の利益の一部を犠牲にして残りを救う術を知っている。われわれはすべてを保とうとして、しばしばすべてを失う[15]」

ここで注意を要するのは、トクヴィルの「啓発された自己利益」は、次の点で俗流の「レセ・フェール」のドグマとは大きく異なっているということだ。ひとつは、「自己利益」が人間の中心的な関心事であることは認めるが、むき出しの「自己利益」はそのままでは社会秩序を生み出しえないということ。さらに言い換えれば、トクヴィルの説もレセ・フェールの信条も共に人間が自己利益に本能的関心を持つことを是認するが、レセ・フェールには政治的徳（political virtue）が現れるような制度的配慮がないということである。レセ・フェールは、兎にも角にも個人主義への傾きを無制約に強める。だが全体的、長期的に見ればレセ・フェールは賢明な策ではない。人間は時に互いに助け合い、自らの時間や富の一部を差し出し、共同体全体の福祉に長期的に貢献する方が、結局は「善い」社会を生み出すという認識がある。将来のより大きな満足のために、現在の直接的な欲求の満足を控えるのが「啓発された自己利益」の哲学なのだ。この考えは、ある意味で功利主義的な経済学の「投資理論」を想起させる。投資は、不確実な将来の収益を期待しながら、現時点で確実なコストを投下する行為であるからだ。

改めて言うまでもないことであるが、スミスは一般に信じられているような「自由放任論者」でもなければ、無政府主義的なレセ・フェールの信奉者でもない。スミスは、トクヴィルの言う

「啓発された自己利益」と同義とも言える「同感」をベースとして、「正義のルール」の下での自由が生み出す秩序の理論を構築した歴史家なのである。

トクヴィルの所説で重要なのは、こうした「正しく理解された利益（啓発された自己利益）」の説が、社会の公的秩序の礎となっているという点である。平等の条件が組み込まれた社会での公的秩序は、先に引用したように「人は同胞の役に立つことで自分自身に仕えるのであり、個人の利益はよき行いにある」という原理の上に成立するとトクヴィルは見たのである。

注

(1)　トクヴィル、第一巻（上）、九七頁。
(2)　トクヴィル、第一巻（上）、九九頁。
(3)　トクヴィル、第一巻（上）、一〇三〜一〇四頁。
(4)　トクヴィル、第一巻（上）、一〇四頁。
(5)　トクヴィル、第一巻（上）、一〇七〜一〇八頁。
(6)　トクヴィル、第一巻（上）、一〇八頁。
(7)　トクヴィル、第一巻（上）、一〇九〜一一〇頁、傍点は引用元による。
(8)　トクヴィル、第一巻（上）、一一一頁。
(9)　トクヴィル、第一巻（上）、一四五頁。
(10)　トクヴィル、第二巻（上）、二一一〜二一二頁。英訳では man serves himself in serving his fellow crea-

tures and that his private interest is to do good.

(11) トクヴィル、第二巻(上)、二一二頁。

(12) モンテーニュ『随想録』(関根秀雄訳、新装復刊)第二巻第一六章、白水社、一九九五年、一一三〇頁。

(13) トクヴィル、第二巻(上)、二一三頁。

(14) トクヴィル、第二巻(上)、二一四〜二一五頁。

(15) トクヴィル、第二巻(上)、二一五〜二一六頁。

第3章　英国古典派経済学の影響

トクヴィルとアダム・スミスの社会観は、個人の自由な行為が「啓発された自己利益」を通して生み出す自生的秩序を重視するという点で軌を一にするものであった。個人の自由、私的利益の追求と全体の福祉の増進、そして社会的な秩序形成との関係への関心は、十八世紀以降の多くの社会研究家に見られる共通の問題意識ではあった。しかしその中でトクヴィルとアダム・スミスは、きわめて相似した答えを用意していたと言うことができる。

さらに、自由が個人や社会にもたらす負の作用（欠陥）の指摘にも、両者の所論には共通するところがあった。トクヴィルは直接アダム・スミスを引用してはいないものの、『アメリカのデモクラシー』第二巻第二部第二十章「どのようにして産業から貴族制が生ずる可能性があるか」において、ピンの製造工場の例で有名なスミスの分業論の中核を解説し、「分業の発展が人間の知性と徳を劣化させる可能性」について論じている。[1] そこでは分業という形態が、個人の精神的な発達過程へ及ぼす負の影響が指摘されているのだ。トクヴィルがスミスをはっきりと意識している箇所を次に見てみよう。

アダム・スミスとトクヴィルの分業論

スミスは、人間が所得や富の増大という目的のためだけに行動する「合理的」な存在だと考えてはいなかった。「人間は安楽と快楽のためだけに行動する」とは見ていなかったので、スミスに「功利主義者」のレッテルを貼ることは不適切であろう。むしろスミスは、虚栄とそれが生み出す野心に突き動かされるのが人間の一側面であると見ていた。[2] もちろん、彼は極端なレセ・フェールを唱える政治的アナーキストでもない。

スミスの市場と倫理に関する重要な論点のひとつは、市場の拡大は商業を活発にし、人々を誠実かつ几帳面にするということ、それは商人が「評判」が悪くなることを恐れ、約束を誠実に守ることが長い目で見ると大切だと熟知しているからだということにあった。これは、貴族社会における「無償の徳」あるいは「自己犠牲の徳」ではない。スミスの見ている「徳」は、後に述べる「有用な徳」を強調したトクヴィルの見方と同工異曲である。この「有用さ」の強調は、スミスが人間の行動の功利主義的な側面に着目していることを示す。しかしすべてを功利主義的に解釈しているわけではない。

スミスは『グラスゴウ大学講義』(「風習に対する商業の影響について」)において、文明の進んだ社会における政治家や外交使節たちと商人の行動を比較すると、このことは容易に理解できると述べている。ポリティシアンと言われる人々は、誠実と几帳面に関しては決して優れているとは言えないし、外交使節も、わずかに相手を出し抜いただけで称賛される。それは彼らが一世紀に二、三回しか交渉したり決定的な選択を迫られたりしないから、信用を失ったり、悪い評判を立てられても、決して彼らの利益や威光に傷がつくことがないからだ。したがって徳の安定性（アリストテレスの言う「習慣としての徳」）という点でも、政治家ではなく商業社会における商人の「徳」の方をスミスは称揚する。

しかし、スミスは商業的精神自体の欠陥を見逃すこともなかった(3)。欠陥のひとつは、分業がより広がり協業関係が高度化してくると、人々は単純な作業に集中し、次第に視野が狭くなってくるという点にある。すべてをひとりで行う田舎の職人の場合と、都市の労働者とを比べれば、前者の方がはるかに思考範囲が広いとスミスは言う。商業の最も発達したオランダの下層民は、イングランドの下層民より愚かだし、イングランドはスコットランドより商業が発達しているから、下層民はスコットランドより愚かな人が多いと言う(4)。

こうした現象が生ずるのは、分業の発達によって諸々の作業が単純なものに還元されたために、幼い子供でも労働者として使われるようになり、教育を受ける機会がなくなったからだとスミスは考えた。スミスは『国富論』の中で、未開社会と違って文明社会では、国が教育によって予防しない限り、分業による単純労働のため庶民は必ず堕落すると指摘して、公的な初等教育の利益を認めている。国は、読み書きや計算を庶民に勧め、尚武の精神を保たせ、無知と愚鈍を防ぐことによって、政府の安定が保たれると考えた(5)。スミスがカントリー・スクール（地方の普通学校）を優れた制度だと称賛しているのは、こうした観察に基づいている(6)。

このスミスの推論がそのままトクヴィル『アメリカのデモクラシー』でも展開されている点に注目したい。少し長いが、興味深い箇所でもあるので引用しておこう。

「労働の分業の原理がより具体的に応用されるにつれて、労働者は力を失って視野を狭め、より従属的になる。技術は進歩し、職人は退歩する。他方、工業生産物は製造過程が大規模で資本が大きければ大きいほど完璧でまた安価であることがますますもって明らかになるにつれて、富と知識を格段に有する人々が、これまで知識や工夫のない職人に任せていた製造業種の経営に名乗りを上げる。必要な仕事が壮大で、得られる成果は莫大であることが彼らをひきつける。それゆえ、産業の知識は不断に労働者階級の地位を低下させると同時に、雇い主の階級を上昇させる。

労働者がますますその知力をただひとつの細部の検討に傾けるのに対して、雇い主は日ごとにより大きく全体に目を配り、その精神は労働者の精神が狭まるに反比例して拡大する(7)」

このように雇い主と労働者の間にはいかなる類似性もなくなり、その相違はますます大きくなる。トクヴィルの表現を借りると、「両者は長い鎖の両端のように繋がっているだけである。どちらも自分のためにつくられた位置を占め、そこから出ることがない。一方は他方に永続的に、固く、必然的に従属し、人に従うために生まれたように見え、もう一方は命令するために生まれたかのごとくである(8)」。

ちなみにアダム・スミスは、商業社会のもうひとつの欠陥として、尚武の精神が減退してしまうことを挙げている。分業が進み、戦争をすることもひとつの職業となり、経済と技術の進歩にともない、軍事的技術の習得も一定の階級に委ねられ、「奢侈的アート」に心を注ぐ国民の間では、軍事的勇気が消滅してしまうと指摘した。この点は、トクヴィルの民主制社会における軍隊の性格の議論とは異なっている。後に本書第十一章で『アメリカのデモクラシー』第二巻第三部第二章から二六章を取り上げて、両者の違いを明らかにしたい。

同感（sympathy）との関係

前節で述べたように、スミスは商業社会の欠陥を指摘したが、あくまで彼の主要なメッセージは、（欠陥そのものではなく）自由な市場をベースにした商業的社会がいかに諸国民の富を増加させるのか、という点であったことは言うまでもない。スミスの見た「市場の働き」は、企業であれ家計であれ、個々の経済主体が「正義のルール」を犯さない範囲で自らの利潤や効用を最大にしたいという利己的な行動をとっているだけにもかかわらず、結果として（知らず知らずのうちに）高い水準の社会的厚生を達成するという点にある。

このスミスの重要な命題に関して二つの点に留意したい。ひとつは、各人の意図（自己の個人的利益の追求）には、社会全体の経済的厚生の増大という目的はなかったにもかかわらず、意識せずして立派な結果を生み出していること。もうひとつは、この自己の利益の追求は、闇雲になされてよいということではなく、「正義のルールを侵さない範囲で」という限定句がついていることである。個人の私益の追求が最高度の全体の利益（公益）をもたらすという命題は、ロッテルダム出身のオランダ人医師B・マンデヴィル（一六七〇～一七三三）等がすでに強調するところであった。(9) この「私益すなわち公益」という見方は「社会科学上の大発見」とも呼びうる命題であったと言える。事実、その後の経済学は、（「正義のルール」についての考察は法哲学に席を譲っているが）この命題を精緻化したり、反例（例えば囚人のディレンマなど）を挙げながら、より一般的なモデルの開発にエネルギーを注いできたのである。

しかしスミスの「見えざる手」による個人の利益と全体の利益の調和という考えは、決してそれ自体で完結しているわけではなく、また最終的な論理的説明を提示するものでもなかった。スミスの時代には経済学は独立した学問分野ではなく、道徳哲学（モラル・フィロソフィー）の一分科として位置付けられていたこと、そしてスミスの『国富論』は、現代の経済学でいうところの市場分析よりも、ポリティカル・エコノミーという視点から、財政問題や貿易問題、あるいは英国の植民地問題を念頭において国民経済の舵取りを論ずる政策問題が中心をなしていたからである。

むしろ正義論、およびそれを基礎とする「政府」の存在根拠をめぐる議論が、スミスの全体系の中でも重要な意味を持つ。『道徳感情論』の中では、「正義のルール」（所有権の保護や契約の履行など）を「全体系の主柱」とみなし、もしこのルールがなくなると、人間社会の偉大で複雑きわまりない構造が、たちまちのうちに粉砕されてしまうと述べている。社会という建造物にとって慈愛は飾りであるが、正義は屋台骨に相当する徳だというのである。[10]

スミスの教育への関心も、人間の道徳感情に対する分析に基づいている。人間の野心と虚栄がその人の社会的な上昇志向を生み、この気概が経済の進歩に繋がると『道徳感情論』で述べている。しかし同時にスミスは、この人間の野心をコントロールすることが、多くの場合きわめて難しいということも認識していた。野心を適切に方向付けるためにも、教育は社会にとって不可欠なのである。正義は社会に不可欠な徳義であるが、普通の人間はこの徳目を貫徹するほど強くはない。正義の実現を目指すためには、どうしても正義の管理者としての政府が必要なのである。

こうした道徳感情の分析において鍵となる概念は「同感（sympathy）」である。[11] スミスは、社会の中の人々の行為が、第三者としての他人の同感を得る程度に統御されることによって、社会としての秩序が保たれると見ていたのである。これをトクヴィルの言葉で言い換えれば、前章で論じた「啓発された自己利益」ということになる。

ではトクヴィルのこうした社会観は、英国の古典派の政治経済学者との相互交流によって具体的にどのように育まれたのであろうか。トクヴィルが活字を通してだけでなく、実際に英国へ三度赴き、彼の地の知識人と接触することによって受けた影響は大きいと推察できる。彼が旅による「観察」によって得た知恵は貴重で、彼にとって旅もまさに学校であった。

トクヴィルの英国訪問

トクヴィルと英国知識人との交流は深い。一八三五年刊行の『アメリカのデモクラシー』前半部二巻を、経済学者J・S・ミル（一八〇六〜一八七三）が *The London Review* (July-January number, 1835–1836, pp. 85–129) で好意的に書評し、一八四〇年刊行の後半部二巻を *The Edinburgh Review* (1840) で同じくミルが絶賛したことからも、二人の学問上の親交の深さは推察できる。[12] ミルが、トクヴィルは「十九世紀のモンテスキュー、いやモンテスキューよりもさらに醒めた著作家である」との賛辞を贈っている。そして『アメリカのデモクラシー』によって「政治の科学的研究の新時代が始まった」と褒め称えたのである。

トクヴィルが英国の古典経済学者、特にアダム・スミスを読んでいた証拠は、すでに述べたように彼の作品中に散見されるだけでなく、彼自身はっきりと「私の思考や心情のあまりに多くを英国人と共有しているので、英国は私にとって精神面での第二の母国となった」（シーニア〔Nassau Senior, 1790-1864〕への手紙、一八五一年七月二七日）と記していることからも十分推測がつく。トクヴィルの思想を理解する上で、彼が英国の政治と社会を知っていたからこそアメリカを深く洞察できたという点は重要になる。フランスの大革命では「平等」がその旗印となっていたのに対し、英国の革命は「自由」を大義としてきた。アメリカを理解しようとするフランス人トクヴィルにとって、その英国を理解することは必須の課題であった。

ここでは『アメリカのデモクラシー』のテキストから少し離れて、トクヴィルの英国滞在中のメモを読みながら彼の英国知識人との交流を見ておきたい。彼の英国理解が米国の民主制の捉え方に影響を与えていることを確認するためだけではなく、アダム・スミスの経済学が彼の「陪審制」の理解と評価に関連している点にも注目したいからだ。特に「陪審制」は米国のデモクラシーを支える重要な装置であり、基本的には司法制度というよりも「政治制度」だというトクヴィルの見解は、米国における人民主権の本質を理解する上でも注目に値する。この視点もアダム・スミスからヒントを得たと筆者は推測している。

トクヴィルの伝記や年譜を読むと、彼は生涯に三度ブリテン島を訪れている。もちろん後に彼の夫人となる九歳年上の英国女性メアリー・モットリー（Mary Mottley）と、親族の反対を押し切って結婚している（一八三六年十月二六日）から、トクヴィルの英国理解は単に活字やお座なりの社交によって得られたものではない。(13) この三回の英国滞在で彼が何を見、見たものが『アメリカのデモクラシー』での議論の根本をいかに形作ったのかを、旅行中に記されたメモに依って辿ることにしたい。

第一回英国旅行

トクヴィルは、一八三三年八月三日から九月九日まで、ほぼ一カ月間英国に滞在し、（先にその手紙に言及した）経済学者シーニアと会い、二人は終生の友として付き合うことになる。シーニアは、二人の往復書簡と会話を *Correspondence and Conversations of Alexis de Tocqueville with Nassau William Senior* と題して一八七二年に刊行している。このシーニアなる人物については、マルクスが労働時間問題に関して『資本論』で酷評しているから日本の経済学者にはよく知られている。もっとも、現代経済学の観点からすると、彼は決して凡百の経済学者ではなく、利子理論の分野で「理論経済学者としては」マルクスよりも優れた仕事を残している。ちなみに、誤解を避けるために次の点は付け加えておきたい。マルクス自身の経済学は、現代的な視点からすると需要理論が欠落した超長期の理論であり、経済学としての価値は限定的なものである。しかしマルクスの偉大さは、社会学者としての独創性、ジャーナリストとしての（『ブリュメールの十八日』や『フランスの内乱』などに見られる）ずば抜けた才能にあると筆者は考える。

第一回の英国滞在中の彼の主たる関心は、本書の第一章で論じた「統治（government）」の中央集権と「行政（administration）」の中央集権の区別の問題であった。滞在中に残したメモに、トクヴィルの思想の到達点を具体的に示すエピソードが多く残されているので、いくつか紹介してお

こう。(14)

一八三三年八月十五日、会期中の英国貴族院を訪ねている。まず議場のシャンデリア、カーテンなどの様子を描写する。ちょうど上院では、奴隷制廃止法案（Slavery Bill）が議論されていた折である。その光景の記述は鋭い写実性に富んでいる。議員は礼服に身を包み、多くは帽子、フロック・コート、ブーツを身につけている。それほどフォーマルではないが、見るからに貴族の「アロマ」（トクヴィルの言葉）を醸し出していると言う。これら貴族グループの真ん中には、正装の数人の司教が座っている。貴族院議長（大法官が兼ねる）も書記官も大きな白髪のカツラを被っている。

トクヴィルはこれを見て、「なぜ彼らはカツラをかぶっているのか」と問い、次のように推理する。恐らく、英国憲法の絶えざる連続性を誇示するために、貴族院には中世のコスチュームで出入りしなければならないのだろうと。しかし、多くのコスチュームの中でも、なぜ「カツラ」を選んだのか。カツラはほんの十八世紀に始まったものなのに、と訝しがる。このコメントは英国人への皮肉であろうか。

一八三三年八月二一日、英国の貴族制について「抜け目のない」点を以下のようにメモしている。英国の貴族は常に公的な事柄に従事してきた。権利の保護に熱心であっただけでなく、自由についても多くを語ってきた。しかし何よりも英国の貴族が他国の貴族と異なる点は、英国では貴族への道がそれ以外の人々にも開かれているということだ。どちらかと言えば例外的なことではあるが、大きな富をなせば貴族に列せられることもある。したがって万人が富を獲得するチャンスのある英国のような商業国家では、貴族に対して他国の人が抱くような敵意を持つ傾向は弱い。誰もが貴族的特権を得る可能性が与えられている場合、人々は貴族階級に対して憎悪を抱くより、むしろ「価値あるもの」という感慨を持つとトクヴィルは見るのだ。この見解は、フランス人が懐く貴族への反感がフランス革命へと繋がる点を示唆している。

英仏の貴族制の違い

フランスで貴族が憎悪の対象となったのは、彼らだけがあらゆる特権を有しているからというよりも、いくら努力しても「誰も貴族にはなれない」という点にある。確かに英国の貴族制も、その感情や偏見においては世界の貴族制と変わるところはない。しかし英国の貴族制は血統（「生まれ」）に基礎を置かず、万人が獲得可能な富をベースとしている。この違いは大きい。英国貴族は富に基礎を置くからこそ、人民にも国王にも屈服せず、その地位を保持しているとトクヴィルは喝破するのだ。英国の貴族は、フランス人には理解しがたいような抵抗の精神を持っているとトクヴィルは言う。

しかしその英国貴族もいまや存続の危機に曝されている。英国の貴族制はそれ自体の強さではなく、貴族への栄達を遂げたいと願うすべての階級の人々の感情の上に、その強さを維持してきたにすぎないからだ。富を蓄え、貴族階級に近づけば近づくほど、貴族的特権を享受できる確率は高まる。労働者より小売商、彼らよりロンドンの商人、さらに銀行家、そして裕福な地主と、富の蓄積が多い層ほど貴族制を強く支持してきたのである。だが貧民層が増え始めたトクヴィルの時代にあっては、貴族の特権に与れる望みのない人々が増え、いまや別の方法（すなわち革命！）で、貴族的な特権を手に入れることができると実感し始めている。ヨーロッパで「フランスの精神」と呼ばれる民主化の原理が、驚くべき速さで浸透してきたのだ。

このように見ていくと、英国の貴族制は、下層階級に物質的な豊かさを保証できる限りは、しばらくは安泰ということになる。「しばらく」というのは、下層階級から脱出できないものにとって、最低限の豊かさを味わうことができる限りということだ。

この第一回の英国旅行中トクヴィルは、英国人の表面的な安楽さの底に、強い困窮の心情を読み取ったようだ。似たような困窮と不安を、トクヴィルはそのまま、あるいはもっと徹底した形で平等社会である米国の人々の気質の中にも見出している。

ボーリングとの会談

続いて一八三三年八月二四日のメモを見てみよう。この日トクヴィルはボーリング（John Bowring, 1792-1872）に会っている。ボーリング博士は、J・ベンサム（Jeremy Bentham, 1748-1832）の影響を受けた言語（文献）学者にして経済学者であり、コブデンやブライトよりはるかに早くから自由貿易論を展開していたことでも知られる。*Westminster Review* の編集者（一八二五）、下院議員（一八三五）も務め、後に、『ベンサム全集』全十一巻（一八四三）を編集したため、ベンサム研究者にはよく知られた人物である。しかし多彩なキャリアを持つ風変わりな知識人でもあった。ブリタニカ百科事典によると、彼は第四代の香港総督にも就任しており（一八五四）、いわゆる超多言語習得能力者（hyperpolyglot と呼ばれる一種の特異体質）で、約二〇〇の言語を学び、そのうち一〇〇ほどを自在に操ったという。

トクヴィルはこのボーリングと「中央集権」の問題を論じ、彼の発言から多くの示唆を得ている。ボーリングはトクヴィルに、「英国は分権の国だ。政府はひとつだが、行政は中央集権とはなってはいない」と述べたと記されている。英国では、county（郡）、town（町）、parish（教区）は、それぞれ個別の利害を追求し、産業は自らの選択に委ねられている。すべてが個別利益の追求として取り組まれているため、必要な資本をもって進められ、事業が途中で放り出されることはない。「あなたの国（トクヴィルのフランス——筆者注）では、産業は際限のない政府干渉を受けているが、ここ（英国——筆者注）ではるかに自由だ。中央政府が、大きな国家のあらゆる活動を監視するなどということは自然に反する無理無益」とボーリングは言い切る。分権こそが文明が果たしうる本質的な進歩の主要因なのだと。分権化は人為的に推し進められるものではない。むしろ、集権化こそ支配者の望むところなのである。「誰しも分権化の利益を一応説くが、一旦権力の座に就き支配者となるや否や、その主張をいとも簡単に捨て去るものだ」とボーリングはトクヴィルに説いている。

以上のようなトクヴィルのメモを読むと、第一章で述べた彼の「中央集権の二つの意味」の議論が、この英国滞在時のボーリングとの会話からも大きな影響を受けたことがわかる。

英国を離れる二日前の一八三三年九月七日付で、トクヴィルはロンドンで英国滞在を総括するやや長めのメモを残している。このメモでは、そのまま『アメリカのデモクラシー』の要約の一部ともなりうる論点の整理がなされている。貴族制と革命についてまとめると次のようになる。

貴族制と革命

トクヴィルは、英国はいまや大革命の困難の中に投げ出されようとしているのだろうと予想しつつ英国に上陸した。しかしいまやその考えは全く変わったと明言する。法律や社会制度の根本的変化を「革命」と呼ぶとすれば、確かに英国も革命の最中にある。しかし、「革命」を暴力的で急激な変化と理解すれば、英国にその機が到来しているとは言いがたい。確かに英国憲法の中軸をなす貴族制の原理は、その力を日に日に失いつつあり、いずれは民主制の原理がそれに取って代わるだろう。しかしそれは決して暴力的で急激な「革命」によってもたらされる変化ではない。

その理由はすでに述べたように、英国の貴族制が多くの人々に獲得の機会が与えられている「富」に立脚し、「生まれ」を基礎としていないからだ。この点を理解するために、トクヴィルは例として英語の gentleman とフランス語の gentilhomme との比較を持ち出す。双方語源を同じくするが、英国の gentleman はその「生まれ」とは独立に、教育のあるすべての男性に対して用いられる。他方フランスの gentilhomme は、貴族の血統を持つものにしか用いられない。同じ語源の言葉が、社会風土（トクヴィルの言う mœurs）の違いによって翻訳不能なほど意味に隔たりができてしまっているのだ。

このようにフランスとは異なり、英国の貴族制は民衆からの強い憎悪を受けることなく続いて来た。すべての国民が貴族になる可能性が少しでもあるような状況では、貴族が憎悪や猛襲の対象とはなり得なかったのだ。それとは逆に、特権を独占する「カースト」を形成していたフランス貴族への国民感情が、いかに厳しかったかは想像に難くない。

かといって、英国貴族が安泰なわけではない。貴族の力とその及ぶ範囲は次第に減衰しているとトクヴィルは見る。トクヴィルの時代の平等化とヒューマニティーを重んずる一般的・世界的傾向は今後強まりこそすれ、後退することはないからだ。事実、英国民の政治参加への意欲の高まりは否定すべくもなく、貧困問題などに原因する国民の不満は社会に広く浸透している。したがって、英国の貴族制はフランスのように急激ではないにしても、より緩慢に、しかし確実に衰退の道を進んでいるとトクヴィルは見たのである。こうした推論は、『アメリカのデモクラシー』の第二巻第四部のいくつかの章（例えば第五章）に明晰に示されている。

第二回英国旅行

一八三五年四月から六月にかけて、かつて米国を共に旅した友人のギュスターヴ・ド・ボーモン（Gustave de Beaumont, 1802-1866）とトクヴィルは再び英国とアイルランドを訪れている。社交的で雄弁、活気のあるボーモンは、口下手であまり社交的でないトクヴィルにとって、無二の旅の友だったようだ。彼らのロンドン滞在は、五月八日から六月二四日までと記録されている。この時点でトクヴィルの名は、『アメリカのデモクラシー』の著者としてすでに英国知識人の間では広く知れ渡っていた。この二回目の英国旅行中に、J・S・ミルに会っている。主な関心はデモクラシーにおける「多数の専制」の危険性の問題であった。

五月八日のメモを読んでみよう。このメモは「フランス人は自分より上の人間（優越者）を認めたがらない。イギリス人は自分より下の人間を持ちたがる。フランス人は絶えず自分より上の人間を不安げに見上げ、イギリス人は満足げに自分の下の者に目を注ぐ。双方とも、プライドが高い点は同じであるが、その意味するところは異なる。」という文章で始まる。

この両国民の違いの理由は何か。民主制社会では、身分の差がなく、すべての人間が他者より抜きん出ようと競争している。その点を考慮すると、イギリス型のプライドは競争に勝ちたいという人間本性の自然な現れであろう。それは、何か自分の欲することを競争しつつ実行しようとするプライドなのだ。それに対して、フランス型のプライドはある固有の原因から生まれ出ているのではなくて、単なる一時しのぎの、間に合わせの（嫉妬心に近い）気分にすぎない。言い換えれば、フランス型のプライドは自分より上のものを破壊し引き摺り下ろそうとするもの、イギリス型は自分自身を更なる高みへと押し上げる力を持つものだとトクヴィルは言うのだ。

福澤諭吉の怨望論

この「上を見るか、下を見るか」というトクヴィルの区別は、福澤諭吉『学問のすゝめ』十三編「怨望の人間に害あるを論ず」の議論を想起させる。福澤は同書の中で、ほとんどの徳と不徳は相対的なものであり、単に度が過ぎるか、不足するかによって生まれると指摘している。およそ数多い不徳の中で、例えば貪吝、奢侈、誹謗等は、いずれも「程度が行き過ぎただけ」で徳から不徳へ転落したのだという。この議論は、西洋倫理学の基礎を作ったアリストテレス『ニコマコス倫理学』の徳に関する議論の展開と同じである。

しかしさらに福澤は、単なる相対的な善悪とは別種の悪徳が社会の中に存在することに注目した。働きそのものにおいて本質的に不徳であり、場所にも方向にも関係なく「不善の不善」なのは「怨念」であり、「怨望」こそ人間社会の最も忌むべき敵であると考えたのである。

そして次のような「怨望」の明解な定義を福澤は与えた。他人の幸と自分の不幸とを比較して、自分の状況を向上させせようとするのではなく、他人を引き摺り下ろして不幸にし、他人の状況を悪化させようとするのが「怨望」だと。この概念規定は、経済学でいうパレートの意味での厚生の「改悪」と類比的である。すなわち、自分と他人いずれの状況にも改善がみられないだけでなく、むしろ他人を悪化させるような状況を怨望は選び取るのである。これはアリストテレスが、「義憤は嫉視と悪意の中庸である」と把えたのとは異なる。ここに福澤の独創性がある。

さらに福澤は、怨望の流行によって社会が害をうけた例として「我封建の時代に沢山なる大名の御殿女中をもって最とす」と言う。つまり御殿の大略は、努力や才能と成果によって評価が決まるのではなく、「ただ朝夕の臨機応変にて主人の寵愛を僥倖するのみ」という点にある。だからこそ、御殿女中の間では怨望が多くの毒害の沙汰を招いたと福澤は推論する。御殿女中の世界では、政治的な陰謀が猛威をふるい、常に粛清の嵐が吹き荒れ、毒殺が横行したのである。福澤は、明治の日本を古の御殿のようにはせず、怨望ではなく活動を、嫉妬ではなく相競うの勇気をふるいたたせ、幸不幸、勝と負、すべて自力で手に入れるような社会にすべきだと論じたのである。

御殿女中の間の怨望は、社会主義社会（統治と行政両方の中央集権化の徹底した社会）における権力闘争と粛清を想起させる。社会主義社会の下では、経済競争が封じ込められたことによって、すべてが政治権力によって決定されるようになった。経済競争を圧殺しようとしたシワよせが、政治の世界を極端にゆがめたのだ。福澤は一党独裁の社会主義の崩壊を、社会主義国家の出現以前に予言していたということになる。

先に述べた、フランス型のプライドは「自分より上のものを破壊し引き摺り下ろそうとする」感情、イギリス型は「自分自身を更なる高みへと押し上げる力を持つ」感情、というトクヴィルの対比と同じである。そしてフランス型が革命へと繋がる人間感情だと彼は見たのである。

第三回（最後の）英国旅行

一八五七年、死の二年前、トクヴィルは再びロンドンを訪れている。フランス革命研究の主要成果は、『旧体制と革命』としてすでに一八五六年に刊行されていたが、フランス革命に関する英国の公文書を改めて閲覧するための旅であった。彼の最後の大作『旧体制と革命』もそのメイン・テーマは中央集権化の問題であった。

トクヴィルはこのフランス革命の研究において、フランスの歴史の中に民主化と集権化がいかに手を携えつつ進展してきたのかを示すことに全力を集中している。革命の初期には、人々は平等を実現すべく自由の為に戦う。しかし平等化（民主化）が実現するに従い自由は脅かされる。同書の中で、モンテスキューからヒントを得て、トクヴィルはデモクラシーを「自由なデモクラシー」と「不自由なデモクラシー」との二つに分けた。簡単に図式化すれば、前者がイギリス型、後者がフランス型ということになる。

『旧体制と革命』はまたしても英国知識人達から好意的に迎えられ、滞在中にヴィクトリア女王の夫君アルバート公とのインタビューが設定されたほどであった。トクヴィルはインタビュー会見したアルバート公の頭脳に痛く感動し、英国滞在で記憶するに値すること、最も印象に残ったことは、アルバート公との会話であった、とルイス卿夫人（Lady Theresa Lewis）へ手紙の中で述べている。(15) かくも優れた人間が女王さまのお側におられるイギリス人は幸運だ、とまで書き添えているのである。

注

（1）トクヴィル、第二巻（上）、二六九〜二七五頁。
（2）アダム・スミス『道徳感情論』（上）（水田洋訳）岩波文庫、二〇〇三年、第一部第四篇第二章「野心の起源について、および諸身分の区別について」。
（3）アダム・スミス「風習に対する商業の影響について」『グラスゴウ大学講義』（高島善哉・水田洋訳）日本評論社、一九四七年、四五二〜四六〇頁。
（4）アダム・スミス「風習に対する商業の影響について」『グラスゴウ大学講義』四五五頁。
（5）アダム・スミス『国富論』（Ⅲ）（大河内一男監訳）中公文庫、一九七八年、第五編第一章第三節第二項、一四二頁。
（6）アダム・スミス「風習に対する商業の影響について」『グラスゴウ大学講義』四五七頁。
（7）トクヴィル、第二巻（上）、二七一頁。
（8）トクヴィル、第二巻（上）、二七一〜二七二頁。
（9）Bernard Mandeville, *The Fable of the Bees*, Vol. I.
（10）アダム・スミス『道徳感情論』（上）（水田洋訳）岩波文庫、第二部第二篇第三章、二二四頁。
（11）この「同感」と社会秩序の成立については、堂目卓生『アダム・スミス』中公新書、二〇〇八年に明解な説明がある。
（12）*Œuvres Complètes*, tome VI（Gallimard版）に収められているトクヴィルとJ・S・ミルとの往復書簡は、英国滞在中のトクヴィルが『アメリカのデモクラシー』第一巻をミルに贈る旨を記した一八三五年六月の手紙から、ミルが夫人を亡くしたこと（一八五八年十一月三日）への一八五九年二月九日付のお悔み状まで続く。一八四七年から一八五六年までの間は手紙のやりとりはない。一八五六年に文通が復活したのはトクヴィルの『旧体制と革命』が出版されたためである。

（13）社会科学的視点からのトクヴィルの伝記、J.P. Mayer, *Alexis De Tocqueville A Biographical Study in Political Science*, J.M. Dent & Sons Ltd, 1939. を参照した。この伝記は（ドイツ出身の）英国のトクヴィル研究家マイヤー（J.P. Mayer）のヒトラー政権批判が含まれていて興味深い。マイヤーは Gallimard 版の全二七巻のトクヴィル全集（一九五一～一九八三）の主任編集者である。

（14）以下の情報は、トクヴィルの *Œuvres Complètes* の第五巻二および、英国とアイルランド旅行関係の文章をマイヤーが英訳編集した、*Journeys to England and Ireland*, Transaction Books, 1988. に依拠している。

（15）J.P. Mayer, *Alexis De Tocqueville A Biographical Study in Political Science*, p. 196.

第4章　中産階級の政治的無関心

貴族制社会とは異なり、民主制社会の市民は大した世襲財産も持たず、生きるために働き、報酬のための労働を名誉な営みだと考える。アメリカ社会でも、すべての職業が報酬のためにあるという考えが支配的だとトクヴィルは見た。召使（servant）も、報酬のために働き、大統領も俸給のために働くというわけだ。職業には上下がない。そうした平等の条件の下で、デモクラシーは産業の発展を促し、産業家の数を限りなく増加させるのである。トクヴィルは一八三〇年代の米国社会を、中産階級の成長する社会、富裕層が世代を越えて固定化することのない社会として特徴づけた。本章ではトクヴィルの階級論をマルクスのそれと比較しながら考える。

民主制社会の労働者階級

民主制社会では、自由で活動的で野心に満ちた人間は、自分の境遇を改善するためにいかなる経済活動に向かうだろうか。農業は収益が上がるまでに長い時間と厳しい労働が必要とされる。したがってすでに十分な富を有するものか、さもなくば貧しいものしか取り組もうとしない。

ヨーロッパでは富を獲得する最も手早く強力な手段は商工業であった。アメリカでも富のほとんどは商業によって形成されてきた。アメリカ人は、商業が約束する利潤機会だけでなく、農業ですら商業に結び付けてしまうのが特徴だ。それは商業のもたらす気分がアメリカ人は好きだからだとトクヴィルは言う。

では工業はデモクラシーの下ではいかなる特徴を示すのであろうか。ひとつは分業の進展であり、いまひとつは資本と信用の面で企業規模が拡大することである。ここでトクヴィルは（本文中でも注でも明示しているわけではないが）アダム・スミス『国富論』と同じ説明を使う。よく知られている「ピンの製造過程」で起こる「分業」の例が、階級形成論として取り上げられているのだ（『アメリカのデモクラシー』第二巻第二部第二十章「どのようにして産業から貴族制が生ずる可能性があるか」）。

分業の進展は労働者の技能そのものを向上させるが、アダム・スミスが指摘したように、精神がひとつの仕事だけに集中されるため、他の一般的な能力が退化してゆくと指摘する。

「彼は頭を使って作業の段取りをつける一般的能力を失ってしまう。日ごとに彼の腕は上がるが、創意工夫には欠けてくる。彼の中で労働者が完成するにつれて、人間は堕落するといえよう(1)」

このように労働の分業の原理が広く産業の場に浸透すると、労働者は力を失って視野を狭め、より隷属的にならざるを得ない。技術は進歩するが、職人は退歩するとトクヴィルは見た。他方、資本規模は大きくなり生産物は安価になる。そして賢い人間が、要領の悪い労働者が作り出す生産物を搾取するために力を発揮し始める。産業の知識は絶えず確実に労働者階級の地位を低下させる一方、雇い主の階級を上昇させる。かくて労働者は窮乏化し、産業の支配者は富裕化すると見る。

この論理はマルクスの搾取理論と類似している。トクヴィルも労働者階級と支配階級の差は日に日に拡大してゆくと予想していた。そしてこの現象を産業の場における「工場貴族制(aristocratie manufacturière)」の誕生と捉えたのである。しかしトクヴィルは、この新しい貴族制がこれまでの伝統的な貴族制と全く異なることを見逃さない。

「まず、産業あるいは産業上のいくつかの職種にのみ専念する点で、それは社会状態全体の中での一つの例外、一個の奇形であるといえよう。

いくつかの産業が今日の大規模なデモクラシーの中に形成しつつある貴族制の内部には、古い時代の貴族社会全体と同じように、少数の格段に富裕な人々と大多数の極貧の人々とがいる。この貧しい人々は自分の境遇を脱して金持ちになる手段をほとんどもたないが、金持ちは絶えず貧しくなり、あるいは彼らは儲けを得ると商売から離れる(2)」

トクヴィルは、アメリカでは貧しい労働者は社会の底辺に滞留し固定化するが、富裕階級は新たな富裕者と始終入れ替わる点に注目する。富裕階級は常に流動化しているため、共通の精神と伝統で結ばれた貴族階級はアメリカには現れないというのだ。

こうした商工業を核とする新しい階級はどのような特徴を持ち、どのような問題点を抱えているのだろうか。まず、日本でこの点に早い時期から注目した福澤諭吉の「中産階級論」を振り返ってみよう。

福澤諭吉の「ミッヅルカラッス」論

福澤諭吉の『学問のすゝめ』五編に、「ミッヅルカラッス」という外国語が出てくる。直ちにその原語がわからず一瞬戸惑うが、よく読むとその意味するところは中産階級であり、原語は middle class だと理解できる。福澤は、トクヴィル（『アメリカのデモクラシー』第二巻第三部第二一章）を英訳（と邦訳）で読んでいたから、そこに出てくる英語の middle class という言葉を、そのままカタカナ表記で「ミッヅルカラッス」と書いたのであろう。

福澤は『学問のすゝめ』五編で、「我国の人民に気力なきその原因」を探っている。福澤の答えは単純明快だ。「古の民は政府を恐れ、今の民は政府を拝む」からであり、このまま行けば、「政府にて一事を起こせば、文明の形は次第に具わるに似たれども、人民には正しく一段の気力を失い、文明の精神は次第に衰えるのみ」と述べている。[(3)]

福澤は同じ五編で自論を次のように要約する。

「国の文明は上政府より起るべからず、下少民より生ずべからず、必ずその中間より興て衆庶の向う所を示し、政府と並立て始て成功を期すべきなり。（中略）この諸大家は所謂『ミッヅルカラッス』なる者にて、国の執政に非ず、亦力役の少民に非ず。正に国人の中等に位し、智力を以て一世を指揮したる者なり」（傍点は引用者）[(4)]

この「ミッヅルカラッス」なる者は、日本にも「学者（今日いう所の大学の先生や研究者ではなく、一般に書籍を通して学問を修めたもの）」と称される連中の中に見出される。しかし日本の「学者」は概して「世の気風に酔い只管政府に依頼して事を成すべきものと思うか、概皆その地位に安んぜずして去て官途に赴き、瑣末の事務に奔走して徒に心身を労し」ていると、福澤は当時の「学者」

を痛烈に批判しつつ、日本における「ミッヅルカラッス」の層の薄さを嘆いたのである。
この福澤の「ミッヅルカラッス」論は、『文明論之概略』の中にも現れる。日本は、ヨーロッパ社会と異なり権力の一元化（偏重）が顕著であると論じた同書第九章「日本文明の由来」で、次のように述べる。

「顧て彼の欧州諸国の有様を見れば大いに趣の異なる所あり。その国民の間に宗旨の新説漸く行わるれば、政府も亦これに従て処置を施さゞるべからず。昔日は封建の貴族をのみ恐れたりしが、世間の商工次第に繁昌して中等の人民に権力を有する者あるに至れば、亦これを喜び或は之を恐れざるべからず(5)」

ここで「中等の人民」というのは、「商工次第に繁昌して」という前の言葉からも、ブルジョワジー、すなわち中産階級（middle class）の人々を指している。ヨーロッパでは中産階級の勃興によって政治が変わらざるを得なかったという点を、福澤は当時の日本の実情と対比させつつ論じたのである。
ここで注意を要することは、福澤の考える「ミッヅルカラッス」は、階層としては後に見るトクヴィルのそれと重なるものの、「気力のある者」という側面が強調されている。これはトクヴィルが、後に触れるように、政治的には「行動する力がない」と考えた「工場貴族」の中産階級と異なる点である。

中産階級という概念の変化

「ミッヅルカラッス（middle class）」は、必ずしもすべての論者が共通の概念規定で用いてきた言葉ではない。先の福澤の引用からもわかるように、元来、ヨーロッパにおいて社会経済的な階層の中で伝統的な貴族（nobility）と農民（peasantry）の間に（むしろ例外者として）位置する都市生活者を意味する言葉として用いられた。彼らの生業は商業であった。ただ、単なる商業従事者と見るか、あるいは貴族に対抗しうるような資本所有者としての金持ち階級に限定して用いるのかは歴史家によって立場が異なる。しかし十八世紀までの「中産階級」が、いわゆる「ブルジョワ革命」の推進者となったとの認識は共通していると見てよかろう。

十九世紀に入ると、社会統計の収集と加工が理論的にも技術的にも進歩し、「中産階級」の実態を量的に確定しようとする動きが強まる。また同時に、職業の分化と政治機会の平等化も進み、専門職、行政職、経営者など、先の福澤の言葉でいう「その中間より興て衆庶の向う所を示し、政府と並立て始て成功を期すべき」階層の人々が、所得の面でも、政治的な発言の面でも力を得るようになる。そうした現実を反映し、研究者たちは「中産階級」を職業と所得などに反映される「人的資本」をベースとして把握するようになる。この場合、「人的資本」の有無（多寡）を規定するのは教育であるが、その教育は、所得、富、家庭環境、職場、価値意識などによって規定されるとしている。

マルクスの社会理論では、「中産階級」は貴族とプロレタリアートの間に位置する有産の、あるいは「生産手段」を所有しない都市商人と専門職従事者を指していた。このマルクスの階級理論は、トクヴィルとの対比において後段再び触れることにするが、さしあたっては、ごく素朴な意味での大金持ちでもなく貧困者でもない、「ほどほどの所得と富を持つ人たち」としておこう。こうした人々がなぜ、社会秩序にとって重要かを、政治学として初めて論じたのはアリストテレスであった。

アリストテレスの「中間層」の楽観論

いずれの国、いずれの社会においても、富裕な人々と貧しい人々がいる。そしてその間に「中間の人々」がいる。アリストテレスは、「適度なものと中間的なものとが最善であるということが認められている」として、「この中間というのは各人の到達し得るそれのことであるが」と限定句を加えつつ次のように言う[6]。ふつうの人の力の及ばない徳を基準にしたり、素質や幸運の賜物たる外的条件を必要とする教育を基準としたり、理想通りの国政を基準にすることを諫め、むしろ「最大多数の人々の与り得る生活や最大多数の国々が与かり得る国政を基準にして判断する」ことが重要だと考える。つまり、普通の人がなしえないことを基準にするな、というのである。普通の人が到達できないようなレベルを基準にすると、人々は単に偽善的になるか、その高い基準と自己を同一視して恐ろしく傲岸になるかのどちらかであると警告しているのである。福澤諭吉の表現を借りると、「名分を以って偽君子を生ずる」ということになろうか。

そしてアリストテレスは次のように言う。

「幸運の賜物にしてもその中間的な所有が何ものにもまして最善であるということは明らかである。何故ならその程度の所有は理性に最もたやすく従うが、過度の美しさとか、過度の強さとか過度の善き生れとか過度の富とか、或はそれらと反対に、過度の貧しさとか過度の弱さとか非常な賤しい地位とかをもつ者は、なかなか理性についていきにくいからである」(7)

その証拠には、過ぎた美や力や富や身分を持つものは、傲慢な者や大犯罪者になるケースが多い。過度の貧しさ・弱さや、低い地位にあるものは、無頼の徒やちっぽけな犯罪者となるものが多い。だからこそ、過度の貧しさの中でも善く生きようとする人々をわれわれは美しいと感ずるのである。

「中間の人々」は、支配を逃避したり支配を追求しすぎたりする傾向が最も少ないという点も重要である。この逃避と追求の二つは度を越えると共に国家にとって有害なのである（この点は後に述べるトクヴィルと異なる)。力や富や友人や幸運を過度に所有している人々は、支配されることを欲しもせず、またその術を心得てもいない。しかし他面、これらのものを過度に欠いている人々は余りにも卑屈になり、支配する術を心得ず、むしろ隷属的な支配を受ける術を心得ることになる。

このような状況では、国家は、自由人たちからではなくて、奴隷と主人とから、すなわち嫉妬する人々と軽蔑する人々とからのみ構成されることになる。そして国家が最も友愛の少ない共同体と化す。

以上のような理由から、「中間的な人々」から組織された国に最も善き政治が行われるとアリストテレスは考えたのである。これらの人々が国民のうちで最も安定しているのは、彼ら自身は貧乏人のように他人のものを望むこともなく、また他人も彼らの財産を望むことがないからである。謀反されたり謀反したりすることがないために、危険なしに日常生活を送ることができるのである。

したがって国家という共同体も、「中間的な人々」によって構成されたものが最善であり、中間的な部分が多数で、政治をする人々が生活に充分な財産を有しているということはこの上もなき幸いなのである。あるグループは非常に多くのものを所有しているのに、他のある人々は何一つ所有していないところでは、極端な民主制か生粋の寡頭制かあるいはこの両方の極端なものを通じて僭主制かが生じてくることをアリストテレスは看破していたのである。「ほどほどに所有している人々」、すなわち社会の中間層が「広く、厚く」形成されているかどうかが重要なのである。教養とほどほどの富を持つものが政治に参加し、善き政治を支えていくことが必要なのである。

アリストテレスの「中間層」の議論は、「中間層」の安定性のみに注目する点では楽観的なものと言えよう。しかし「中間層」は常に社会秩序にとってプラスの要素だけを秘めているのだろうか。トクヴィルは必ずしも中間層を全面的には信用していない。それは、「多数の専制」の危険という彼の議論からも推測されるところであるが、「中産階級」が富や経済的な利益に執着する結果、政治的な関心を失い、社会的な不安定性を生む可能性をも見通していたからである。彼の考えは書簡の中にも現れている。

中産階級の堕落

トクヴィルの中産階級についての考えを知るうえで参考になるのは、彼が「七月王政」の政治的無気力さを激しく批判した手紙の中のコメントである。「七月王政」の政治権力はブルジョワジーの最も富裕な階層から構成されているがゆえに、実質的な政治闘争もなかった。ほとんどの政治家が「中産階級」の利益を国家に管理させることを暗に同意しているとして、トクヴィルは、前章で触れた英国の経済学者ナッソウ・シーニアへの手紙（一八四七年八月二五日）で次のように言う（この手紙の中で、「中産階級（les classes moyennes）」という言葉を使っていることに注目すべきであろう)。

「十七年たった行政システムは、結局中産階級の人々の個人的な金銭的貪欲さを刺激することによって彼らを堕落させ、徐々に中産階級は腐敗して粗野な貴族主義に陥っている。このような階級に先導されるのは恥だと国民は感じるようになってきた。こうした感情が国民の間に広がれば、不幸な事態を招来しかねない(8)」

選挙による代議制によって生ずる議会政治の堕落、そしてそれと軌を一にして進む行政の中央集権化、この二つが何ら統一性もなく進行している。こうした事態が最終的に何をもたらすのかはわれわれは予測することができない。これこそが時代の最大の難題なのだとトクヴィルは言う。そして、シーニアが訪れたドイツとイタリアでの実情はどうだと尋ねるのである。

さらにトクヴィルは、「七月王政」のもとで、国民が全く政治に関心を示さなくなったことに注目している。親友G・ボーモンへの手紙(一八四六年十二月十四日)で、この傾向を次のように表現している。「政治生活は、人々がただ自分が勝てばいいというゲームにすぎない、という考えが大衆の中に日々ますます深く根を伸ばすようになってきている」と(ちなみに、この「ゲーム」という言葉として、partie と jeu をトクヴィルは用いる(9))。

こうした傾向が生まれるのは、「中産階級」の意識や倫理というものが、人々に公的な事柄から身を引かせ、自分の物質的福祉のみを憂えるように促す要素を持つからだという。これはトクヴィルが一八三〇年代に著わした『アメリカのデモクラシー』ですでに指摘した、デモクラシーの下で生活する人間の特性である。国民は私的な経済生活への関心の殻に閉じこもり、物質的安寧のために政治的情熱を犠牲にするのである。彼らは孤立し、力もなく、政治参加にいかなる経験も持つことはない。「中産階級」によって構成される社会では、政治的自由が社会そのものの自壊の種を蒔くような危険をはらんでいると見ているのだ（一八四七年十月十八日付のケルゴレー〔Louis de Kergorlay〕への手紙[10]）。

なぜティエールとの協力を拒むか

ちなみに先に挙げたボーモンへの手紙（一八四六年十二月十四日）に記されたトクヴィルのティエール観を少し紹介しておこう。アドルフ・ティエール（Louis Adolphe Thiers, 1797-1877）は、自由派の歴史家であったが、一八三〇年の七月革命時にはむしろルイ・フィリップを擁立して王政を樹立させる（のちに第三共和政の成立に力を発揮し初代大統領となっている）。

トクヴィルのティエールに対する嫌悪感は相当に激しい。曰く、

「この世のあらゆる人間の中で、ティエール氏ほど、私が、自分の内と外とを問わず、最も崇

高で最も純粋、そして最も貴重だと思うあらゆる感情に常に打撃を与え傷つける人間はいません。ほとんどあらゆる事柄で彼がこの世で為すことは、私とは異なったやり方なのです。私が愛するものを彼は憎むか嘲笑し、彼が愛するものを、私は恐れるか軽蔑する、こうした背馳は双方から、われわれの性質のただ本能的な動きによるものなのです」(11)

こう述べた後、ティエールとの政治協力がいかに不可能なものなのかをトクヴィルは連綿とボーモンに綴る。こういう人物に鎖をつけることもできないし、変えることもできない。彼と戦うには途方もない力を必要とし、その力こそ、彼と同盟を組むことによって失われる力なのだとトクヴィルは言う。彼のティエールを見る目は、人民の中から現れる「独裁者」を見る目である。その独裁者は公的な精神を持たず、ただ自己の利益の追求だけにあらゆるエネルギーを費やすような人間なのである。

「中産階級」の危険性をトクヴィルが感じたのは、経済的富裕層から高貴な精神の欠如したティエールのような政治家が現れることへの強い恐れと反発からだったと考えられる。

労働者階級と資本家階級との経済的社会的条件の格差が次第に拡大すると予想したトクヴィルの論理は、マルクスの階級理論と基本構図は似ている。この構図を、トクヴィルは産業の場における「工場貴族制（aristocratie manufacturière）」の誕生と見た。と同時に、工場貴族制がこれまでの伝統的な貴族制と構造は似ているものの、そのダイナミックスが異なることにも注目している。先に触れたように、アメリカでは貧困階級は底辺に固定化するが、富裕階級は始終入れ替わっている。富裕階級は流動化しやすいため共通の精神と伝統で結ばれた貴族階級はアメリカには生まれないという。

トクヴィルのこうした論理をたどるには、『アメリカのデモクラシー』（第二巻〔下〕、第三部第二一章）の「大きな革命が今後稀になるのはなぜか」が有益である。

トクヴィルが捉えた中産階級

まず「境遇の平等化」は金持ちを多く生み出すわけでもなく、貧乏人がたくさん生まれるわけでもないとトクヴィルは指摘して、「境遇の平等化」それ自体が社会の安定化を妨げる攪乱要因にはならない理由を次のように説明する。

民主制社会では、貧乏人が圧倒的多数を占めることはなく、富裕なものも散らばって住み、力を持つわけでもない。彼らの富自体は土地と繋がっていないため、目には見えない。貧乏人という種族がいないのと同じように、金持ちという種族ももはや存在しない。この両極の間にはほとんど相似た無数の人々がおり、この人々は金持ちでも貧乏でもなく、ある程度の財産はあるので秩序を望むが、他人の羨望をかき立てるほどの財産があるわけではない[12]。

革命のような社会の大転換は既得の財産を脅かす。したがってわずかではあれ、財産を持つ人々は革命を望まないだけでなく、革命を恐れる。トクヴィルは次のように述べる。

「民主社会に住む人々の大半は財産所有者である。彼らは財産所有者であるだけでなく、人々が財産に最大の価値を付与する状況に生きている。

社会を構成する諸階級を一つ一つ注意深く考察するならば、財産所有から生まれる情念が中産階級におけるほど激しく執拗である階級はないと容易に分かる[13]」

この「中産階級」が秩序に対して順応的な姿勢を示すのはわずかながらの財産を所有するからだけではない。それは「中産階級」の中核を担う人々が「商業」に従事しており、その「商業」が人々を穏和にするという特性を持つからだとトクヴィルは言う。

「商業は当然にあらゆる激情の敵である。それは節度を好み、喜んで妥協し、細心の注意を払って怒りを避ける。それは辛抱強く、柔軟で、婉曲であり、絶対の必要に迫られない限り、極端な手段に訴えることはない。商業は人間を互いに独立させ、個人の価値を高く評価させ、自分の仕事は自分で行う気にさせ、それに成功する術を教える。商業はだから人々を自由に向かわせるが、革命からは遠ざける[14]」

この考えは、すでにモンテスキューが『法の精神』で説いたところである。商業の法が、習俗を堕落させるという正に同じ理由によって、野蛮な習俗を匡正し、穏和にすること、そして商業の自然的な効果は平和にみちびくと指摘したのである。もちろんモンテスキューは、この商業精神があらゆる人間行為、あらゆる道徳的特性をも取引の対象とし、あらゆる事物が金銭と引き換えられることに気付いている。しかし同時に、商業精神が人々の間に、ある種の几帳面な正義感を生ぜしめ、それが社会の安寧に大きく貢献することを強調したのである。(15)

公的な事柄への関心の低下

さらにトクヴィルは、中産階級の人々が、（巨大ではなく）「わずかな」財産を持っている点に注目する。この「わずかな」財産の保持が、人々の関心を蓄財という「私的な世界」に閉じ込めてしまう。先に、彼がティエール支配下のフランス・ブルジョワジーの政治的な無気力・無関心を強く批判したことが想起される。

「現在の財産に完全に満足しているものは一人もなく、誰もが種々さまざまな手段によって殖財に努めている。どの人間を生涯のどの時点でとってみても、彼は暮らしを良くする目的で何かの計画に夢中になっているのが分かる。こうした人間に人類の利益と権利について語っても仕方がない。家庭のつましい計画が当面彼の考えることのすべてであり、そのため彼は政治の動揺は次の時代に先送りして欲しいと願う。

このことは人々が革命を起こすのを妨げるだけでなく、革命を望む気持ちを失わせる。激しい政治的情熱はこのように全霊を込めて幸福追求に専心する人々に対してほとんど力がない。小さな仕事に傾ける熱意が大仕事に対する彼らの熱をさます(16)」

このように公的な事柄への関心を失い、権利と教育と財産において平等かつ似たような境遇にある人々は、似たような欲求、習慣、趣味を持つようになる。そのため、対象を同じ側面から見るようになり、精神は自ずと類似した観念に傾斜してゆく。同時代の人々から距離をとり、自分だけの信念を持てると思い込んでいる人でも、結局は皆代わり映えのしない共通の意見に絡め取られていくのだ。デモクラシーにおいては、同時代の人々の考えとかけ離れた思想体系を突如として思いつくことはまれなのだとトクヴィルは言う(17)。

デモクラシーとリーダーシップ

こうした推論の帰結として、デモクラシーの下における「リーダーシップ」の困難さが浮かび上がる。つまり、デモクラシーとリーダーシップの両立は難しいということだ。境遇が同じであると、人は簡単に他人から説得されることはない。同じことを学び、同じような生活を送っている人々にとって、誰か一人を先導者（リーダー）として認め、その後に従っていくという気は起こりにくい。自分と同類、同等の者の言葉に心服することはなく、自分以外の人間が自分より優れているとは思わなくなるからだとトクヴィルは指摘する。

中産階級の人々が、政治への関心を失うようになるもうひとつの要因として、デモクラシーの下では多くの人々が「閑暇」を失うほど多忙になるという点が挙げられる。人々は日々さまざまな活動に追われ、生活は運動と喧騒に満ち、考える時間の余裕はほとんどない。ただ仕事に忙しいだけでなく、仕事に熱中し、行動の一つひとつに魂を奪われる。この多忙さが、「思想に心を燃やす妨げになる」のだ。(18) 思想を変えるには十分な時間を必要とする。デモクラシー下で人々が既存の思想を持ち続けるのは、その思想に対して特段の確信があるからではなく、単に既存の思想を引きずっているにすぎないのである。

この点は貴族制と比較すると、問題がより明確になる。

「貴族制にあっては、人はしばしば自分自身に固有の大きさと力をもっている。同胞の大多数と対立しても、自分の中にひきこもり、自分の考えを守って自らを慰める。民主的諸国民にあってはそうはいかない。彼らにあっては、世間の評判は呼吸する空気と同じように必要不可欠に思われ、大衆と意見を異にすれば、ほとんど生きていないようなものである。大衆は違った考えをもつ人々を従わせるのに法律を用いる必要はない。彼らを非難すれば足りる。彼らはすぐに孤立と無力の思いにうちひしがれ、絶望する」(19)

ポパーの理解

以上のような「中産階級」は、マルクスの社会理論ではどのように特徴付けられているのだろうか。中産階級は、先に触れたように、貴族とプロレタリアートの間に位置し、「生産手段」を所有しない都市商人や専門職階級などを指していた。マルクスの唯物史観の中では、これらの諸階級の間の「階級闘争」が重要な位置を占める。歴史は階級闘争によって発展するのであって「国家間の闘争」によって決定されるのではないとマルクスは考えるからだ。そしてそれまでの歴史学、歴史哲学が説明できなかった現象を、「階級利害」と「階級闘争」という概念を使ったモデル（理論）で記述する。

ひとつの説明図式として、歴史的な生産力の増大が用いられる。実際、『資本論』の中心テーマは、「資本制生産様式」による生産力の増大によってもたらされる経済メカニズムの分析にあった。この生産力の歴史的な増大の中で発生する階級闘争において、「階級利害」という概念が基本的役割を演ずるとマルクスは想定している。

この「階級利害」は明らかに行動への一種の「動機」を含意しうる。したがって、心理的要素が利害への行動を規定すると捉えられることがある。しかしK・ポパーは、*The Open Society and its Enemies*, Vol.2. 第十六章「階級」において、「階級利害」という動機を含む概念と、マルクスの主要な貢献である「反心理主義」の理論は調和しうると論じている。心理主義を信奉する者は、「社会」は精神との相互作用の産物であり、習慣も含めて社会生活の出来事は、個々人の精神から生じる「動機」の結果であるから、社会法則は心理学の法則に還元しうると主張する。心理主義者は、環境要因の重要性は認めるものの、自然環境とは異なり、社会環境の構造は人間が作り出したものであるから、人間本性（human nature）に立ちもどって説明できるとするのである。

それに対して社会科学の自律性を強調する研究者たちは、一般に「制度主義（institutionalism）」的見解を次のように擁護する。すなわち、人間の活動は動機だけでは説明できず、一般的な状況、特に環境、すなわち社会環境、社会制度への言及によって補完されなければならないとして、心理学的・行動主義的な分析に疑義を呈するのである。この点では、マルクスもトクヴィルも明らかに「制度主義」に属する社会科学者と見做しうる。

ポパーはこの対立点に関して、俗流マルキストが仮定するように、「階級利害」という概念を心理学的に解釈する必要はないと考えている。マルクスが階級利害というときは、自律的な社会学の内部での話であって、心理学的なカテゴリーに属するものではないと言う。ポパーの説明は概略以下のようなものである[20]。

マルクスが意味するのは、事柄であり、状況であって、心的状態、思い、ある事柄への関心といった類のものではない。「階級利害」はある階級にとって有利な事柄、社会制度、社会状況であるにすぎない。言い換えれば、マルクスにおいては、ある階級の「利害」とは、その権力の増大を促すところの「すべて」を意味しているにすぎない。

この制度的〝客観的〟意味での「階級利害」が、人間精神に決定的影響を及ぼすとマルクスは見ている。この点では、「体制（レジーム）が人を造る」と考えるトクヴィルとの親近性が認められる。すでに触れたように、トクヴィルは、特定の体制の下における人間研究の近代における開拓者であった。民主制の原理（democratic principle）、すなわち境遇の平等化（condition of equality）という社会的条件を問題とした点が、十七、十八世紀の政治学と異なるところであった。社会的条件が、人々の意見、感情、感覚、行動目標、尊敬される人間のタイプ、言葉遣いなどを通して、人々の性格を決定付けると見るのである。

階級意識と社会的存在

したがって「階級利害」という概念をヘーゲル学派の用語で言い直すと「ある階級の客観的利害がその成員の主観（体）的精神の中で意識される」ということになる。階級の客観的な利害が、その階級の成員を階級利害的、階級意識的にし、それによって彼らの行動も階級意識的となるのだ。人間の意識が決まるのは、正確には、その人間の社会内の位置であり、彼の階級の状況なのである。この命題は、マルクスが『経済学批判』（「まえがき」）にも記した「人間の存在を決定するのは彼の意識ではない、むしろ社会的存在が意識を決定するのである」と同じである。

ポパーは、この意識と存在の関係の決定プロセスの内実をマルクス理論は次のように説明したと言う。われわれが生産過程から解放される限りにおいてのみ、われわれは全き自由をうるのだが、現在まで存在したいかなる社会においても、人間はそこまで自由にはなり得なかった。では生産過程からいかにわれわれは自分自身を解放することができるのか。それはわれわれに代わって他人に汚れ役（dirty work）を代行させることによってである。自由という目的のための「手段」として彼らを利用せざるを得なくなるとして、ポパーは次のように言う。

「このように他人を奴隷化するという代償によってのみ、そして人類を階級に分けることによってのみ、より高度な自由を勝ちとることができる。（中略）支配階級のメンバーは自分たちの自由のために新しい種類の隷属（bondage）を背負わなければならない。彼らは圧迫し戦う対象として被支配者階級を持ち、自分たちの自由と地位を守らねばならない。（中略）こうして支配階級と被支配階級も網に絡め取られ互いに戦わなければならなくなるのだ[21]」

マルクスによれば、この階級闘争というモデルを科学的方法、科学的な歴史予言の中に持ち込むことができるのは「隷属（bondage）」という（単なる心理状態ではなく）客観化しうる概念によってであり、この隷属関係こそが、社会の歴史を階級闘争の歴史として科学的に扱うことを可能にするのである。各階級が隷属の網に絡め取られ、互いに戦うことを余儀なくされるという構図こそ、社会の経済構造ないしは社会システムと呼ばれるものなのである。

マルクスの理論では、社会システム、あるいは階級構造は生産諸条件とともに変化する。支配者が被支配者を搾取し、彼らと戦う方法が生産条件に依存しているからである。社会システムを特徴付ける階級関係は個々の人間の意志とは独立している。マルクスが『資本論』あるいは『哲学の貧困』において、「彼らの存在の手段である社会的生産の中で、人々は自分の意思とは独立な確定的で不可避な関係に入る。これらの生産関係は、物質的な生産力の発展における固有の段階に対応し、これらすべての生産関係のシステムは、社会の経済構造、すなわち社会システムを構成する」と述べている点にポパーは注目するのだ(22)。

ポパーは、マルクスの学説はそれ自体ひとつの論理を持ってはいるが、この社会システムは理性的に動くものではないと付け加える。このメカニズムの中に取り込まれた者は自分たちの行為の強大な影響力（repercussion）を予見することはできない。経済取引においても、一人の人間の行動が、市場価格を激変させることもあれば、いかなる影響も与えないこともある。善意から自分の富を分配することで階級闘争を和らげることもあれば、その行為によって「抑圧された者の解放」を遅らせるかもしれない。われわれの行為の社会的影響を予知するのは不可能であるし、また、社会システムの網に絡め取られてしまっているため、それに対処することもできないのだ。外部からその社会システムの網に影響を与えることはできない。いわんや内部からその改良を目論むことはできないとして、ポパーは「社会工学は不可能であり、したがって社会変換の技術は役に立たない（Social engineering is impossible, and social technology therefore useless.）」と約言するのである。(23)

トクヴィルの慧眼と危惧

マルクスの階級と階級意識の理論を、ポパーに依りつつ以上のように整理すると、そこに、マルクスとトクヴィルの「階級」という概念の差異が明らかになる。しかし同時に、マルクスのモデルとトクヴィルのそれの相違が結論部分を除くと極めて近い関係にあることも理解できる。

トクヴィルも、社会体制と階級が人々の意識を規定すると見ていたことは先に述べたとおりである。しかしトクヴィルが指摘した重要な点は、「中産階級」が経済利益への関心を強める結果、彼らが政治から遠ざかってしまうということであった。政治や思想に情熱を注ぐことが無くなるという事実である。それはティエール体制のブルジョワジーに明瞭に観察されると見たのである。したがって、「デモクラシーにおいて市民を互いに引き離す情念はひとりでに現れる。だが彼らを繋ぎとめ、一つにまとめる隠れた力は一目では認識できない(24)」とトクヴィルは言う。彼が来るべき世代に対して最も恐れるのは、「革命」ではない。市民が、家庭の利害のみに拘泥し、忙しく日々の生活の中で走り回り、公共の精神を失ってしまうことなのだ。トクヴィルにとって公共の精神は、国民を時に混乱させはするが、「その発展と再生をもたらすあの偉大で力強い(25)」エネルギーなのである。

財産が目まぐるしく人手の間を移動し、人々の所有欲が次第に熱を帯び出すと、新しい思想は危険なものと見なされ、あらゆる革新を「厄介なトラブル」と感じるようになる。この点についてトクヴィルは次のような危惧を表明する。

「白状するが、市民たちは今現在の享楽への怯懦な愛着にとらわれるあまり、自分自身と子孫の将来への関心を見失うのではないか、彼らは与えられた運命に無気力に従うのを好んで、必要な場合に運命を変えるために急遽、精力を傾けることを嫌うのではないか、私にはそれが心配である(26)」

トクヴィルの理論には階級意識という概念はない。デモクラシーの下では、階級、特に富裕層は絶えず入れ替わる可能性があるため、彼らに固有の伝統や共通の精神に基づく階級意識が醸成されることはないからだ。むしろデモクラシーが生み出す政治への無関心、公共的なものの軽視が、ひとつの「国民意識」を形成するようになることをトクヴィルは危惧したのである。

トクヴィルとマルクスの制度主義（心理主義ではなく）という共通の理論的枠組みについて最後に触れておこう。確かに、社会法則が個人の人間本性の法則から生まれ、人間が「集計」されても別の実体が生まれるわけではないという意味で、「全体」を実体として把握する「全体主義」を拒む姿勢は重要だ。ポパーが言うように、「国民や社会集団の行動や活動が、個人の行動や活動に還元できる」と考える限りにおいて心理主義は正しい。しかし社会的環境という事実を心理学的事実に還元させようとする試みは、ポパーの言う「歴史主義の貧困」を生み出すことになる。社会的ルールや制度の心理的な起源を強調することには、制度や社会の起源まで心理学が説明しうるという錯覚に人を陥れる危険が潜んでいるのだ。

注

(1) トクヴィル、第二巻(上)、二七〇頁。
(2) トクヴィル、第二巻(上)、二七三頁。
(3) 福澤諭吉『学問のすゝめ』五編、岩波文庫、一九七八年。
(4) 福澤諭吉『学問のすゝめ』五編、岩波文庫、一九七八年。
(5)『福澤諭吉著作集』第四巻、慶應義塾大学出版会、二〇〇二年、二四四頁。
(6) アリストテレス『政治学』(山本光雄訳) 第四巻第十一章、岩波文庫、一九六一年。
(7) アリストテレス『政治学』第四巻第十一章、一九六一年、二〇三頁。
(8) トクヴィルの書簡はほぼすべてGallimard版の *Œuvres Complètes* に収録されている。以下の引用と訳は、Roger Boescheの編集、James Toupin, Roger Boescheの英訳 *Alexis de Tocqueville, Selected Letters on Politics and Society*, University of California Press, 1985. から訳したものである。数字はこの英訳版のページを示す。*Letters*, p. 188.

(9) *Letters*, pp. 181-182.
(10) *Letters*, pp. 189-194.
(11) *Letters*, pp. 180-184.
(12) トクヴィル、第二巻（下）、一五七頁。
(13) トクヴィル、第二巻（下）、一五八頁。
(14) トクヴィル、第二巻（下）、一六〇頁。
(15) モンテスキュー『法の精神』（根岸国孝訳）河出書房新社、一九七四年、二七七〜二七八頁。
(16) トクヴィル、第二巻（下）、一六一頁。
(17) トクヴィル、第二巻（下）、一六七頁。
(18) トクヴィル、第二巻（下）、一七〇頁。
(19) トクヴィル、第二巻（下）、一七一頁。
(20) Karl Popper, *The Open Society and its Enemies*, Vol. 2, Routledge & Kegan Paul, 1945, pp. 111-117.
(21) Karl Popper, *The Open Society and its Enemies*, Vol. 2, p. 112.
(22) Karl Popper, *The Open Society and its Enemies*, Vol. 2, p. 113.
(23) Karl Popper, *The Open Society and its Enemies*, Vol. 2, p. 112.
(24) トクヴィル、第二巻（下）、一七四頁。
(25) トクヴィル、第二巻（下）、一七四頁。
(26) トクヴィル、第二巻（下）、一七五頁。

第5章　個人・結社・国家

　前章で論じたように、デモクラシーによって統治される社会では、人々は自己の福祉に関わる事柄だけに関心を払い、私的な世界の殻に閉じこもり、他者への関心を失うようになる。社会的な事柄に無関心な「個人」を、何らかの修練によって公共精神を持つ「市民」に転化しなければ、政治はその無関心につけ込んで容易に「多数の専制」に支配されてしまう。「多数の専制」に抗しうる「市民」を生み出すための具体的な社会装置（democratic expedients）として、トクヴィルがまず重視したのが、先の第二章で取り上げた地方自治の徹底であった。彼が同じくデモクラシーへの「重石」として注目する「結社（associations）」、あるいは「二次的団体」「二次的諸権力」と彼が呼ぶ「中間組織」の機能および存在意義を本章では検討することにしたい。

結社は社会を分断しない

まず注目すべきは、トクヴィルが「結社」というものを「封建制時代の貴族階級に（人工的に）代替しうる集団」とみなしている点である。封建制時代の貴族階級は、主権者が人民の自由を侵害しないための「防波堤」のような役割を果たしていたとトクヴィルは見る。「条件の平等化」を統治原則とするデモクラシーの世界では貴族階級は消え去ったわけだから、自由が侵害されないための人工的な代替物が必要だと考えるのである。

さらにトクヴィルは、「結社」が民主制社会の少数派（minorities）の権利を多数派の専制から護るという役割を担っている点を強調する。デモクラシーの下では、個人は強く独立しているように見えるが、実際はバラバラで一人ひとりは無力である。したがって個人は連携すること（associate）によって初めて、多数派に対抗する力を持ちうるとして次のように言う。

「民主的な国民にあっては、市民は誰もが独立し、同時に無力である。一人ではほとんど何をなす力もなく、誰一人として仲間を強制して自分に協力させることはできそうにない。彼らはだから、自由に援け合う術を学ばぬ限り、誰もが無力に陥る」(1)

このようにトクヴィルは、「援け合う術」を学ぶ装置としての「結社」に注目する。これは結社を「社会を分断する力」としてのみ捉える考えを根本的に見直すものだ。逆に結社の普及は、デモクラシーの下では人々の共同の利益に貢献する方向に働くと見るのである。結社は社会を分裂させるのではなく、むしろデモクラシーでバラバラになりがちな個人を結合する力を持つと考える。それはなぜか。結社の組織運営は、人々に共同善（common good）あるいは共通の利害へと自己を適応させ、それを実現するための技術を修得させるからである。

結社の存在意義はこうした政治の局面に留まらない。連携は政治的な目的を超えて、教育、科学、商業などあらゆる分野で結社を生み出す力になる。この結合する力こそが「文明」を生み出すのだ。トクヴィルの「結社」と「文明」の関係についての鋭い考察は、次の文章からも読み取れる。

「民主的な国に住む人々が政治的目的のために団体をつくる権利と趣味をもたないとすれば、彼らの独立は大きな危険にさらされるであろう。それでも、富と知識とは長く維持することができるかもしれない。だが日常生活の中で結社をつくる習慣を獲得しないとすれば、文明それ自体が危機に瀕する。私人が単独で大事をなす力を失って、共同でこれを行う能力を身につけないような人民は、やがて野蛮に戻るであろう(2)」

結合することによって初めて知恵と富が生まれ、文化と文明が生み出されるのだ。圧力団体が時々示す暴力性など、結合のもたらす負の効果は否定できないものの、その積極的な役割の方をまず素直に評価すべきだとするトクヴィルの姿勢からは学ぶところが大きい。負の効果だけの結社は断じて排除すべきだが、正の効果だけの結社も存在しないようだ。

福澤の「結社」論への影響

こうしたトクヴィルの文明観は、福澤諭吉が「衆論」だけを政治の指針とすることの危うさ、「結合すること」の重要さを指摘した点にも大きな影響を与えたと思われる。実際、福澤は「結合すること」によって、個人の力の単純総和以上の力が生まれる点に注目している。次に示す福澤の結合についての考察は、トクヴィルを読んで、その本質的部分を福澤流に換骨奪胎したのではなかろうか。福澤の議論を『文明論之概略』を中心に思い起こし、整理してみよう。

まず、福澤の思想が、経済生活の向上を重視する単純な進歩史観からは隔たったものであることを確認する必要がある。それは彼の『文明論之概略』で示された「文明」という概念の定義にも表れている（第三章「文明の本旨を論ず」）。文明は、単に衣食住の安楽だけではなく、「智を研き徳を脩めて人間高尚の地位に昇るの意に解すべし」と言う。[3]「文明」が、人の安楽と品位の進歩を意味するとすれば、人間の安楽と品位を与えるものは、人の智恵と徳義であるから、文明とは結局、人の智徳の進歩ということになる。文明が智徳の進歩に規定されるのであれば、（個人の智徳ではなく）一国全体の智徳が問題となろう。それはどのように測定されるのか（『文明論之概略』第四章、第五章）。西洋人は賢明でアジア人が愚かということはない。西洋にも愚かな人間はいる。アジアにも智徳俊英の人間はいる。問題は、一国全体の智徳の総量であり、その分布であり、その増減であると福澤は考える。

国民の間に分布する智恵と徳義の有様を福澤は「衆論」と呼んだ。この衆論は人の数によらない。少数でも、財力がなくても、智力の優れたものはいる。一人で、百人分、千人分の智力を持つものもいる。この智力が、多数ではなく、優れた限られた数の人間から、言論の自由、出版の自由を通して多くの人民へと広がらなければならない、つまり、「智恵にすぐれた人物」が人民を先導する必要がある、と考える。この「優れた限られた数の人間」「智恵にすぐれた人物」は、現代用語の「知識人」に相当するとも考えられる。そして「先導する」は、まさにリードすることである。

この文章からも、福澤が「多数の支配」によるデモクラシーを無条件に肯定するのではなく、それが機能するために厳しい条件を附していたことがわかる。特に、『文明論之概略』を著わした時点では、すべてを「衆論」に頼むわけにはいかない状況が日本にはあり、デモクラシーの即時実現は難しいと福澤は考えていたのである。

さらに、この「智恵にすぐれた人間」も、一人では闘える力を持たない。個人個人が優れていても、それは「結合」しなければ力にならないと福澤は言う。ソーダと塩酸はそれぞれ劇物であるが、このふたつを合わせれば普通の塩となって台所の日用品となる、石灰とドウシャは劇物ではないが、これが合わさった塩化アンモニウムは人を卒倒させる。福澤らしいユーモアに満ちたわかりやすいたとえだ。(4) 福澤は、この結合による力を生み出す「結社」の商売のやり方が日本ではうまく生かせていないと、次のように指摘する。

「又今の政府の官員も皆国内の人物にて、日本国中の智力は大半政府に集ると云うも可なり。然りと雖もこの人物政府に会して事を為すに当ては、その処置必ずしも智ならず、所謂衆智者結合の変性なるものにて、彼の有力なる曹達と塩酸と合して食塩を生ずるの理に異ならず。概して云えば日本の人は仲間を結で事を行うに当り、その人々持ち前の智力に比して不似合なる拙を尽くす者なり(5)」

日本では結合によって智を生み出すよりも拙に堕することが少なくない。その日本に比べて、西洋諸国の人民は必ずしも智者だけではないのに、仲間と連携して事を為すケースを見ると、優れた智者のなせる業のように見えるものが多いと福澤は言う。「概して云えば、西洋諸国に行わるゝ衆論はその国人各個の才智よりもさらに高尚にして、その人は人物に不似合なる説を唱え不似合なる事を行う者と云うべし(6)」。まさに、福澤の言う「薬物」の相乗（協同）作用であり、現代のわれわれが相乗作用（synergism）と呼ぶ力である。

日本人は「徒党を組むこと」と「衆議をなすこと」とを区別せずに、ただ政府に頼り、一家に閉居して、戸外はまるで外国のように考え、井戸浚《さら》いの相談も道普請もせず、係わりあいを避けることばかりを考えると福澤は言う。これは、自分の余財を家に貯え、「銀行」という制度の発生に至らなかったことにも現れていると指摘するのだ。(7)

結社を通して共同善へと収斂

この福澤の言は、筆者が四十年以上前に米国に滞在した折に、「議論の有益さ」についてしばしば痛感したこととも関係する。自由の思想史が示すように、西欧社会の伝統から生まれた「言論の自由」は、ソクラテスの対話で示された「弁証法」こそが、真理に到達する有効な方法だという事実をギリシア人たちが発見したことから生まれた。自由に語る権利は、真理への到達、「善い社会」の形成にとって欠くべからざる手段のひとつだと気付いたのである。肯定と否定の対立によって真理への道を進もうとするのが「弁証法」だ。対話者は、双方が議論を始める前に持っていた知恵より一層優れた叡智を「協同的に」議論することによって獲得するのである。

この「弁証法」の嚆矢はソクラテスの方法（Socratic Method）と呼ばれる知恵の開発方法である。それは雄弁術を用いて論争で相手を打ち負かそうとする「ソフィストの方法（英語の debate）」とは根本的に異なる。弁証法は、真理へ通じる過程での批判と総合であるのに対して、雄弁術は説得に関する方式である。弁証法というといかにも晦渋に聞こえるが、議論のはじまる前にあらかじめ「真理」を手中にしている者はいないのだから、お互いに対話（dialogue）を交わす過程で、少しでも真理に近づこうではないか、という姿勢を示す言葉なのである。たとえて言えば、真理へと疾駆する馬に「鞭」をあてるのが弁証法だと言ってもよい。

福澤も、絶対的な真理を議論の冒頭から主張するのではなく、物事を相対的に（あるいは多元的に）見ながら議論を交わすことの有効性を強調した。物事は相対化し比較することによって初めて、重さ軽さ、長さ短さ、良し悪し、是非が判明する。そうした比較によって何が重要か、何を優先させるべきかが決まる、これが「議論の本位」だと福澤は言う。この本位が定まって初めて、利害得失の問題が正確に議論できるようになるのだ(8)。

論議ではじめから同じ意見が出ることはない。異なった意見の交換を可能とするのは「人と人との交際」であり、「その交際は、或いは商売にても又は学問にても、甚しきは遊芸、酒宴或いは公事訴訟喧嘩戦争にても、唯人と人と相接してその心に思うところを言行に発露するの機会となる者あれば、大に双方の人情を和わらげ、所謂両眼を開きて他の所長を見るを得るべし」と述べている(9)。

米国人にはこうした「弁証法」がうまく働く気質があるということを筆者は幾度か経験したことがある。米国では、組織の中に際立った「秀才」が少なくても、総論の結果得た結論を見れば極めて優れた判断に到達している場合が多い。それに対して日本は、学校秀才ばかりを集めて貧弱な結論を得るような、メンバーの活力を奪うような組織がある。日本やアジア諸国では、ことさらに「徒党」を禁止する法律を設けて、人の「衆議」を妨げ、国民はただただ権威主義と事なかれ主義に陥っていると福澤は指摘し、「徒党」と「衆議」を区別せよ、と論じたのである。

オルテガにおける「野蛮」と「文明」

「結合こそ文明」であり「分裂こそ野蛮」であるという文明観を、トクヴィルの一〇〇年後、スペインの哲学者オルテガ・イ・ガセットも名著『大衆の反逆』の中で展開している。

オルテガは文明は人間の「共存への意志」から生まれると述べ、リベラル・デモクラシーの中にその「共存への意志」の最も高度な形を認め、文明（civilization）が市民（civis）なる概念の中にその起源を持つと考えた。そして規則、礼儀、調停、正義などの煩雑さによって文明が生み出されていること、共同体と文明の関係、分離と野蛮の関係を論じたのである。オルテガは次のように言う。

「文明とは、何よりもまず、共存への意志である。人間は自分以外の人に対して意を用いない度合いに従って、それだけ未開であり、野蛮であるのだ。野蛮とは分離への傾向である。だからこそあらゆる野蛮な時代は、人間が分散していた時代、分離し敵対し合う小集団がはびこっていた時代であったのである。

政治において、最も高度な共存への意志を示したのは自由主義的デモクラシーであった。自由主義的デモクラシーは、隣人を尊重する決意を極端にまで発揮したものであり、「間接行動」の典型である。自由主義は、政治権利の原則であり、社会的権力（パブリック・パワー）は全能であるにもかかわらずその原則に従って自分を制限し、自分を犠牲にしてまでも、自分が支配している国家（ステート）の中に、その社会的権力、つまり、最も強い人々、大多数の人々と同じ考え方も感じ方もしない人々が生きていけるような場所を残すように努めるのである[10]」

こうした自由は、先に述べた少数派（minorities）が連携をとることによって、多数の専制から自らを守ることができる「結社」という社会的装置があって初めて可能となる。『大衆の反逆』が刊行され、イギリスやフランスで翻訳された一九三〇年代のヨーロッパの政治情勢を考えれば、オルテガがこうした「敵と共存する」「反対者と共存する」という自由主義的デモクラシーの重要性を強調せざるを得なかった理由は明らかであろう。反対派が存在している国がほとんどない、という政治の様相に対してオルテガは警告を発しながら、「ほとんどすべての国において、同質的大衆が社会的権力の上にのしかかり、反対派をことごとく圧迫し、抹殺している[11]」と当時の時代状況を厳しく批判したのである。

もちろん少数派の中には、多数派を「説得しよう」とはせずに、多数派と「戦闘する」という集団もある。これは特にヨーロッパの「結社」に多く見られるケースである。しかし米国の場合について、トクヴィルは二つのタイプの少数派を区別している。ひとつは、多数派の前に何も成し得ない少数派、もうひとつは、いつかは多数派になれると思っている少数派である。後者は平和的で、戦術も合法的なのだとしてトクヴィルは次のように付け加える。

「アメリカでは、少数派の市民が結社をつくるのは、第一に自分たちの数を誇示し、それによって多数派の精神的権威を弱めるためである。第二の目的は、多数派に働きかける最適の論法は何かを論議してこれを見出すことである。というのも、多数派の人々を味方に引きつけ、自分たちの名で権力を行使する希望を、少数派がいつまでも失わないからである。

だから、合衆国の政治結社が掲げる目標は平和的で、戦術は合法的である。そして法に基づいて勝利を追求すると結社が言うとき、一般にそれは本当である」(12)

一般に「結社」は必然的に「圧力団体」でもあるという通念が支配する国では、結社の陥りやすい戦闘的な負の側面のみが強調される。しかしトクヴィルはアメリカの結社は「多数派をいかに引きつけるのか」という点に関心を集中しているため、平和で合法的な戦術に終始していると見ている。

平等と結社の必然の関係

ヨーロッパ人にとっては、「結社」というものが「戦場ですぐにも試してみるために急いで編成した部隊」のように考えられている。それに対して米国では、「娯楽に関しても、祭りを一層華やかにし、秩序立って行なうために彼らは相談し合う。純粋に精神的な敵と戦うためですら彼らは団結する。節酒のためにも共同で戦うのである。合衆国では、公安、通商、道徳そして宗教のために結社がつくられる。諸個人が力を合わせて自由に活動することでは達成できない、と人間精神があきらめるようなことは何一つない」とトクヴィルは言う[13]。そして彼は、「結社」を次の三つの種類に分ける[14]。第一の種類は、同一の意見を持って精神的な繋がりを持つケースである。

「一定数の個人がなんらかの教義への賛同を公にし、この教義を広める活動に一定の仕方で加わることを約束する、ただそれだけにとどまる結社がある。この場合には結社の権利は著述の自由とほとんど同じである。しかしこのときすでに結社は、出版より大きな力をもっている。ある意見を一つの結社が表明するとき、それは一層鮮明で一層精密な形をとらざるをえない。賛同者の数を数え、大義の実現に向けてこれを駆り立てる。賛同者同士が知り合い、数が増えればそれだけ熱意も増す。結社は個々ばらばらな活動を束ね、明確に示した単一の目標に向けて人々の努力を力強く推し進める」[15]

第二の場合は、「小さな合議体」を結成するケースである。集会を開き、活動の拠点を持つ「合議体」ではあるが、政党全体の「断片」のごときものに留まるケースである。そして第三の場合が、選挙母体を形成し、代議員を任命する。

「国家の中の国家、政府の中の政府のごときものを形成する。政党の代議員は国政における多数派の議員に似て、党員全体の力を彼らだけで代表する。議員と同じように、国を背負ったかのごとく振舞い、そうした姿勢に由来する道徳的な力をあらゆる面で揮う。たしかに、議員と違って立法権はもたないが、現存の法律を攻撃し、次に法律となるべき法案を作成する力はある」[16]

こうした「結社」をほぼ無制限に許す自由こそ、あらゆる自由の中で、民主国家の人民が堪えうる最後の自由となる。「結社」の自由が認められている国には秘密結社が見られず、「アメリカに徒党を組む者はあるが、陰謀家はいない」とトクヴィルは明言する。もちろんアメリカにも秘密結社はあるが、その数も影響力も大陸ヨーロッパにくらべて極めて小さいのだ。

かくして地上で最も民主的な国は、共通の欲求の対象を共同で追求する技術に最も習熟し、この新しい知識を数多い目的に適用してきたとトクヴィルは言う。「平等」と「結社」の間には必然的な関係があるのだ。

このように考え、「合衆国で十万人からの人々が強い酒を飲まないと公に約束しているという話を最初に聞いたとき、私には真面目ではなく冗談のように思われ、それほど節度のある市民たちが自分の家で水を飲んでいるので満足できない理由が当初分からなかった」(17)とトクヴィルは最初戸惑うのだが、「人々が文明状態にとどまり、あるいは文明に達するためには、境遇の平等の増大に応じて、結社を結ぶ技術が発達し、完成されねばならない」という理解に到達する。自発的な結社はA・M・シュレジンガーの言う「自治の最も偉大な学校（greatest school of self-government)」となるのである(18)。

「結社」の存在意義は政治的側面だけに留まらない。政治的な目的を超えて、教育、科学、商業など、あらゆる分野で「文明」を生み出す力になっている。言い換えれば、「人々が文明状態にとどまり、あるいは文明に達するためには、『条件の平等』の進展に応じて、結社を結ぶ技術が発達し、完成されねばならない」ということになる。

米国の実情

これまでの議論で単に「結社」と呼んできた「個人と国家の中間にある集合体」が、いかに多種多様な団体を含むか、その実例を見ておく必要があろう。教会、クラブ、ロッジ、聖歌隊、互助組合、スポーツ・ティームなどから政党まで、そのカバーする範囲は極めて広い。「結社の国」米国では、*Encyclopedia of Associations: An Associations Unlimited Reference.* という結社の「団体名鑑」が公刊されている。この『結社名鑑』（以下『名鑑』）の一九九七年版 Sandra Jaszczak (ed.), *Encyclopedia of Associations*, 32nd edition, Gale Research, 1997. の第一巻は、およそ二万三〇〇〇の米国内の非営利の会員組織に関する包括的な情報を提供している。このリストは業界団体を含む結社の精確な情報源として社会的にも大きな役割を果たしている。この「団体名鑑」からメンバー数の規模の大きな「結社」をごく一部だけピックアップしたのが次頁の表である。

一九九七年版の『名鑑』の「まえがき」（pp. vii ~ ix）には米国における結社の機能と役割が概略次のように記されている。

元来、個人主義（individualism）を推奨してきた米国人は、他面、常に「何かに所属する」という必要性を感じてきた。「個人個人で」よりも「集団の努力」を通してより多くを達成できることを知っているがゆえに、アメリカ合衆国では、最も強大な社会的な力のひとつとして結社（associations）が形成されるようになったのである。

大部分の結社は、所属メンバー（企業、あるいは利害関心を共有する専門職や個人）にサービスを提供するために存在する。それはメンバーが個別に行っても効率的にサービスを提供できないから

アメリカ合衆国における大規模メンバーシップ結社の例（2010年）

結社・団体名	設立年	メンバー数
米国自動車協会（AAA）	1902	400万人
米国退職者協会（American Association of Retired Persons）	1958	3900万人
キリスト教青年会（YMCA）	1851	2091万6698人
米国労働総同盟・産別会議（AFL-CIO）	1955（AFL：1886）	1330万人
米国ボウリング協会（American Bowling Congress）	1895	800万人
メソジストと統一協会の女性たちの世界連合（World Federation of Methodist and Uniting Church Women）	1939	700万人
全米PTA（National PTA）	1897	589万7934人
全米ライフル協会（National Rifle Association）	1871	280万人
飲酒運転防止母の会（Mothers Against Drunk Driving）	1980	320万人
米国在郷軍人会（American Legion）	1919	265万7623人
コロンブス騎士団（Knights of Columbus）	1882	165万人
米国教員組合（American Federation of Teachers）	1916	140万人
女性宣教師会（Women's Missionary Society）	1944	80万人
米国海外従軍軍人会（Veterans of Foreign Wars of United States）	1899	20万人
統一メソジストの婦人たち（United Methodist Women）	1939	*
米国農業局連盟（American Farm Bureau Federation）	1919	*
全米母親会議（National Congress of Mothers）	1897	*

出所：*Encyclopedia of Associations: An Associations Unlimited Reference*, Detroit, MI: Gale Group, 2011. より作成。

である。しかし、多くの結社が米国で発展してきているにもかかわらず、目に見える形での活動を必ずしも行っていないケースもあり、大部分は依然として充分理解されていないのが実情である。この『名鑑』の刊行理由は、こうした実情を改善することにあるという。

結社は、所属メンバーだけではなく、アメリカ人全体の日常生活にも多大なる影響を与え、その活動は社会的にも経済的にも市民にさまざまな便益をもたらしている。個々のメンバーと社会全体への影響力・役割として、次のような要素が挙げられている（「まえがき」p. vii）。

①結社のメンバーおよび市民の教育
②職業上の行動規範の設定
③製品の安全性および品質基準の設定と施行
④ボランティア活動の推奨と組織化
⑤重要な社会問題に関する市民への情報提供
⑥情報の収集と散布・発信
⑦情報やアイディアの交換のための討論の場の設置
⑧私的利益の代表者の確保
⑨政治的選択の実行と支援

⑩八六〇万人の雇用の創出

さらに「まえがき」には、全米結社代表者協会（American Society of Association Executives）の委託により全米五五〇〇の結社に関する研究がハドソン研究所で実施された結果、以下の諸点が明らかになったと付記されている。

まず、アメリカ人の十人に七人が少なくともひとつの結社に所属していること。さらに、四人に一人が四つ以上の結社のメンバーだという。

また、調査対象となった結社の九十パーセントは、メンバーと市民に対して科学的・技術的問題あるいはビジネス業務などに関する教育コースを提供しており、その事業のために結社は毎年八五億ドルを支出していること。さらに毎年、さまざまな業界での規準・標準の設定業務のために一四五億ドルを費やしている。これは政府が製品の安全標準の策定や実施にかける支出の実に四〇〇倍に相当するという。

結社は政治活動に多くの資金を投じているかのような印象を持つ向きもあるが、実際はそれほどでもない。この調査の対象となった結社の三分の一だけが政治活動に資金を使っているが、その額は活動費の平均五パーセントにすぎない。むしろ米国の結社が、コミュニティ・サービスのために毎年延べ一億時間以上を費やしているという点に注目すべきであろう。結社はしばしば、より大きな社会的な「共通利益」のために、メンバーの専門的知識を活用しているのだ。

以上述べた特徴は、結社の総体的な影響力を念頭に置いたものであるが、個別の結社の活動を具体的に検討することも重要だと『名鑑』は強調している。例えば、電子事業連合（Electronic Industries Association）は、“Project with Industry”と呼ばれる職業訓練や職業紹介プログラムによって、障がいのある一万人以上の技術者を就業させている。全米アパレル産業連合（American Apparel Manufacturers Association）は、米国内で二五〇以上の慈善団体や海外十五カ国にある慈善団体に、五四〇〇万ドル以上の余剰衣料品を一九八八年に創設された財団を通じて寄付している。

このように結社はアメリカの市民・労働者の教育と社会貢献で枢要な役割を担っている。すべての産業や職業において、情報やアイディアの効果的な交換のためにフォーラムを開催することによって、市民の生活を豊かにする技術的発見や改善の最前線で活動しているのだ。

また、消費者の安全や健康を保護し、性能、品質（互換性も）の測定可能な要件に合致する製品を保証するためにさまざまな規格を自主的に設定している。

さらに結社は専門職（professionals）の職務規定や倫理規範を策定することによって、職業能力を持つ専門家が適切かつ均質なサービスを公正に提供できるよう目指している。こうした機能は、専門職への市民の信頼を高め、社会生活における安全・安心を保証するだけでなく、職業能力を向上させる上でも重要な役割を果たしている。結社による教育・訓練は大学の学部・大学院の専門知識をベースにしているが、専門家による評価プロセスを組み込むこと、法的要件に沿ったコースを提供すること、また懲戒処分の基準を設けることなどによって、職業能力を高めていると『名鑑』は強調している。

以上は『名鑑』が記す結社の「効用」であるから、それはあくまで理念であって、すべての結社が現実に理念通りに機能しているわけではなかろう。しかし、こうした「結社」が理念・目標を持ち、その実現に向かって努力をしていることが、デモクラシーの下で人々に政治的・社会的一体感を与えるための機能を積極的に果たしていることは否定できない。

米国の大学評価の例

筆者の職業分野では、こうした「自発的な結社（voluntary associations）」の例として、大学評価事業が挙げられよう[19]。

大学の評価と質の保証は、米国では大学の重要課題として常に意識されてきた。特に博士号の授与機関として、米国は「国家が博士号を授与する」という形式を取ったことは歴史的に一度もない。各大学がそれぞれの基準と裁量で、博士号を授与してきたから、授与する大学の質が問題となることは避けられなかった（日本の場合、博士は新制大学になってから国・公・私の各大学が授与権を持つようになったが、その大学は、文部〔科学〕省によって大学院設置基準を充たしている、という認可が必要とされている）。

米国では、「大学」として教育研究活動を行っていない団体が、一定の金額（数十万円程度）を支払った者に「学位」を授与することがある。こうした団体は、「学位工場（Degree Mill あるいは Diploma Mill）」と呼ばれている。米国ではなぜこうした事情をコントロールできないのか。その理由はいくつかあるが、歴史的な要因は無視できない。米国は世界で最も古い成文憲法がまだ生きている国であるが、大学は連邦政府が成立する以前から存在した。イギリスからの独立を果たす前すでに、一六三六年創立のハーバード・カレッジに始まり、現在でも有名校として知られるイェール、プリンストン、コロンビア、ブラウン、ペンシルヴァニアなどの大学が十七、十八世紀に設立されていたのだ。[20]

こうした歴史的な経緯は、米国の大学（大学だけでなく教育全般）を連邦政府の管理下に置くことを困難にしてきた。教育に関わる権限は「州と人民」に留め置かれてきたのだ。そこに米国の教育制度の多様性と、その多様性から生まれる「強さ」の源泉がある。現在では、米国の大学数は全州合わせると四二〇〇校ほどに及び、うち四年制大学は二三〇〇を超えるとされる。州立大学は約六〇〇校であるから、圧倒的多数は私立大学である。四年制大学のうち博士養成・研究大学はそのうち一割に満たない。学士号だけを出す学士大学で、リベラル・アーツ中心の教養教育中心の大学は約五〇〇に及ぶ。この博士養成・研究大学と教養教育大学（特にその中の銘柄校）が米国の大学教育の中核を担っている。「大学」全体を見れば、大学の多さと多種多様さは日本以上であることがわかる。

こうした多様な大学の設置基準、設置認可、評価のルール設定についての一元的な管理のシステムが米国に全くないかと言えば、そうでもない。全国的な規模で統一された認定——アクレディテーション（Accreditation）の制度があるからだ。(21) 高等教育機関としての信用度を、高等教育機関が相互に自発的に評価しあって、「適格」と認定するシステムがかなり長い歴史を持っている。この制度は、政府が「上から」押し付けたものではなく、大学が相互に「自主規制」のような形で互いに「質」を保とうと自発的に作り上げてきたところに特色がある。ここに「中間的な組織」の自発的な活動が盛んな米国らしさが見て取れる。

米国の最初のアクレディテーション団体は、ニュー・イングランド地域に一八八五年に創設されたニュー・イングランド学校基準協会（New England Association of Schools and Colleges）であるが、この結社（association）の創設にあたっては、地域の核となる大学、ハーバード大学のチャールズ・エリオット学長（Charles W. Eliot, 1834-1926, T・S・エリオットの従兄弟）の尽力が大きかったと言われる。学長在任期間が四十年に及んだエリオット学長は、自由選択制のカリキュラム、教員の若返り策、外部からの優れた研究者の登用など、さまざまな改革を行い、ハーバードを一地方大学から全米の名だたる大学へと発展させた。この自発的な大学評価のための結社、アクレディテーション・システムの導入もそのひとつの大事業であった。(22)

国家財政への貢献　ではこうした結社と政府の間はどのような関係で結ばれているのか。連邦政府だけでなくその他の地方政府機関は、結社が調査し、収集・分析した統計データやその分析結果を、政策策定の際にしばしば使用している。結社の研究活動は産業と職業をより生産的に機能させ、社会改革のための方向性を示すのに役立つからだ。

また、結社は政府の多くの部門で市民が参画する余地を広げる「民主的プロセス」の実現に貢献している。議会や行政が、法案のもたらす影響についての情報提供をしばしば結社に協力を求めることがあるからだ。結社から提供されたデータは新しい法律や規制の根拠としてしばしば政府機関で利用されている。例えば、「全国購買管理組合（National Association of Purchasing Management）」や「全国住宅建設者協会（National Association of Home Builders）」のような結社が定期的に提供するビジネスや消費動向のデータは、商務省や財務省、その他政府機関による経済政策の立案に大きな影響を与えている。結社がまとめた統計情報は市民生活のための安全衛生規則を含む公共政策の策定において重要な判断基準を提供しているのだ。実際、『米国統計要覧（*The Statistical Abstract of the U. S.*）』には、消費者物価指数を作成するための基礎資料の収集をはじめ、結社が作成に寄与した六十近い統計表が含まれている。

さらに結社はそのメンバーと政府との間の重要なコミュニケーション・パイプとしても役立っている。メンバーは所属している結社を通して選ばれた代表に要望や意見を効率的に伝えることができる。また所属しているメンバーに新しい法律や規制を理解させ、遵守させる手段としても役立っている。

結社は政治サイドからの情報収集を促進させ、あるいは市民の政治への関心を喚起させるだけでなく、業界や職業に非常に近い分野のボランティアを動員し、社会的・経済的要請に合致するようメンバーを団結させる力を持っている。具体的な例として『名鑑』が挙げているのは、「市民の教養を深める」「迷子を捜す」「医療施設の状況を改善する」「貧困者に眼科治療を提供する」「火災予防教育を行う」「自然災害の犠牲者に援助を行う」「ホームレスに医療サービスを施す」「高齢者の納税申告を手伝う」などである。こうした多種多様な社会活動を通して、多くの「結社」は州の財政赤字の削減に貢献しているのだ。

結社数の歴史的動向

結社は新たに結成されているだけでなく、解散、転換、活動内容の変更もある。この『名鑑』は「結社」を主に次の六つのタイプに分類している。

①国内の非営利会員組織
②国際組織。一般的に会員や活動範囲が北米の組織、または、他国に本部が置かれた組織でアメリカ地区や北米地区に支部、事業部がある組織
③地方および地域組織。組織の対象や目的が国内の関心の場合のみ

④非会員制組織。研究者だけでなく市民にも情報を発信した場合
⑤営利組織だが組織の名称が非営利であることを示唆している場合
⑥インフォーマルな組織

こうした組織が時代と共にいかなる増減を示してきたのかは社会学的にも興味深い問題であろう。この点について、ガムとパットナム（G. Gamm and R. D. Putnam）が周到な分析を行っているので、その要点だけを紹介しておきたい。(23) 彼らの主たる関心は、結社の地域的な分布だけではなく、移民、工業化、都市化と結社の増減にいかなる関係が見出せるのかという点にあった。サンプルとなったのは、アメリカの二六の市とタウンに登録されている六万五七六一の「結社」で、その二八パーセントは教会などの宗教団体、三十パーセントがいわゆる fraternity や sorority などの「友愛会」、残りが経済的、社会的、文化的、政治的な目的を持つ団体である。

時期的にはトクヴィルの見たアメリカより少しあとになるが、一八四〇年から一九五〇年までの一〇〇年余りの間に（全米二六の市とタウンに）存在した結社を分類して、次のような結果を得ている。人口一〇〇〇人当たりの結社数（「密度」）が最も増えたのは、一八五〇年から一九〇〇年であり、その後一九一〇年以降は結社の密度は低下している。一九一〇年までに大きく増加したのは、宗教団体と「友愛」系であるが、増加率で見ると、経済団体と女性・青少年団体が著しい

「密度」の高まりを見せている。ちなみにフリーメイソンが急激な会員の増加を見たのは一九〇〇年以後である。

同論文は、結社の増加が必ずしも都市部においてではなかったことも統計的に明らかにしている。人口一〇〇〇人当たりの結社数は小規模都市ほど多く、移民（foreign born）の多い都市ではむしろ結社の「密度」は低いという点も注目すべき結果であろう。

以上見てきたようなアメリカ社会の結社の実態は、伝統的な経済学の思考にいかなる問いを投げかけているのであろうか。現代の経済学は、大企業や労働組合のような、国家と個人の間に存在する「中間的な組織」の機能や作用に十分な注意を向けてきたとは言い難い。経済理論では産業社会を、「独立した合理的な個人」の市場競争と「国家」による統制と介入という二元的な図式で特徴付けることが多い。

ケインズの指摘

しかし「個人」の主体的選択と競争というモデルは、経済学者が分析のために単純化した理論的枠組みにすぎない。個人や企業が自らの効用や利潤を極大化するように行動するとしても、現実には個人や企業を取り巻く環境は時々刻々変化しており、人々の効用（preference）の体系や利潤とリスクに対する態度も、所与のものとして外生的に与えられているわけではない。それらはいわば「内生的」に形成され変化するのである。加えるに、現実の経済システムは、「結社」としての経営者団体、労働組合、消費者団体をはじめ、数多くの（国家と個人の間に存在する）「中間的な組織」の動きに規定されている。それは政治の世界でも、「一人一票の投票をベースにした多数決の原則」によって実際の政治のダイナミックスを説明することができないのと同じである。それは議会制民主政の下における「政党」の意味と役割を考えれば明らかであろう。

仮に、自己の効用の極大化という「私的利益の追求」に明確な意味が与えられるとしても、ケインズがパンフレット「自由放任の終焉」（一九二六）の中で強調しているが、世界は私的利益と社会的利益とが常に一致するように、天上から統治されてはいない。[24] そして両者が一致するように「啓発された自己利益（enlightened self-interest）」が常に作用するかどうかは、経済学の諸原理から正しく演繹されるわけでもない。政府が私的利益と公共の利益を必ず一致させる能力と強さを持つことは、リベラル・デモクラシーの下にあっては確実に保障されていないと言うよりも、一種のフィクションにすぎないのだ。

したがって単なる自己利益（self-interest）をベースとする競争の「厚生極大効果」を過大評価することは、中間的な準自発的組織（semi-autonomous bodies）による協力（cooperation）や団結（combination）の要素を含む現代の産業社会の特質を見誤る危険性がある。競争を無条件に賛美したり、逆にその弊害のみを強調していると、現代経済社会の理念である経済的自由（economic freedom）の本質を見失うことになるのだ。ケインズが「自由放任の終焉」でいみじくも指摘したように、支配と組織の単位の理想的な規模は、個人と国家の中間のどこかにあるようだ。近年高まりつつある、「ソーシャル・キャピタル」をめぐる論究は、トクヴィルの「デモクラシーとアソシエーション」の関係の議論の再生と言うことができよう。

注

(1) トクヴィル、第二巻(上)、一九〇頁。
(2) トクヴィル、第二巻(上)、一九〇~一九一頁。
(3) 『福澤諭吉著作集』第四巻、慶應義塾大学出版会、二〇〇二年、五七頁。
(4) 『福澤諭吉著作集』第四巻、一二四頁。
(5) 『福澤諭吉著作集』第四巻、一二四~一二五頁。
(6) 『福澤諭吉著作集』第四巻、一二六頁。
(7) 『福澤諭吉著作集』第四巻、一二七頁。
(8) 『福澤諭吉著作集』第四巻、第一章「議論の本位を定る事」。
(9) 『福澤諭吉著作集』第四巻、一六~一七頁。
(10) オルテガ・イ・ガセット『大衆の反逆』(神吉敬三訳)角川文庫、一九六七年、八一頁。
(11) オルテガ・イ・ガセット『大衆の反逆』八二頁。
(12) トクヴィル、第一巻(下)、四六~四七頁。
(13) トクヴィル、第一巻(下)、三九頁。
(14) トクヴィル、第一巻(下)、三九~四一頁。
(15) トクヴィル、第一巻(下)、三九~四〇頁。

（16）トクヴィル、第一巻（下）、四〇～四一頁。

（17）トクヴィル、第二巻（上）、一九四頁。

（18）Arthur M. Schlesinger, "Biography of a Nation of Joiners," *American Historical Review*, Vol. L, No. 1, Oct. 1944, p. 24.

（19）本節の以下の説明は、拙著『大学の反省』ＮＴＴ出版、二〇〇九年からのものである。

（20）米国の大学の歴史に関する興味深い論考として、紙谷雅子「教育機関における公と私の分担」猪木武徳／マルクス・リュッターマン編著『近代日本の公と私、官と民』ＮＴＴ出版、二〇一四年所収がある。

（21）米国のアクレディテーションの歴史に関しては、大学評価・学位授与機構編著『大学評価文化の展開——高等教育の評価と質保証』ぎょうせい、二〇〇七年、Fred F. Harcleroad, "Accreditation: History, Process and Problems," *AAHE-ERIC/Higher Education Research Report*, No. 6, 1980. を参考にした。

（22）Hugh Hawkins, *Between Harvard and America: The Educational Leadership of Charles W. Eliot*, Oxford University Press, 1972.

（23）Gerald Gamm and Robert D. Putnam, "The Growth of Voluntary Associations in America, 1840–1940," *The Journal of Interdisciplinary History*, Vol. xxix, No. 4, Spring 1999, pp. 511–557.

（24）J. M. Keynes, *The End of Laissez-Faire*, Hogarth Press, July 1926.

第6章　司法に埋め込まれた国民主権

デモクラシーは社会的紐帯を失ってアトム化した個人を生み出し、その結果、公の道徳を衰弱させる傾向をはらむ。そうしたリスクへの歯止めとして、本書の第一章、第二章、第五章で「地方自治」と「結社」の機能を論じた。さらにトクヴィルは、アメリカの「陪審制」という司法システムにも、利己主義に陥った「個人」を公共精神を持った「市民」に転化させる力がある点に注目している。(1) 彼の英国滞在中のメモからも、すでに見た「中央集権」や「多数の専制」の問題だけではなく、英国の司法制度に強い関心を抱き、陪審制度の歴史と機能、政治的な位置付けに関する情報収集に熱心だったことが窺える。実際、トクヴィルは『アメリカのデモクラシー』第一巻第二部第八章「合衆国で多数の暴政を和らげているものについて」において、アメリカの法曹精神がデモクラシーの暴走に対する均衡回復への「重し」として、いかに重要であるかを論じている。[2]

本章では、陪審制が自由を保持しつつデモクラシーの持つ個人主義的な傾向を緩和するという点に注目しながら、彼の滞英中のメモと『アメリカのデモクラシー』のテキストを読んでみたい。またアダム・スミスが『グラスゴウ大学講義』の中で、「イングランドの法律はいつも自由の友であるが、公平な陪審官についての周到な規定に見られるほど、称賛に値する事例はない[3]」と述べた点についても考える。

英米法の複雑さ

英米法がいかに複雑な制度であるのかについて了解しているものの、その複雑さの中身を十分理解する力は筆者にはない。本書では、英米法という言葉が含み持つ複雑さにのみ注意を払うことに止めたい。ちなみに英国内、米国内でも同じ法システムで統一されていないことにも注意が必要であろう。連合王国の中でも、スコットランドは基本的に大陸法の影響下にあり、米国でもルイジアナ州は大陸法（フランス法）の系統に属する。

コモン・ローという言葉の「コモン」は何を意味するのか。大陸ヨーロッパとは異なり、英国では司法制度の中央集権化が早くから進んでおり、スコットランドを除いて英国はひとつの「共通の法」システムが存在したため、大陸ヨーロッパのようにローマ法を用いて法を統一する必要がなかった。この共通の（common）法が、コモン・ローなのである。

英国法の淵源は、コモン・ロー、エクィティ（衡平法）、商慣習、教会法と多様である。特にコモン・ローとエクィティは手続きを異にする法域がある。また、歴史的には、コモン・ローによる救済手段では不十分な場合に、さらなる救済手段を与えるための補完的な役割としてエクィティ上の救済手段は生まれた。このエクィティ上の救済手段が与えられるかどうかは、最終的には裁判所の裁量によって決まる。この救済手段には、正義の実現のためにさまざまな観点を盛り込むことができるとされる。(4)

このようにして生まれ発達したエクィティの裁判所（民事のエクィティの行使にあたる機関は、Court of Chancery）は事後的な救済の性格を持っていたが、コモン・ロー裁判所と補完的な関係にあった。こうした救済の事例が蓄積していくにつれてひとつの独立の法体系を築き上げることになる。

民事面ではコモン・ローとエクィティの併存状態が続くものの、十八世紀に入るとエクィティ自体も先例尊重主義に陥る傾向を示し、コモン・ローとの差が曖昧になり始める。十九世紀には、非能率な手続きによってお金と時間が浪費される司法システムの改革として、コモン・ローとエクィティの裁判所が別々に運営されている不都合を除去するために、裁判所の統合（Supreme Court of Judicatue Act 1873）がなされるに至る。

こうしたコモン・ロー上の訴訟とエクィティ上の訴訟を同じ裁判所で審理するだけでなく、同じ手続きで行うことにした「融合」は、米国では十九世紀中葉にすでに行われていた。米国の法システムは、基本的には英国の制度を一部移植したものではあったが、そのシステムの改革は英国よりも速やかに進んだケースもあった。

十九世紀には、コモン・ローのアメリカ化は進行するが、特に注目すべきは、第七代大統領ジャクソンの時代にいくつかの政治と司法の改革が起こっている点だ。アンドリュー・ジャクソンは、民主党からは初の、独立時の十三州以外出身の、強権的な大統領であった。彼の改革は、いずれも人民による「直接の統治」という側面を強めるものであった。南部出身者の「州権主義者」であったジャクソンは、州憲法の改革による「立憲主義」の強化によって「裁判官の裁量」を制限し、多くの公職を選挙で選ぶことによって人材を流動化して官僚主義の発生を防止した点が重要であろう。(5)

ジャクソン統治下の民主政治(Jacksonian Democracy、一八二九年三月四日〜一八三七年三月四日)の時代は、法が法律家に独占されていることに対する警戒感と法律家への反感が強まった時代でもあった。その典型的な例が、「陪審の重視」とされる。人民の中から選ばれるものによる司法判断への参加である。後に述べるように、米国のデモクラシーにおいて、陪審制は司法制度としてよりも政治制度として機能していると見たトクヴィルの視点とも重なる。その点を念頭に置きながら、トクヴィルの陪審制度についての見方を読み取っていきたい。

「貴族」としての法律家

トクヴィルは、米国では法曹職が一種の貴族層の役割を果たしている点に注目する。[6]まず一般論として、法律家の「秩序への嗜好」について彼は次のように言う。

「法律について特別の研究をした人間は、勉強しているうちに、秩序を好む習慣、形式を好む一定の気持ち、論理に適ったものの考え方に対するある本能的な愛を身につけるものである。これらが自然に彼らを革命精神に反対させ、デモクラシーの向こうみずな情熱に敵対させるのである[7]」

つまり法律家の精神の根底には、貴族の趣味と習慣が部分的に隠されているとトクヴィルは見るのだ。法律家が高い地位を占めている社会ならば、その精神はすぐれて保守的で、反民主主義的に見えるということである。民主制社会の中の、このような「反民主的」な集団の存在は、民主制の内包する危険要素（多数の専制への暴走など）へのチェック機能が存在することを意味する。この点をトクヴィルは、「法律家は利益と生まれでは人民に、習性と趣味では貴族に属する[8]」と巧みに要約している。

このようにデモクラシーの下での法律家は、封建社会における貴族階級のような役割を果たしている。法律家の精神と民主的精神が混合して初めて、デモクラシーの統治は長期的な展望を持ちうる。こうした理解から、トクヴィルは「人民の権力の増大に比例して法律家の政治への影響力が増さないとすれば、今日、共和政体がその存続を期待しうるとは信じられない」と言い切っている。(9)

このデモクラシーにおける法律家の役割が特に顕著な形で現れているのは、コモン・ローを法体系の主柱とする英米社会だとトクヴィルは言う。先に触れたように、歴史的に見ると英国の司法には、衡平法（equity）があり、コモン・ローだけから成り立っていたわけではない。しかし英国（イングランドとウェールズ）とその司法システムを継受した米国は、判例法の体系を主柱として保持してきた。すなわち、「彼らは法に関してもつべき意見、下すべき判決を、依然として祖先の意見と判決に求め続けている」(10)のだ。このような法の制度的な特性によって、英米の法律家は、古きものへの好みと敬意が規則的で合法的なものを好む気持ちに結びついているのだと言う。

さらに英国とフランスの法律家を比較しながら、英米の法律家の保守性についてトクヴィルは次のように述べる。

「イギリスやアメリカの法律家の話を聞くと、他人の見解を引くばかりで、自分の意見はほとんど語らないのに驚かされる。ところが、わが国ではその反対である。

フランスの弁護士はどんなに小さな訴訟を引き受けるにも、自分のよって立つ思想体系をもちこみ、係争中の相続地の境界を一トワーズ（約二メートル）後退させるのを裁判所に認めさせるだけのために、法の構成原理にまで遡って議論する。

英米の法律家は自分自身の判断を放棄して父祖の判断に頼り、自分の考えをつねに縛っておかなければならない。このような判断放棄、この種の精神の束縛のために、英米ではフランスに比べて法律家の精神がより臆病な習性を身につけ、いっそう現状維持的な性癖に染まらざるをえない(11)」

結局トクヴィルは、英米の法律家を、エジプトの神官のような「一つの秘伝の独占的解釈者」に譬え、「アメリカの貴族階級はどこにいるのかと問われるならば、金持ちの中に貴族がいないことは躊躇なく答えられる。金持ちを結集する共通の絆は何もないからである。アメリカの貴族階級は弁護士の席や判事の椅子にいる」と喝破する(12)。

このように米国では、法曹身分が、デモクラシーの暴走に対して均衡を回復させる最も強力な、否、ほとんど唯一の「重し」となっていると見るのである。

政治制度としての陪審制

それでは、英米の司法に特徴的な陪審制はいかなる位置を占めているのか。

陪審制は一般に市民の常識を反映するため、権力や体制に対して抑止機能を持つとされる。これは、歴史的に陪審が権力の濫用に対する防御壁になってきたことにも示されている。この制度は市民の参加を必要とするが、市民は時間を多く取ることができない。したがって集中審理によって短い期間に結論を出すことが求められ、裁判の長期化が避けられる。陪審員に偏見がなく法の適用能力がある場合、市民の司法への参加意識を高める。

米国は植民地時代から、イギリスの陪審制を継受してきた。アダム・スミスの解説するイングランドの裁判所の歴史的変移については後に触れるが、トクヴィルの見方を先に要約しておくと次のようになろう。陪審制は人民主権の一形式であり、人民主権を確立する他の法制と整合的でなければならないということ。陪審制が国民性に及ぼす影響は大きく、人民が公正や正義の意味を学ぶための重要な教育機能を持っていること。さらに陪審制は司法職の影響力を確立し、国民の間に法曹精神を浸透させることになる。こうした陪審制の効用の論理をテキストに沿って順次見てみよう。

まず、「陪審制、とりわけ民事陪審制は、判事の精神的習性の一部をすべての市民の精神に植えつけるのに役立つ。まさにこの習性こそ、人民をもっともよく自由に備えさせるものにほかならない(13)」と言う。この考えは、「法」と「自由」が、お互いに相手を予想し合った概念であることを示唆する。自由は法があってこそ成立し、法は人間の自由を保障するための装置なのである。したがって、「判決の尊重と法の観念」が社会に行き渡って初めて、「自由な社会」の成立を見る。

独立心だけでは、社会に秩序はもたらされない。「判決の尊重と法の観念」がなければ、独立心はひとつの単なる破壊的情熱にすぎないのだ。実は陪審制こそが、こうした「法」と「自由」の衡平原理の実践を人々に教えるとして、トクヴィルは次のように述べる。

「各人は隣人を裁きながら、いつか自分も裁かれるかもしれぬと考える。民事訴訟における陪審の場合、特にそうである。刑事訴追の対象になるかもしれぬと恐れる人は滅多にいないが、訴訟の当事者には誰でもなりうる。

陪審制は各人に自分自身の行動の責任を回避せぬことを教える。これは雄々しい気質であり、それなくして政治的徳性はありえない(14)」

陪審制はすべての人に社会に対して果たすべき義務のあることを感じさせ、市民を一定期間ある程度の司法職に任ずるようなものだと考えている。責任のないところに、政治的徳（political virtue）はない。陪審制は、正義の管理者の一翼を担うことによって「統治に参加している」という実感を人々に与える。専門的な法律職に就いていないものに、自分自身の仕事とは別の事柄へ関与させることによって、デモクラシーがほぼ不可避的に生み出す「個人主義」、あるいはその堕落した形態である「利己主義」と戦うように仕向けるのだ。

トクヴィルにとって、陪審制の最大の利点は人民の判断力の育成、理解力の増強に役立つというところにある。次の喩えはわかりやすい。

陪審制は「無償でいつでも開いている学校とみなすべきである。陪審員が一人一人そこに来て自分の権利を学び、上流階級の中でももっとも学識に富み開明的なメンバーと日々交わり、法律を実用に即して教わる学校、弁護士の活躍、判事の見解、さらには原告被告の熱意を見ているうちに、法律の内容が陪審員にも理解できるようになる、そういう学校なのである[15]」と表現する。陪審制という「法律の学校」で会得した法曹の精神は、公共の場や立法府の中での政治活動においてのみならず、市民の生活の私的領域にまで影響を及ぼす。裁判官の優れた知性と訴訟において発揮された彼の判断力は、ひとつの「精神的な習性」となって、陪審員として裁判に参加する人々の心にまで達するのである。

表面的な力の配分から見ると、陪審制は法律家の権限を弱めるかに見える。しかし実際はその逆であり、法律家の権利の確立に力を貸しているのが実情なのだ。陪審制をとっている国の方が、裁判官の力は強い。米国で他国より法曹精神が広く深く浸透しているのは、この民事陪審制ゆえだとトクヴィルは指摘する[16]。

もちろん、いずれの国でも、法律を「憲法違反」とすることによって司法（裁判官）が、政治分野に入り込むことはある。しかし陪審制の特質は、その政治的な介入の程度と性格の強さにある。

トクヴィルは陪審制が「正義の実現」に必ず役立つと確信しているわけではない。むしろ陪審制は、普通選挙と同じく、人民主権（popular sovereignty）のドグマから生まれた「政治制度」であるという点に注目するのだ。陪審制を否定する人は人民主権にも反対しなければ、首尾一貫性を欠くというわけである。

英国の司法の「分権化」

さて、トクヴィルの第二回目の英国滞在時のメモに「司法制度（judicial system）」について記されたものがある（1st June 1835）。そこには、「英国人は司法の中央集権化を思いついた最初の国民である。ノルマン朝に始まるこの革新は英国が文明と自由において成し遂げた迅速なる進歩の理由のひとつと見なされる」と記されている。[17] 英国では中央（ロンドン）裁判所での訴訟の判決は高等法院の一部門である王座部（King's Bench）などで下された。ほとんどのコモン・ロー訴訟の場合は、中央の裁判所から毎年送られる裁判官が審理するか、あるいは中央へケースが持ち込まれるかのどちらかである。いずれの場合も、司法の中央集権化という点では同じであった。

しかしトクヴィルは実態を注意深く調べ、かなりの割合の訴訟が中央裁判所の網から抜け出ていると指摘し、それらを三つのタイプに分けた。[18] ①無給で微罪の判決を担当する治安判事（Justice of the Peace）が地方の犯罪を裁く。刑が死刑ないしは十四年以上の国外追放以外のケースを扱う。②王立の地域共同裁判所（Corporate Courts）が行政区の訴訟を扱う。③地方裁判所（Local

Courts）が地方の法規制の違反を裁く。これら三つの裁判の判決に上訴はない。そしてこれらのケースの裁判の半分以上は、中央（Westminster）の裁判所の関与するところとはなっていない、という聴き取り結果をメモしている。

これは、英国の裁判所の「競争と分権化」の歴史と関係している。この点をアダム・スミスの『グラスゴウ大学講義』に依りながら紹介しておこう。(19)

封建法によって支配されていた時代は、王国は、ちょうど貴族がその管轄地を治めるのと同じようにして統治され裁判が行われた。大判官（grand justiciary）が、王国内のすべての紛争を裁定し、州長官その他の下級役人を任命した。彼自身が国王と同様に勢力を得た。

しかしプランタジネット朝のイングランド王エドワード一世（在位一二七二〜一三〇七）はこの司法権の集中を危険な傾向と見て、これを防止するために、国王裁判所から民事上の事件を分離して、ウェストミンスターに民事裁判所（court of common pleas）を設けることになった（刑事事件についての説明はここでは省く）。後にエドワード一世は、大判官の仕事を三つの異なった裁判所に分割した。すなわち、王座裁判所（The court of King's bench）、財務裁判所（The court of exchequer）、民事裁判所（The court of common pleas）の三つである。ここからさらに、裁判所の「二重構造」（コモン・ロー裁判所と衡平法裁判所）が生まれる。その経緯についてスミスは次のように説明する。

「このうち最後の裁判所において、すべて民事訴訟の裁判がおこなわれた。最初の裁判所においては、すべての刑事訴訟が裁判され、民事裁判所からの控訴はそこへ提起された。(中略)財務裁判所は、国王とその臣民との間のすべての事件、すなわちその何れかが他方に対して有する債務、および国家収入に関する一切のことを裁判した。衡平法裁判所(court of chancery)は、元来、別に裁判所などではなかった。その大法官(chancellor)は、裁判をおこなう基準となるべき訴訟要領書(brief)や令状(writ)の保管者以上のものではなかった[20]」

衡平法裁判所の起源と競争

しかし、この衡平法裁判所がなぜ裁判所としての地位を得るに至ったのか。スミスの説明は続く。

「もしある人が訴訟を起したならば、彼は衡平法裁判所の書記のところへ赴き、その書記は訴訟要領書を調べる。そしてもし書記が当該事件を包含する書類を見出したならば、それに準じて裁判がなされた。しかし、もしそのような書類を見出すことができなかったならば、人は裁判を受けることができなかった。(中略)それ故に、裁判官は訴訟要領書の字句のとおりに拘束され、また、もし法規があるときは、その法規の字句に拘束されたのである。これが衡平法裁判所の起源であり、その管轄であった[21]」

このようにしてイングランドの法律が発展してゆくうちに、種々の裁判所の間に競争が生じてくる。それぞれの裁判所がいかにしてその権限を拡張し、他の裁判所の特権を蚕食し始めたか、特に、いかにして衡平法裁判所がその勢力を増大したかを、スミスは次のように解釈する。

「いかなる方法で、大法官がその衡平法上の裁判権を得るにいたったかを、次に考えよう。商工業の発達によって、以前には知られなかった訴訟が発生してからは、人々は法の不備のために非常に迷惑した。エドワード三世は、訴訟要領書と裁判所の規定がおよばない多くの侵害があることを知った。それ故に議会は、もしある人が大法官庁書記に訴えて、しかも彼に何等かの救済手段を与え得る訴訟要領書がないことを知ったならば、書記は類似の性質を有する若干の訴訟要領書を作成すべきであることを認めた。このようにして、大法官庁は他の裁判所に対して、規則を指令した。しかし、これによって訴訟要領書と訴訟手続の様式が指定されたので、他の裁判所へ行く理由がなくなり、事件はこれで終了して、大法官庁はこれらの事件をその手中に収めることになった。王座裁判所または民事裁判所から衡平法裁判所へ、控訴が提起されることは、あり得なかったが、慣習法（common law）によって救済を望み得ない場合には、衡平法裁判所に依頼したのである。大法官は、このようにして、あらゆる衡平法裁判において裁判する権限を獲得し、民事事件の大部分は彼に委ねられた(22)」

陪審制・同感・秩序

実は、こうした裁判所のシステムの重層性（分権化）と陪審制は関連しあっている。陪審制は、英国で古くから発展し、主としてアングロ・サクソン系の国々に受け継がれた。民間からランダムに選ばれた陪審員（jury）が裁判官の加わらない評議によって事実認定と法の適用を行う。アダム・スミスが『グラスゴウ大学講義』において英国の陪審制度の歴史について述べている点は、「自由の制度」と関連するところが大きいので引用しておこう。

「ヘンリ二世が初めて、州長官（シェリフ）および、犯罪をもっともよく知る機会をもった一定数の人々が、事件の全貌を聴取して、彼らの判決によって当事者が裁判されるように、さだめた。イングランドの法律はいつも自由の友であるが、公平な陪審官についての周到な規定に見られるほど、称賛に値する事例はない。選出される人々は、彼らが犯罪に精通する機会を持ち得るように、犯罪が犯された場所の近くにいる者でなければならない。陪審官の大部分を被告（panel）は忌避してもよい。もし彼が、州長官が不公平であると疑うならば、三十人の陪審官を忌避し得るのであって、彼は個別的に（per capita）ある一人の陪審官を忌避したり、あるいは数人を一度に忌避することができる。不公平であるとの懸念を生ぜしめる小さな原因は澤山あろう。そしてこれらの原因の適確性については、裁判所が判定者である。生命と自由と財産に対して、この制度より大きい保障はあり得ない」[23]

スミスは、社会の中の人々の行為が、第三者としての他人の「同感」を得る程度に統御されることによって、社会としての秩序が保たれると見ていた。トクヴィルの言葉を借りれば、「啓発された自己利益」ということである。この「同感」こそ、陪審員が、被告となった自分の隣人の立場に自らを置いて、裁かれつつある行為を是認しうるか否かを判定する際に、重要な役割を果たす感覚なのだ。

注

(1) 宗教にもこうした力が秘められているとトクヴィルは見ている。この点については本書の第八章で論ずる。
(2) トクヴィル、第一巻(下)、一六六～一九一頁。特に、「合衆国における法曹精神について、また、それが民主政治に対する均衡の重しとしてどのように役立つか」。
(3) アダム・スミス『グラスゴウ大学講義』(高島善哉・水田洋訳)日本評論社、一九四七年、一六一頁。
(4) 田中英夫『英米法総論』(上)、東京大学出版会、一九八〇年、第二章。
(5) 田中英夫『英米法総論』(上)、第三章第四節。
(6) トクヴィル、第一巻(下)、一六六～一九一頁。
(7) トクヴィル、第一巻(下)、一七〇頁。

(8) トクヴィル、第一巻(下)、一七四〜一七五頁。
(9) トクヴィル、第一巻(下)、一七五頁。
(10) トクヴィル、第一巻(下)、一七五頁。
(11) トクヴィル、第一巻(下)、一七六頁。
(12) トクヴィル、第一巻(下)、一七七〜一七九頁。
(13) トクヴィル、第一巻(下)、一八七頁。
(14) トクヴィル、第一巻(下)、一八八頁。
(15) トクヴィル、第一巻(下)、一八八〜一八九頁。
(16) トクヴィル、第一巻(下)、一九一頁。
(17) J.P. Mayer, (ed.), *Tocqueville, Journeys to England and Ireland*, Transaction Books, 1988, pp. 88-89.
(18) J.P. Mayer, (ed.), *Tocqueville, Journeys to England and Ireland*, pp. 89-90.
(19) アダム・スミス『グラスゴウ大学講義』「第一篇　公法学について」第十二節「イングランドの裁判所について」。
(20) アダム・スミス『グラスゴウ大学講義』一五四〜一五五頁。
(21) アダム・スミス『グラスゴウ大学講義』一五五〜一五六頁。
(22) アダム・スミス『グラスゴウ大学講義』一五八〜一五九頁。
(23) アダム・スミス『グラスゴウ大学講義』一六一頁、傍点筆者。

第7章　メディアの役割

国家と個人の間の「二次的諸権力」としての結社や陪審制が、人々の利害関心や正義の感覚を調整し、「共同善（common good）」へと向かわせる力を持つことを論じてきた。では共通の利害関心を自覚させ、正義について学びそれを「共同善」に一致するような形で実現させるには、どのような手立てが必要なのだろうか。まず明らかなのは、物事の利害に関する情報を正確に把握することが必須だということだ。その情報の収集と散布はいかになされうるのか。特に、人々が未だ相互に連帯心を持って結びついていないとき、多数の人間を共同の行動に向かわしめるにはどのような手段があるのか。個人の利益が、他の人たちと力を合わせることによって初めて実現可能となることを説得しなければならない。この仕事を、新聞のような「メディア」の力なしにやり遂げることは難しい。新聞は多くの人々に、同時に、同じ考えを伝達できる。ここに結社の目的と新聞の機能が結びつく。

行政の集権化と新聞の数

トクヴィルは、『アメリカのデモクラシー』第二部第六章「結社と新聞の関係について」で次のように指摘する。(1)

「新聞はだから人間が平等で個人主義が恐るべきものであればあるだけ一層必要になる。新聞は自由の保障に役立つだけだと考えるとすれば、その重要性を減ずることになるであろう。新聞は文明を支えるものである」(2)

この「文明を支える」という点はすでに述べたように、人間がバラバラではなく「結合する」時、初めて文明が生まれるという考えに基づいている。だがデモクラシーの下では、多くの人間に結合の意志があってもその実現は難しい。個人が群衆の中に埋もれ、姿が見えず、「同志」がどこにいるか容易にわからないからだ。新聞は、これらバラバラの個人の心に現れた別々の感情と思想に光を当て、手探りで「同志」を求める人々に「出会い」と「結合」の場を与えるのだ。広い空間に散らばる国民の結社が力を持つためには、多人数でなければならない。そして多数の人間が会うことなしに毎日語り合い、集まることなしに「同志」が歩調を合わせる手段は普通存在しない。その役割を担うのが新聞であり、新聞なしで済まされる民主制社会の結社はほとんど存在しない。現代のわれわれは情報の収集・散布・交換の手段として、インターネットの恩恵を受けているが、それでも新聞は未だ重要な社会的結合の確実な可能性と手段を与えているのだ。

トクヴィルは次のように言う。

「結社と新聞の間にはだからある必然的関連が存在する。すなわち、新聞は結社をつくり、結社がまた新聞をつくるのである。そして、境遇が平等化するにつれて結社の数も増えるはずだというのが正しかったとすれば、新聞の数も結社の数が増えるにつれて増大するということもそれに劣らず確かである(3)」

したがってアメリカは世界中で結社と新聞の数がどちらも（当時）最も多い国であることを指摘したあと、トクヴィルは次のような重要な法則に注意を向ける。すなわち、この新聞の数と結社の数との関係は、その国の行政（administration）の集権化の度合いと深く関わっており、民主制国家における新聞の数は、行政の集権化の程度が高くなるにつれて減少するという法則である。

民主制国家では、地方権力の行使を貴族社会のように指導的市民の手に託することはできない。したがって行政の分権化が進めば、国土の一部分の行政を担当する人々にとっては、法律によって恒久的な結社を作り出し、公共の事務がどのような状態にあるのかを知る必要が生じてくる。

地方権力の数が多くなり、その結果、法律によってそれらの権力の行使に呼び出される人々の数が増大し、その必要性が大きくなるにつれて新聞は氾濫することになる。

このように、アメリカの新聞の数が多いのは、アメリカの政治的自由が大きいためではなく、行政権力が非常に細分化されているからだとトクヴィルは見る。言い換えれば、「アメリカ人にあっては国政における最大の自由があらゆる種類の地方の自由と結びついている」のである。(4)

興味深い数字を示しておこう。*New York Times Almanac 2010* によると、一八〇〇年段階で米国ではすでに約二十の日刊紙が発行されていた。そして小さなタウンやフロンティアでは、実に一八〇〇以上の週刊新聞が印刷されていたのである。一〇〇年後の一九〇〇年時点では全米の日刊紙は、二二二六紙にのぼった。その後単調に減少を続け、二〇〇九年には一四〇〇紙に落ち込んでいる。その間、連邦政府は財政的にも膨張を続けてきたわけであるから、トクヴィルの「行政の集権化の進行と新聞紙数の減少」の仮説は統計数字とも合致する。

アメリカの新聞とフランスの新聞

この事実は、「新聞の力」と関係してくる。アメリカでは新聞の力は弱いとトクヴィルは言う。物質的利益が脅かされない限り、アメリカの新聞の論調は穏やかであり、新聞によって情熱がかき立てられるということはまれである。トクヴィルはこの点をフランスとアメリカの新聞の比較で鮮やかに示す。(5) この比較は、現代でもほぼそのまま持続している。

両国の新聞を一瞥すれば、フランスでは商業広告はごく限られた紙面しか占めておらず、事件記事でさえあまり多く見られない。一方、アメリカの分厚い新聞の三分の二は広告である。フランスでは新聞の激しい政治論説が読者の日常の糧になっているのと対照的だというのである。筆者も米国滞在中に、日曜の午前中、「新聞をゆっくり読もうか」と思って購入した新聞の重たい日曜版の分量の九割が、全く紙くず同然の広告だったことを思い出す。

結局アメリカでは知識も権力も分散しており、その分散は、地理的な状況に起因しているだけでなく、印刷業が自由であり、新聞発行に印紙も登録も不要だという法的な条件が影響しているとトクヴィルは指摘する。

以上のように、新聞と結社の関係は強い。人々の境遇が平等になればなるほど、個人の力は弱くなり、人々はますます多数の流れに身を任せ、多数が見捨てた意見にひとりで固執することが難しくなる。したがって新聞は、人々を連携させる「結社」の現れなのである。個々の読者が弱くなればなるほど、いっそう容易に読者をひき寄せるのだ。「新聞の力」は人間の平等が進むにつれて増大するのである。

福澤諭吉の「新聞紙」紹介

日本の場合、新聞はどのようにして登場したのであろうか。日本では、明治維新前の封建体制下で新聞が生まれることはなかった。印刷ニュース媒体として「瓦版」は存在した。しかし、デモクラシーの下での「新聞」と、この「瓦版」とは性格が異なる。前者が会社（すなわち結社）が発刊する定期刊行物であったのに対し、後者は事件発生の都度、街頭で「読売り」された不定期刊行物であった。したがって西洋の新聞は、幕末維新期の日本人にとって全く新しいコンセプトの印刷物であった。

日本で新聞人として重要な役割を果たした人物として、まず福澤諭吉に指を屈すべきだろう。その福澤は、すでに『西洋事情　初編巻之一』において、西洋の新聞の実態と機能について「新聞紙」の項で次のように紹介している(6)。

まず、「新聞紙は、会社ありて、新らしき事情を探索し、之を記して世間に布告するものなり」として、その取り上げるトピックは、「其国朝廷の評議、官命の公告、吏人の進退、市街の風説、外国の形勢、学芸日新の景況、交易の盛衰、耕作の豊凶、物価の高低、民間の苦楽、死生存亡、異事珍談、総て人の耳目に新らしきことは、逐一記載して図画を附し、明詳ならざるはなし」と言う。したがって「一室に閉居して戸外を見ず、万里の絶域に居て郷信を得ざるものと雖ども、一と度び新聞紙を見れば、世間の情実を摸写して一目瞭然、恰も現に其事物に接するが如し」という利便を新聞は提供している。

毎日発刊されるもの、七日に一度の週刊新聞などいろいろあるが、西洋人の住むところは、自国であれ、外国であれ、必ず新聞を出版している。新聞のニュースは当時「速報性」が重視され、「蒸気機関を以て版を摺り、一時間に一万五千枚」が印刷されたとある。出来上がれば、「蒸気車蒸気船等の急便にて諸方に達す。其神速なること人の耳目を驚かす」として、次のような例を福澤は挙げている。

「嘗て竜動の議事院に終夜大議論ありて、暁第四時（七時）に終りしとき、即時に議事の次第を記し出版して国中に布告し、同日第十二時（九時）には百里外のブリストルに達せしことあり」

ロンドン（竜動）―ブリストル間で、わずか二時間で議会のニュースが大勢の人間に同時に伝わったということになる。

そしてさらに次のように言う。

「新聞紙の説は、其国に由り其人の意見に従て偏頗なきにしもあらざれども、元と官許を受け出版するものにて、其議論公平を趣旨とし、国の政事を是非し人物を褒貶すること妨なし。故に世人皆之を重んじ、其大議論に由ては、一時人心を傾け、政府の評議も之が為め変革することあり。譬へば此国にて師を起し彼国を攻めんとの評議あるとき、彼国の人、理非曲直を弁論し、之を新聞紙に載て世上に布告すれば、師を止るの一助ともなるべし」

ここでは、「偏頗なきにしもあらざれども」と断りながらも、「其議論公平を趣旨とし」と認めているから、「不偏不党」に近い特徴付けがなされている。だがこの『西洋事情』においては、「新聞紙」と「結社」の関係にははっきりとは触れられてはいない。

『時事新報』の場合

福澤が、実に多くの社会事業を行ったことは改めて指摘するまでもない。その中の代表的な事業として、①近代私立学校としての慶應義塾の創設、②言論紙としての『時事新報』の創刊、そして③紳士の社交クラブとしての交詢社の創立、の三つにまず指を屈すべきであろう。これら三事業がいずれも「結社」の精神と深いかかわりを持っていることに注目したい。

ちなみに交詢社は、「人知交通の一大機関」として、実社会で働く人たちが紳士的な交際をし、切磋琢磨しながらその中からリーダーを育成することを目的として、一八八〇（明治十三）年一月二五日に設立された。『交詢雑誌』第一号の創立略史には次のように記されている。

「元来本社ハ一科ヲ修メ一利ヲ興スノ旨趣ニ非ス、広ク知識ヲ交換シ世務ヲ諮詢スルヲ目的トスルヲ以テ（中略）今ヨリ後社員同心協力シテ近キ者ハ屢相往来会合シ、遠キ者ハ互ニ書信ヲ通シテ其知ル所ヲ伝ヘ其知ラサル所ヲ聞キ、人ヲ利シ亦己ヲ利スルノ方法ヲ求メ、啻ニ本社ノ目的ヲ達スルノミナラス、併セテ人間結合ノ利益ヲ示スノ挙ニ於テ先鞭ヲ着スルヲ得ハ豈愉快ナラスヤ[7]」

ここに「人間結合ノ利益ヲ示ス」とあるように、人間の精神が、「通達の道を求めてその中心に集まり散じて、はじめて用をなす」こと、そして「衆知を集めて大知となす」という「結社」の存在意義を強く意識した福澤の考えが明確に押し出されていることに注目したい[8]。

福澤の好きな喩えで言えば、「交詢社は診察医であって、開業医ではない。政党は開業医であって、メスを執っての手術、投薬をするのは開業医の仕事である」、「交詢社は、病理学、薬理学、生命科学の知識をもつ者が集まって知識を交換し、医療制度のあり方を諮詢する結社である」ということになる[9]。

同じく福澤が主宰した『時事新報』も、この「結社」の精神がその根本にあった。『時事新報』は、社長が中上川彦次郎、編集長は伊東茂右衛門という体制で、一八八二（明治十五）年三月一日、慶應義塾出版社より創刊されている。

この創刊号の第一面は「我同士社中は本来独立不羈の一義を尊崇する」に始まる「本紙発兌之趣旨」が冒頭に置かれ、法令などの公報と裁判記録、社説を掲げ、第二面は雑多なニュース、第三面は海外ニュース（海外ニュース報道を目玉のひとつ）と経済記事、最終面は広告という紙面構成である。発刊当初の予約購読者は一五〇〇人、その後一万人を優に超えたとされるから、いわゆる「高級紙」(quality paper) としては大成功を収めた新聞であった。

ここで「独立不羈の一義」が強調されていることに注目したい。当時の大新聞は、政府系の『東京日日新聞』、大隈重信(立憲改進党)の影響下にある『郵便報知新聞』、板垣退助(自由党)の『自由新聞』など、いずれも政党色の強いものであった。そうした状況について、福澤は次のように指摘しながら「独立不羈」と「不偏不党」を全面に打ち出している。

「他の党派新聞の如く一方の為にするものに非らざれば、事物に対して評論を下だすにも、故さらに議誉抑揚の節を劇にして、一時人をして痛快を覚へしむるが如き文章の波瀾には乏しかる可し(10)」

つまり、政府や政党系列の新聞はその政党の主義主張を伝えることに専念する結社であり、他方、福澤の主宰する『時事新報』は「独立不羈」と「不偏不党」を目標とするニュース媒体として機能するための結社であったということになる。

「独立不羈」を目指す結社

先に触れたように、『時事新報』の発刊は、一八八二年、すなわち明治十五年三月のことであったが、この前年、福澤の現実政治に対する姿勢を大きく転換させる事件が起こっていた。「明治十四年の政変」である。

この政変は、藩閥政府の中心人物であった伊藤博文、井上馨らが、「大隈重信と福澤諭吉が結託して反政府の陰謀を企んでいる」として、一八八一（明治十四）年十月、大隈に辞表提出を迫り、「交詢社私擬憲法案」を発表した福澤門下生や福澤に近い若い官僚たちを政府要職からパージした事件である。引き金になったのは、「北海道開拓使官有物払い下げ事件」という官民癒着問題であったが、この事件によって薩長藩閥政府への国民の批判が一段と高まった。

この政変が起こる前、福澤は伊藤、井上、大隈から、「政府は国会開設の用意あり、国民の教育のために新聞の発刊を引き受けてくれないか」という話を持ち込まれていた。福澤は政府の「国会開設」の英断に気をよくして快諾、その準備をすすめていたところに大隈と伊藤・井上との間に亀裂が起こり、この政変となったのだ。福澤も「政府転覆計画」に加わっているとの嫌疑が流布し、福澤の関係者は政府部内から一掃されることになったのである。議院内閣制の導入構想が「流産」に終わったことを悟った福澤は、二度と現実政治にかかわらないと思い定め、その後、政治家との交流も薄くなる。

この政変は交詢社にも打撃を与えた。交詢社の東京社員は創立時の六〇〇〇人から二年後には二五〇〇人と激減し、地方会員も減少の一途を辿った。警視総監が放った密偵は交詢社の周りに出没したとも言われる。(11)

こうした逆境と失意の中で、福澤が周囲から励まされて最終的に発刊したのが『時事新報』であった。その創刊の辞「本紙発兌之趣旨」は、以上のような背景を念頭において読むと、福澤の言う「結社」の声としての新聞の意味がより明らかになる。彼の場合、「結社」の理念とするところは、「独立不羈、不偏不党」であった。「本紙発兌之趣旨」の関連する箇所を読んでみよう。

まず福澤は創立二五年を経た義塾の卒業生が、すでに三五〇〇名に達したことを記し、次のように言う。

「三千五百の社中、多からざるに非ず。此年月の間に此社中の人々が、各其志す所に従て其事を為す、方向一ならんと欲するも、固より得べからず。（中略）宗教の信心を異にする者あり、政治の主義を異にする者あり、著書新聞紙に論説を異にする者あれば、商売工業に競争の敵たる者もあり。甚しきは国事犯罪吟味の法庭に於て、糺問せらるゝ者と糺問する者と、初て相対すれば、四目相見て両心愕然、何ぞ計らん、共に是れ旧同窓の親友たりしが如き奇談もあらん。何れも皆、自然の勢にして、人間社会に免かる可らざるの数なり(12)」

こうした有様は世間の眼には、義塾の社中にはいろいろな主義があり、さまざまな方向を取る者がいるため、その多様さは外部からは「無主義・無方向」のように見えるようだ。しかしこうした見方を笑止千万だとして無視することはできない。「虚よく実を生ずるは人事の常」だからだ。

「依て今この弊害を未発に防ぐの策を案ずるに、我に何如なる主義あるも、毎日に語る可きに非ず、毎人に告ぐ可きに非ざれば、今回社中の同志脇（協）議を遂げて、義塾邸内の出版局に於て、毎日の新聞を発兌することに決したり[13]」と、新聞が広く、同じ時に、同志に「主義」を語るという点が強調されている。

「即ち我同志の主義にして、其論説の如きは社員の筆硯に乏しからずと雖ども、特に福澤小幡両氏の立案を乞ひ、又、其検閲を煩はすことなれば、大方の君子も此新聞を見て、果して我輩の持論如何を明知して、時としては高評を賜はることもあらん。又、全国の各処に布在する我学友諸君も、之を見て、果して我輩の精神は、諸君が昔年本塾に眠食し、手を携へて遊び、灯を共にして読書したる其時に比して、毫も独立の旨を変換したるなきを証するに足る可し。諸君に於ても亦これを変換せざるは、我輩の今日深く信じて疑はざる所なり[14]」

そして次のように言う。政党の団結は次第に各地方に及んでいる。今は各党が結営して互に競争しているが、いずれも国会開設の日には、二、三の政党に統合されるであろう。これは西洋の歴史から予想されることだ。そうなっても自分は全く異なる所に位置しており、政党を作るわけではない。政党は純然たる政治家の結合であって、国民の望みにかなうとき、権力の座に就ける。

こうした権力闘争は、たとえ公明正大、君子の争いであったとしても、自分がこれから発行しようとしている新聞は政治権力を取ろうとするものではない、と独立不羈、不偏不党を次のように宣言するのである。

「唯我輩の主義とする所は、一身一家の独立より之を拡めて一国の独立に及ぼさんとするの精神にして、苟も此精神に戻らざるものなれば、現在の政府なり、又、世上幾多の政党なり、諸工商の会社なり、諸学者の集会なり、其相手を撰ばず、一切友として之を助け、之に反すると認る者は、亦其相手を問はず、一切敵として之を擯けんのみ(15)」

新聞はひとつの教義、あるいは多くの人に共通の感情を再生産する限りで存続し得る、とトクヴィルは言った。新聞はいつでもその定期購読者を成員とするひとつの結社を現している。こうした結社の形は多種多様であり、結びつきの固さ、人数の多さもさまざまであろう。しかし人々に結社の精神が存在する限り、新聞は死なないのである。その点を福澤はすでにはっきりと見通していた。

このような「結社」としての新聞の特性を考えると、新聞と競合関係にあると考えられがちな現代のインターネットは、新聞とは全く性格が異なることがはっきりする。

言論の自由の両面性

前節では新聞と結社について、その密接な連関をトクヴィルの所論を中心に、福澤の考えにも言及しつつ論じた。次に問題をすこし押し広げて、デモクラシーの下での言論と出版の自由の構造、そして民主制国家での人々の政治的信念がどのように形成されるのかについて考えてみたい。

トクヴィルは『アメリカのデモクラシー』の第二部第三章「合衆国における出版の自由について」の冒頭で、まず次のように述べて、出版の自由そのものに諸手を挙げて賛意を表するわけではないと断わっている。

議論の重要な前提となるので引用しておこう。

「白状するが、私は出版の自由に対して、その本性上このうえなく良きものに対して人がいだく、全幅でためらいなき愛を覚えるものではない。私がそれを愛するのは、それが生む益のためというよりは、それが妨げる禍を考えるからである[16]」

こう判断するのは、次のような状況を想定すれば明らかだと言う。いま言論が乱れ、言いたいことが放縦に語られ、それに対して何らかの秩序の回復が求められているとしよう。そのような状況に対して、いかなる解決策が考えられるだろうか。トクヴィルは次のように考える。

「まず物書きを陪審の統制の下においてみる。だが陪審が許せば、孤立した一人の人間の意見にすぎなかったものがみんなの意見になってしまう。結局どんなに厳しくしても効果はあがらず、一歩進んだ手段が必要になる。そこで著作家を専門の司法官の手で取り締まるとする。だが裁判官は、刑を言い渡す前に言い分を聞かねばならぬ。本に書くのはためらわれるようなことでも、口頭弁論では堂々と述べて罰せられない。こうして本来、一冊子の中で秘かに言われるはずだったことが、たくさんの本に繰り返されることになる(17)」

つまり言論は統制できないどころか、制限するとかえって広がる可能性がある。言論というものの持つこの不思議な逆説的な力を見逃してはならないとトクヴィルは指摘するのだ。言論は、少数であればあるほど、力を発揮するという特性を持つ。弾圧されればされるほど、その思想や言論が広く支持を集めることは、帝政ローマ時代のキリスト教をはじめ、宗教改革時代のプロテスタントへの弾圧、その後のさまざまな歴史上の思想運動を思い浮かべれば明らかだ。

「あらゆる物質的な力と反対に、思想の力はしばしば、まさにこれを表明する人の数が少ないことによって増大する。たった一人の有能な男の弁舌がもの言わぬ議会の情熱に触れれば、無数の雄弁家の混乱した叫びより大きな力を発揮する(18)」

権力者にとってときに不都合な「言論と出版の自由」を統制することは、完全な専制君主に国民全員がひれ伏すような体制においてのみ可能である。したがって、言論・出版の自由と人民主権の原則は切り離すことはできない「表裏一体」の関係にあるということになる。「検閲と普通選挙の二つは相矛盾し、同一の国民の政治制度に長く同居しえないものである。合衆国の国土に生きる一二〇〇万の人々のただ一人として、かつて出版の自由の制限をあえて提案した者はない[19]」のだ。

出版業の経済利益と質の低下

人口と知識・権力が地理的に拡散していることに加え、合衆国では印刷業に営業許可が要らないこともあって、新聞の数が多くなり、新聞の影響力もその数の多さゆえに拡散する。新聞の影響力を弱めたければ、権力者は出版を少数のものに集中させるのではなく、むしろ逆に新聞をどんどん発刊させ、個々の新聞の影響力を薄める方がはるかに賢明な戦略だとトクヴィルは言う。言い換えれば、言論界を「百家争鳴」の状態にしておいたほうが、権力者にとっては好都合なのである。出版の力が「分裂・分散している」と説得力を持ったまとまりのある意見が生まれにくいからだ。

このような状況では、新聞発行事業の経済利益はどのようになるだろうか。多量多様な新聞の発刊は競争を激化させ、業種全体の利益率の低下は不可避となる。また、新聞社の数が増えると、記者として優れた人材を集めることは難しくなる。人材が新聞界に流れないと新聞の質は当然低下するであろう。実際、トクヴィルが観察した時代のアメリカの新聞は、決して高級な紙面のものではなかった。トクヴィルは、当時の新聞記者の特性を、「合衆国では、一般に新聞記者の地位は低く、教育は貧しく、その思想表現は往々にして通俗である」と要約している。

この点を現代の出版事情と重ね合わせて考えると興味深い。出版の洪水は、結局、言論内容の質の低下と「百家争鳴」の状態を生み出し、個々の言論の「重み」を奪い去る。本や定期刊行物が洪水のごとく現れるのに、いずれも影響力を得ることができない。日本の論壇誌があまり読まれなくなったのも、言論の自由・出版の自由が生み出すこのパラドックスと無関係ではあるまい。一般にデモクラシーの下では、「何事であれ、多数派が法をつくる。人は誰しも、多数派の歩調に後から合わせるものである。この共通の習慣の総体が精神と呼ばれるものである」[20]。十九世紀のフランスの新聞記者の「精神」は、国家の重大利害を激しく、そしてときに雄弁に議論するのが普通であった。ところがアメリカでは新聞記者の「精神」は、「対立する相手の感情を遠慮会釈なく単刀直入に挑発し、主義主張は放置して人に襲いかかり、私生活を暴きたて、その弱みと欠点を裸にさらしてしまうところにある」[21]。米国の新聞で、政治家のスキャンダルの報道が多くなるのは、こうした新聞記者の質と、新聞が多数派に歩調を合わせるという姿勢の必然的帰結だと言うのである。

こうした言論・出版の自由によって、人々は新聞記者の個人的な見解、新聞に載る知識人の意見には強い関心を払わなくなる。そして「事実」の解釈やコメントではなく、単に「事実」の報道にのみ注意を向けるようになるのだ。だが、新聞一つひとつは大きな力を持ち得ないものの、米国という広大な国家においては、新聞は政治の裏面を国民に知らしめ、政治家は国民の日々の（短期的な）審判の前に引き出されるのである。

信念はいかに形成されるのか

トクヴィルはさらに次のように問う。デモクラシーでは、選挙ごとに新しい人物が政治の指導者として現れ、次々に自己の政策を表明するため、一貫性に欠けることが多い（指導者が交代しなくても、政策が転々と変わることもある）。

「だが政治の一般原則は、他の多くの国より安定しており、社会を律する主要な意見もより持続的である。正しかろうと不当であろうと、一つの考えがアメリカ国民の心を捉えると、これを払拭することほど難しいことはない(22)」

それはなぜか。なぜアメリカ人は確信と誇りを持って自分の意見を表明するのだろうか。この点に関するトクヴィルの推理は興味深い。

言論の自由が保障されている国では、そのような確信と誇りに執着することはないように見えるが、実は「言論の自由」こそが、そうした帰結を生む原因になっているのだ。というのは、

「この自由（言論の自由――筆者注）がある国民は、確信に基づき、かつ誇りをもって自分の意見に執着する。彼らが自分の意見を愛するのは、それが正しく思われるからであり、また自分の選んだ意見だからでもある。彼らは正しいものとしてそれにこだわるだけでなく、自分たちに固有のものとしてその意見に固執するのである(23)」

さらに次のような見事な「弁証法」を展開しながら、その論理構造を明らかにする(24)。まず、モンテーニュやパスカルの箴言を言い換えて、「無知は知の始まりと終わりの両極端にある」とし、深い確信は、この両極端にあると言う。

「人が固く信ずるのは深く考えずに決心するからである。異議が生ずると疑いだす。だが、ときにはあらゆる疑いを克服するに至り、あらためて信じることがある。今度は、真理を偶然、手探りに捉えるわけではなく、正面からこれを見据え、まっすぐにその光に向かって進むのである(25)」

これは見事な弁証法である。深く考えずに決心し（正）、意義が出ると疑い（反）、その疑いを克服したときに改めて信じる（合）という図式である。（正）の段階にあるときには、出版の自由があっても、深い考えなしに固く信ずる習慣は長い間変わらない。出版の自由のために、深い考えなしに信ずる対象は、毎日変わるかもしれない。しかし、やがて新思想がほぼひとわたりすると、経験が熟し、人々は懐疑に陥り（反）、普遍的な疑念に囚われる。大多数の人々はこの（正）（反）二つの状態のどちらかに、いつまでも留まる。多くの人々は訳もわからずに何かを信ずるか、何を信じるべきか明確にわからぬままなのである。

懐疑の波に襲われても揺るがぬ別種の信念、よく考えぬかれた信念に到達する第三段階（合）は、限られた少数の人たちが努力を重ねたときにしか達成されないのである。

この点は宗教的な信条についても当てはまる。宗教的熱狂の世紀（正）には人は容易に、あるいは突然信仰を改めることがあるのに、懐疑の世紀（合）は誰もが頑固に自分の信仰を守ると言われたことがある。「出版の自由」をめぐって政治にも同じことが起こるとして、トクヴィルは次のように言う。

「どんな社会理論にもつぎつぎと異議が唱えられ、反論がなされるので、そのどれかに固執する者も、その理論が正しいと信じているわけではなく、より良い理論があるとも思えないのでこれを守るにすぎないのである。／このような世紀には、人はそう簡単に意見のために命を捨てはしないが、自分の意見を変えることもない。そして、殉教者も背教者もともに少ない(26)」

学問と弁証法

こうした「言論の自由」の両面性を、学問の世界における「真理の探究」のケースに移し替えてみよう。「学問の自由」には、単に研究者の個人的な精神的要求という意味以上に、公共的な意味がある。学問は単に知ることの「主観的な喜び」という以上に、公共的な根拠を持つのである。何人も、好きなことを好きなように勝手に知る無制限の権利があるという主張を、原理的に正当化することはできない。言い換えれば、「公共の哲学」を信奉する社会の中にのみ、思考し、質問し、意見を言い、出版する自由のための充分な根拠が存在するということになる。

西欧社会の伝統の中から生まれた「言論の自由」の根拠は、ギリシア人たちが、ソクラテスの対話で示されたような「弁証法」こそが真理に到達する有効な方法であるということを発見したところにある。自由に語る権利は、真理への到達、「善い社会」の形成にとって欠くべからざる手段だと気付いたのである。

絶対的な真理を議論の冒頭から主張するのではなく、物を相対的に（時には多元的に）見ながら議論を交わすことの有効性は、福澤諭吉が強調したとおりである。彼は『文明論之概略』の巻之一第一章で、物事は相対し比較することによって初めて、重さ軽さ、長さ短さ、良し悪し、是非が判明する、そうした比較が意味を持つのは何が目的か、何を優先させるべきかが決まってから だ、それが「議論の本位」だと述べている。この本位が定まって初めて、事柄の利害得失の問題が正確に議論できるのである。

また、そのときの論議で同じ意見が出ることはない。異なった意見の交換を可能とするのは「人と人との交際」であり、「その交際は、或いは商売にても又は学問にても、甚しきは遊芸、酒宴或いは公事訴訟喧嘩戦争にても、唯人と人と相接してその心に思うところを言行に発露するの機会となる者あれば、大に双方の人情を和わらげ、所謂両眼を開きて他の所長を見るを得るべし」と述べている[27]。

この批判の過程を取り入れ、真理への道を進もうとしない限り、思想と言論の自由はもはや自明の権利とはならない。W・リップマンの言うように、自由は、真理を発見するという希望につながるからこそ高い公共性を獲得するのである[28]。知りたいことを知ろうとし、表現したいことを表現する権利は、それ自体としては、公共の必要事であるよりはむしろ私的な快感を満たしているにすぎない。言論の自由や表現の自由は精神的な自由であるから、対立利益が何か、「公共の福祉」に抵触するかによる制約は課せられにくいものの、名誉の毀損、プライバシーの侵害や、醜い自己顕示、虚偽の広告などの行き過ぎにより「真理の核心」が見えなくなれば、言論の自由は害悪を生む。自由（freedom）と放縦（license）の境界線は、言論の自由がもはや真理の手続きとして尊重されなくなったときに現れる。

弁証法的な対話は科学や学問一般だけではなく、道徳的および政治的真理に到達するためのひとつの手続きでもあるから、語る権利は保護されるのである。
リップマンは言う。「公共の哲学においては、言論の自由は意見の対決のための手段と考えられる――例えばソクラテスの対話におけるごとく、学校教師の討論におけるごとく、科学者や学者の評論におけるごとく、法廷におけるごとく、代表議会におけるごとく、世論の広場におけるごとくにである[29]」。

第一思念と第二思念

新聞報道が、先ほどの弁証法の言葉で言えば、「正」の最初の（感情的な）反応や表面的関心を満足させることだけに終始してはならないことは言うまでもない。概して人間のいわゆるファースト・リアクションはあてにならない。「よく考えてみると」というレベルまで、反省的、批判的に考えを進めなければ、よい考えに到達することはできないのだ。

この点に関連して、一九三四年、リベラリストの言論人、清沢洌は次のように人間精神を二つに区別して、当時のジャーナリズムを批判した。ひとつは、感情、伝統、習慣などから生まれる「第一思念」、いまひとつは、理性、すなわち教育と訓練の結果から生まれる反省的、批判的な「第二思念」である[30]。

当時、新聞界は「読者を広く日本の各層から漁らなければならない」時代にあり、こうした読者層の拡大が、次第にジャーナリズムが指導的、批判的な姿勢を失う原因となっていることを、清沢は鋭く見抜いていたのである。

読者は、自分の感情をメディアによって裏書して欲しいと望んでいる。メディアも、こうした読者の欲求に答えなければ、その存立の経済基盤が危うくなる。かくてメディアは「第一思念」の重視にどうしても傾きがちになる。

近年いくつかの総合雑誌が姿を消した。日本の言論界、ジャーナリズムにおける「第二思念」の担い手は、層としてますます薄くなってきたことを意味する。論壇雑誌の凋落には、政治や経済の論考自体、一昔よりもいっそう専門的知識が必要とされる時代となったにもかかわらず、専門的な議論に読者が関心を示さなくなったという事情もあろう。教育と訓練によって生まれる反省的、批判的な「第二思念」を求める読者が増えないのである。専門的な知識を、正確にわかりやすく書く筆者も少なくなったのかもしれない。需要側と供給側の双方において、一世代前と比べて言論に関して異なる状況が出来したことは確かであろう。

ミルトンの戦い

自由に語ることにはもちろんさまざまな政治的、道徳的問題がともなう。特にいわゆる「権力」の座にあるものにとって、言論の自由は自らの有する権力への脅威ともなりうる。近代の「自由の母国」イギリスにおける清教徒革命は、それまでの王制下における厳しい出版物の検閲システムを解体し、印刷と出版を自由にした。しかしさまざまな異端妄説が蔓延し始め、王党派の逆襲に対応しきれなくなった長期議会は、一六四三年に検閲命令（Licensing Order）を出した。

それに対してミルトンは、言論の自由論の古典と呼ばれる『アレオパジティカ』(一六四四)の中で、いかなる書物も当局によって許可されるのでなければ、印刷し販売してはならないという長期議会の命令に反対して、激しい抗議の条例撤回要求書(無検閲)を書いた。その中の印象的な一節を引用しておこう。

「善と悪との知識が、喰いついて離れぬ双生児としてこの世へ跳び出して来たのは、味われた一個の林檎の皮からである。そして恐らくは、これこそアダムの陥った運命、善悪を知る、換言すれば悪によって善を知るようになったあの運命なのである。それゆえ人間の現状を以てしては、悪の知識なくして、何処に選択する智慮があり、何処に差控える節制があるか。悪徳とその持つあらゆる誘惑と外観的の快楽とを理解・考察し、しかも節欲し、しかも識別し、しかも真によりよきものを選ぶことのできる人こそ、真実の戦うキリスト教徒である。(中略)悪徳を知り且つ検することはこの世においては、人間の美徳を作るために極めて必要であり、誤謬の吟味は真理の確立に極めて必要であるから、罪と虚偽との領域を最も安全に最も危険少く偵察する方法は、あらゆる種類の論文を読み、あらゆる種類の弁論を聴くこと以外にないのではあるまいか。そしてこれこそ、あらゆる書物を区別なしに読むことから得られる利益なのである(31)」

もちろん、ミルトンの主張を現代社会にそのまま当てはめることはできない。ミルトンの言論の自由の弁護論の土台には、キリスト教の神学思想、特に、人間の不完全な判断力と神の完全性への強い信仰があるからだ。しかし、この「悪を知らずして完全な徳を体得することはできない」という認識は重要であろう。これを「知」の世界について言い換えると、誤謬の精査なくして、神の真理に近づくことはできないということなのである。肯定と否定の対立によって真理への道を進もうとするのが弁証法である。そして論争者は、彼ら双方が、論争を始めたとき持っていた知識より一層大きな叡智を獲得するために、「協同的に」議論するのである。

財の市場の製造物責任

「言論の自由と責任」の問題を財の市場の製造物責任（product liability）との関連で捉えた場合、どのような議論が可能なのか。トクヴィル自身がこうした問題を認識していたわけではないが、二十世紀のリベラリズム思想が、「言論の自由と責任」という難問に、どう答えているのかを知っておくのも参考になろう。

「財の市場」と異なり、「言論の自由」は、リベラル・デモクラシーの国家では政府の干渉・統制を排除するのが原則である。言論・思想の自由は人間の精神的な欲求として神聖不可侵のものであり、政府介入の対象とされてはならず、犯罪の煽動、名誉毀損、猥褻な表現、プライバシーの侵害などを除くと、知る自由、表現する自由、良心に従い議論する自由は、決して犯されてはならないと考えられている。

この原則の根底には、財の市場と言論・思想の市場とは全く別物であって、一方に適用される原則をそのまま他方へ当てはめることはできないという暗黙の前提がある。では二つの市場はどの点で相互に異なっていると考えられるのか。

例えば有害物質を含んだ食品を販売する者は、買い手の健康や生命を脅かしたという理由で処罰されるが、虚偽や誤謬という「毒」を持った言論や知識は、普通、肉体的「生命」の脅威とならないゆえ、責任を取る必要は無いと考えられがちである。言論人が「過去の言論」について、その道徳的責任を求められることはあっても、読者や聴衆を「煽動」する言論と思想を、法的に処罰することはリベラル・デモクラシーの国家では、皆無とは言えないものの、ほとんど無い。いわゆる財・サービスの市場における「消費者保護」の原則はそのまま適用しえないと考えられている。

処方箋なしで購入できる医薬品を例にとろう。買い手がそうした薬や化粧品を選ぶ場合、それが真に効力があり副作用のない安全なものかどうかを、規制や認可という制度なしに判断していくためには、医師や薬剤師と同レベルの豊富な薬学上の知識を持ち合わせていなければならない。しかしそうした水準の専門的知識を普通の人間に期待することはできない。

そこで通常は政策上、二つの選択肢が考えられる。ひとつは消費者の情報と選択の自由を重視していかなる「薬品」でも販売することをみとめる立場、すなわち caveat emptor（買い手は用心すべし)、あるいは「売買された物の危険はただちに買い主にかかわる」という「買い手側の責任」という法源を重視する立場である。もうひとつは消費者の安全や健康を重視して、一定の基準を満たさない「薬品」の販売を規制・禁止する立場である。薬品の例は極端かもしれないが、一般には通常後者の立場から、政府が安全性を念頭において一定の財の生産や取引をさまざまな形で規制する。生産者や販売者は必ずしも「公共の利益」を直接目指しているわけではないから、消費者は政府によってある種の危険から保護されなければならないとみなされるのだ。

R・コースの問題

この消費者保護の原則は、言論・思想に関してはそのまま適用されてはいない。経済学者ロナルド・コースは、こうした「財の市場と思想の市場」への政府干渉の不均一性について、これら二つの市場を区別して扱う説得的理由は存在しないから、両者に対する公共政策の基礎は同じであるべきだと論じた(32)。そして財の市場に対して強い規制を主張する知識人の多くが、言論・思想に対しては「いかなる規制も撤廃すべきである」と主張する根拠は何かと問う(コースの分析は痛烈で、言論・思想の市場統制がその市場参加者の所得減退をまねくところに統制反対のひとつの理由があるという)。

さらに、通常、多くの人間は真理それ自体に関心を持っているのではなく、真理と誤謬との間の抗争に強い興味をいだいていることが多いから、言論サービスへの需要は、「議論そのものが存在する」という点に強く依存していると言う。その「議論が存在する」ためには、すでに「絶対的真理」が勝利し屹立していては困るというのである。こうしたコースの指摘は、「言論の自由」の経済的側面をとり出していることは言うまでもない。「ムチの一打は傷をつくらん、舌の一打は骨を砕かん」(『ベン＝シラの知恵』)という言論の恐さも、致死量の毒を含む食品と同じだという考えと、同種の説得力を持つことは確かだ。「二つの市場の規制の均一性」を主張するのもひとつの立場として十分成り立つ。

また、思想やアイディアの市場を自由(無規制)にすることの社会的な利益が大きいことは想起すべきであろう。人間の知識が不完全であり、たえず誤る可能性があり、唯一の真理を現在手にしている人や国民が存在しないのであれば、議論や実験によって知識への扉を常に開いておかなければならない。人々の意見や考えの相違、不一致、あるいは「一致への強制がないこと」が人間知性開発の最良の方法であることは、古代ギリシアの哲人たちが見出した通りであった。人間がもし意識的に(あるいは強制されて)共通の統一目標を追求してきたならば、現在われわれが手中にしている量の知識や技術は、とうてい生まれなかったであろう。

注

(1) トクヴィル、第二巻(上)、一九六〜二〇一頁。
(2) トクヴィル、第二巻(上)、一九六頁。

(3) トクヴィル、第二巻（上）、一九八頁。
(4) トクヴィル、第二巻（上）、一九九頁。
(5) トクヴィル、第一巻（下）、二八～二九頁。
(6) 『福澤諭吉選集』第一巻、岩波書店、一九八〇年、一一九～一二〇頁。
(7) 竹田行之『交詢社の百二十五年――知識交換世務諮詢の系譜』財団法人交詢社、二〇〇七年、十三頁。
(8) 竹田行之『交詢社の百二十五年――知識交換世務諮詢の系譜』十四頁。
(9) 竹田行之『交詢社の百二十五年――知識交換世務諮詢の系譜』二八頁。
(10) 竹田行之『交詢社の百二十五年――知識交換世務諮詢の系譜』一三八頁。
(11) 竹田行之『交詢社の百二十五年――知識交換世務諮詢の系譜』四一頁。
(12) 『福澤諭吉選集』第十二巻、岩波書店、一九八一年、一三三～一三五頁。
(13) 『福澤諭吉選集』第十二巻、一三四頁。
(14) 『福澤諭吉選集』第十二巻、一三四～一三五頁。
(15) 『福澤諭吉選集』第十二巻、一三八頁。
(16) トクヴィル、第一巻（下）、二二一～二二三頁。
(17) トクヴィル、第一巻（下）、二二三頁。
(18) トクヴィル、第一巻（下）、二四頁。
(19) トクヴィル、第一巻（下）、二五頁、傍点は引用元による。
(20) トクヴィル、第一巻（下）、三三一頁。
(21) トクヴィル、第一巻（下）、三三一頁。
(22) トクヴィル、第一巻（下）、三三三～三三四頁。

(23) トクヴィル、第一巻（下）、三四頁。

(24) トクヴィル、第一巻（下）、三四〜三六頁。

(25) トクヴィル、第一巻（下）、三五頁。

(26) トクヴィル、第一巻（下）、三六頁。

(27) 福澤諭吉『文明論之概略』岩波文庫、一九六二年、一六〜一七頁。

(28) 以下の議論は、Walter Lippmann, *The Public Philosophy: On the Decline and Revival of the Western Society*, Little, Brown & Company, 1955.『公共の哲学』（矢部貞治訳）時事通信社、一九五七年、一六六〜一七五頁、による。

(29) Walter Lippmann, *The Public Philosophy: On the Decline and Revival of the Western Society*, p. 98.（邦訳一七〇頁）。

(30) 清沢洌「現代ジャーナリズムの批判」山本義彦編『清沢洌評論集』岩波文庫、二〇〇二年、二二八頁。

(31) ミルトン『言論の自由——アレオパヂティカ』（上野精一・石田憲次・吉田新吾訳）岩波書店、一九五三年、二五〜二六頁。なお、題名は、古代アテネで重要ケースを扱った裁判所の場所の名称から来ている。

(32) Ronald H. Coase, "The Economics of the First Amendment: The Market for Goods and the Market for Ideas," *American Economic Review*, Vol. 64, No. 2, May 1974, pp. 384-391. ここでいう The First Amendment は、米国連邦憲法の修正条項の Bill of Rights の第一条、言論、出版、集会、結社などの自由を指す。

第8章　公道徳と宗教

貴族制とデモクラシーの明らかな違いのひとつは、「名誉」に関する徳の位置付けであろう。封建社会では、ある行為が称賛されるか非難されるかは、その行為の内在的価値によるというよりも、誰が誰に対して行ったのかが評価の重要な規準になることがあった。平民が行っても非難されない行為が、貴族が行うと「不名誉」とされる場合がある点にトクヴィルは注目し、次のように言う。

「これこれの徳、これこれの悪徳は庶民でなく貴族身分のものであり、ある行動は農民に対して為されても問題にならないが、貴族が相手のときは罰せられる。このような考えは往々にして恣意的である。だが、ある人間の行為を名誉とするか恥辱と見るか、その判断を身分にしたがって違えるのは、貴族社会の構造それ自体の帰結であった。事実、このことは貴族身分をもつすべての国で見られた。少しでもその残滓が残る限り、こうした特異な考え方はいまなお見出される。有色人種の娘を誘惑することはアメリカ人の名声を少しも傷つけないが、結婚すれば名誉を失う(1)」

この高貴な身分にともなう名誉と恥辱という考え方は、ノーブレス・オブリージュ(noblesse oblige)とも関連する。ノーブレス・オブリージュは高い身分にともなう義務であり、具体的には名誉を重んじること、慈善を行うことなどが念頭に置かれていた。富、権力、威信にはそれ相応の責任がともなうという点で、「高貴さは義務を与える」というわけである。この考えは、洋の東西を問わず認められる。一般に「特権」は、それを与えられていないものへの義務によってバランスを取ることが求められ、そうした義務を遂行できない人々にかわって果たすべきだという、ある種の正義の感覚を満たす価値理念である。西洋のリベラリズムを「特権」の一般市民への普遍化であると要約すれば、「特権」の消滅にともなって、ノーブレス・オブリージュという道徳がデモクラシーの下で希薄になるのは不思議なことではあるまい。

貴族の公的義務

貴族の「公的義務」への献身を描いた映画として『大いなる幻影』(一九三七)がある。このフランス映画の舞台は、第一次世界大戦中のアルザス・ロレーヌ地方にあったドイツ軍のフランス人捕虜収容所である。所長はドイツ人フォン・ラウフェンシュタイン大尉、収容されてくるフランス人大尉の名はド・ボアルデュ、両者とも貴族で、以前、別の機会に一度会っている。

フランス人一般兵士の捕虜の第一の公的義務は脱走することである。脱走するために地下に穴を掘ったりもするが成功しない。あるときフランス人捕虜たちはシーツで太い綱を編み上げ高台の収容所から脱走する計画を立てる。その実行を支えるのが貴族のフランス人大尉である。自らが囮になって自分の部下たちを逃がそうというのである。

この映画で注目したいのは、話し相手や話の内容によって言語が変わるという点である。ドイツ人の大尉は自分の部下達と話す時にはドイツ語で、フランス人軍人同士はもちろんフランス語で話す。しかしドイツ人貴族の収容所長とフランス人捕虜の貴族の大尉が話すときは、フランス語で話す。ところがこの敵・味方の二人が、他の人達がいる前で、自分達が経験したことのある「貴族としての特別な経験」や、自分たちの階級が持っている公的義務に関わる話をする時には英語を使うのである。パリ・マキシムで楽しんだ思い出なども英語で語り合う。

脱走を決行する夜、下士官と囮となる貴族のフランス大尉が、手袋をはめて握手をしながら最後の別れの挨拶を交わす時、下士官が感謝を告げると、大尉は「これはあなたのためにやっているのではないのだ」と言う。自分が属している階級の誇りと公的義務を果たしているにすぎないと考えているからだ。

映画の最後で、フランス兵たちの脱走が途中で発覚して囮のフランス人大尉が撃たれるシーンがある。囮になったド・ボアルデュ大尉にフォン・ラウフェンシュタイン大尉が「戻れ」と英語で叫ぶ。フランス人大尉を撃ち落としたところに伝令が来て、フランス革命の落とし子である「ブルジョア」が脱走したと告げた瞬間、ドイツ人大尉はフランス貴族が自己犠牲となって下士官たちを救ったことを悟る。

撃ち落とされたフランス人大尉が死の床に臥せているところへドイツ人大尉が見舞いに訪れ、「足を狙ったが腹に当たり苦しませてしまった」「距離があったので仕方が無かった」と詫びる。それに対して「それはあなたの義務だから、私も同じ立場だったらやっていただろう」と応じる。この臨終の場面の会話も英語で交わされる。貴族階級が国を超えて、敵味方を超えて公的な義務で結ばれていることを「共通言語で語る」ことによって示しているのだ。

カーネギーの「善行基金」

ノーブレス・オブリージュは、近代デモクラシー以前の社会では貴族階級の中心的な道徳のひとつであった。その残滓が現代のデモクラシー国家にも一部現れることがある。米国の富裕階級が公共的な活動に多額の寄付をするのは税制上の優遇措置があるからだけではない。自らが獲得した富は自分一人の力ではなく社会がそれを後押ししたから成功したのであり、その富を社会に還元しなければならないという義務感があるからだ。ノーブレス・オブリージュのなせる業という面は否定できない。

貧しいスコットランド移民の子から鉄鋼王となったアンドリュー・カーネギーの自伝にこの点が見事に表現されている(2)。

カーネギーはある日、スコットランド系移民の新聞「スコッティッシュ・アメリカン」を読んでいて、「神々は巣を張るために糸を贈ったのである」という一行を見つける。「それはまるで直接、私あてに贈られた言葉のように思われた」と感じ、この言葉を「ひとつの尊い宝」のように心に深く刻み込み、直ちに最初の「巣を張る仕事」を開始するのだ。まずニューヨーク市に六二五万ドルを寄付して六八の公共図書館の分館を立てる費用とし、市の一地区ブルックリンに二十の分館を建設することを決心する。以後、ワシントンのカーネギー協会設立のために二〇〇〇万ドルを寄付するなど、彼の寄付事業の規模は拡大してゆく。

その中で彼が全身全霊を傾けたのは「善行基金」であったという。この基金はある事件がカーネギーの心を激しく揺さぶったことに端を発している。ピッツバーク市近郊の炭鉱での大事故の際、挺身隊を結成し自らが先頭に立って坑内に入り救出作業にあたっていた炭鉱支配人が命を落とすという痛ましい事件である。この悲劇をきっかけとして、五〇〇〇万ドルの基金を設定して、「勇敢な人々の善行に報いるとともに、その犠牲となった人、つまり自分の友につかえ、あるいは友を救おうとして倒れた人たちの遺家族を維持するため、また不時の災難のために家計の責任者を失い、雇い主や他の人たちの助けによってかろうじて生活している人たちに救助金の補助として使用する」こととしたのである。

この基金が、「英雄的行為」を奨励するために設けられたと解したアメリカの一部の新聞は、基金に疑問を持ち、カーネギーを批判する。しかしそうしたメディアからの批判を振り返りながら、カーネギーは「過去の野蛮な時代には英雄といえば、同胞である人間を傷つけ、殺すような行為をした。文明の今日の社会では、真の英雄は同胞に奉仕し、彼らを救う人たちなのである」と応じている。

その著『富の福音』（一八八九）にも示されているカーネギーのこうした考えは、アメリカにおける「市場競争の倫理」を支えるひとつの哲学となってきた。(3) 競争の勝者は社会的富の信託者として振る舞うべきであって、勝利の報酬は、生前に、政府によってではなく、自らの手で社会へ還元されるのがよいとする考えである。言い換えれば、競争が勝者を生み出し、結果が不平等を生むのは避けがたい、しかしその不平等を勝者自身が社会的な共有財産とするという方式である。市場競争は、努力だけではなく、プレーヤーの生来の能力、相続財産、運などに左右され、結果の不平等は避けられないから、その不平等を公的部門ではなく私的部門が再分配機能を果たすべきだとする社会哲学である。

米国社会には「貴族」が存在しないからこそ、こうしたカーネギー流の自由社会におけるノーブレス・オブリージュは当初は理解されず、例外的な逸脱行為と映ったのだろう。寄付はあくまでも税対策だという実利的な評価が米国の金持ち階級の寄付行為にはついて回るのである。そこには社会的素地として、貴族の「公的な義務」という伝統はない。

しかし立憲君主国の英国の場合は事情が少し異なる。西欧諸国の近代化された軍隊が正面衝突した紛争として、一九八二年三月末から約三カ月間続いたフォークランド紛争があった。アルゼンチンの陸海空軍連携のフォークランド諸島の上陸作戦に対して、イギリス軍が多数の艦船と乗員を失いながらも、揚陸作戦を敢行し、陸戦と長距離爆撃機による空爆と米国からの情報提供によって勝利を収めた紛争である。このフォークランドにおけるイギリスの勝利が、不人気だった当時のサッチャー首相の人気挽回に繋がったことも記憶に新しい。

この紛争時に、エリザベス女王の二男、アンドリュー王子は対潜水艦攻撃用のヘリコプターの操縦士として航空母艦インヴィンシブル（Invincible）に乗り込んだ。インヴィンシブルは、島を奪い返すための作戦の中心的な役割を担っていた。英国政府は、アンドリュー王子の戦死を危惧して、戦闘中は彼を後方のデスクワークに移動させようと配慮した。しかし母である女王陛下は、彼がインヴィンシブルに留まることを主張したという。その結果、アンドリューは対潜水艦戦と対水上戦の作戦の任務を継続することになる。紛争が終わり、ポーツマスの軍港にエリザベス女王とエジンバラ公がアンドリュー王子の帰港を出迎えた写真を、世界の多くのメディアが配信した。

このエピソードは、英国にはいまだ貴族階級に「尚武の精神」が残っており、王侯貴族には「名誉」を貴ぶ精神が生きていることを示したと解釈できよう。

公徳としての名誉心

こうした例を念頭に置いて、トクヴィル『アメリカのデモクラシー』第二巻(下)、第三部「デモクラシーが固有の意味の習俗に及ぼす影響」第十八章「合衆国と民主社会における名誉について」の続きを読んでみよう。

トクヴィルは次のように言う。

「封建貴族は戦争により、戦争のために生まれた。それは武器に権力の源泉を見出し、武器によってこれを保持した。だから武勇ほど彼にとって必要なものはなかった。他のなにものにもまして武勇の栄光を称えたのは当然であった。武勇を表す行為は、たとえ理性と人道に反したものでも、貴族は何でも肯定し、しばしばこれを命じた。個人が自由に考えてよいのは細かい点だけだった(4)」

この点を踏まえてトクヴィルの次の言葉を読むと、「祖国愛」というものが「近代的」感情であることを再認識させられる。国家という意識、その国家への愛というのは、中央集権的な国家体制が成立してから生まれたものであるから当然であろう。デモクラシーの一変種である全体主義国家における「祖国愛」の過度の強調は、二十世紀に入ってからの現象ではないか。Patriotism is the last refuge of a scoundrel.（愛国心は無頼漢の最後の避難所だ）というサミュエル・ジョンソンの言葉は、デモクラシーから全体主義への移行期にも当てはまると見てよいだろう。

「祖国愛がわれわれの父祖の心に存在しなかったわけではない。だがそれは弱くおぼろげな本能をなしていたに過ぎず、それはやがて階級が破壊され権力の集中が進むにつれて、次第に明確にまた強くなってきたのである(5)」

この「祖国愛」は米国の場合、いかなる理由で生まれるのであろうか。トクヴィルは次のような論理を展開する。米国は国土が果てしなく資源も無尽蔵である。国民の周囲には自分が獲得し得る以上の富がある。このような国民にあって怖れるべきことは何か。それは万人の活動停止と無気力である。万人のエネルギーが糾合するところで初めて富の創造が可能になる。大胆かつ大規模な産業活動こそ、そうした国民の急激な進歩と力と栄光の最大の源泉なのである。

それをトクヴィルは「産業は国民にとって若干の人々が毎日損をし、国家はいつも勝ち続ける巨大な富くじのようなものである」と見事な「たとえ」で表現する。米国人は産業における大胆さをたたえ、財産と信用をともに危険にさらし事業に賭ける人間を称賛するのだ。米国では無謀な人間が咎められることはあまりない。商人が破産しても人々は極めて寛容で、商人の名誉は傷つかないのだ。この点で、アメリカ人はいかなる商業国家の国民とも異なるとトクヴィルは言う(6)。貴族階級のいない米国では、すべての人間が労働し、労働はあらゆる栄達の道に通じている。このことは「名誉」の概念を逆転させ、閑暇に反対する方向にこれを導いたとも言えよう。つまり、財産があっても職に就くことを強いられる社会なのである。貴族階級が平等化の激流に抗してなお闘っているヨーロッパではしばしば、働く必要と欲求にいつも追われているにもかかわらず、同等の仲間の尊敬を失わぬために無為に日を送り、労働もせず倦怠と貧困に慣れてしまった人々が多いのとは対照的なのだ(7)。

デモクラシーにおける弱い「名誉心」

デモクラシー社会にあって、名誉は明確に定義されることはない。完全に認められていない法を確信をもって断乎適用することは困難なのだとトクヴィルは指摘する。

「名誉の法の自然で至高の解釈者である世論は、非難あるいは賞賛をどこへ向かわせるのが適切か明確に見極められず、ためらいがちな判決しか下さない。世論は時には矛盾した判断を示し、しばしば沈黙を守って、人々の勝手に任せる(8)」

名誉が「世論」(opinion publique という語が用いられているが意味は、popular sentiments) から与えられるとすれば、その根拠は薄い。世論は移ろいやすく、頼りにならないからだ。そのほかにも、実はデモクラシーにおける名誉の相対的な弱さには理由がある、とトクヴィルは次のように指摘する。

「貴族制の国では、同じ名誉はある一定の数の人々、しばしば数が限られ、常に他の同胞市民から隔てられた人々によってしか受け入れられない。名誉はだからこれらの人々の頭の中では、彼ら自身を際立たせるあらゆるものの観念と容易に渾然一体となる。彼らにとって名誉は自分の姿の際立った特徴のように思われる。彼らはそのさまざまな規範を個人の利害に関わるような熱心さで守り、こういう言い方ができるとするならば、情熱を賭けてそれに従う(9)」

不平等社会と名誉

これまで「名誉」という言葉を日常用語そのままの形で用いてきた。しかしこうして政治体制・社会風土の変化によって、「名誉」の社会道徳的な位置付けが異なることを見てきた今、もう一度この「名誉」という言葉について倫理学的な意味合いを振り返っておく必要があろう。

アリストテレスは『ニコマコス倫理学』の中で、「名誉」に関する徳を、名誉と不名誉の中庸として矜持ある人、という視点から論じている。[10] 矜持ある人は「自分が大きいものに値していると考え、事実それに値しているがごときひと」を意味すると捉える。この「値する」というのは、もろもろの「外的な善」への関係において語られる。「名誉」こそ「外的な善」のうち最大のものだと考える。矜持ある人とは、「何よりも自分は名誉に値すると――もちろん自己の価値に依拠して――自任しているところのひとびと」を意味するのである。

「卑屈なひとは、自分の真価との比較においても、矜持あるひとの要求との比較においても不足している。倨傲なひとは、自分の真価との比較において過超している。だがしかし矜持あるひとの要求を過超するわけではない」と言い、「財貨の獲得と贈与において中庸があり、過超ならびに不足があるように、それと同じく、名誉の欲求においても然るべき以上と以下とがあり、名誉をそこから求めるべきところがあり、また、その求むべき仕方がある」としている。したがって、アリストテレスは、われわれが名誉心の強い人を非難し、名誉心が欠けている人に対してもまた非難を浴びせるのは中庸に反することであるから当然だとするのである。

「名誉」が自分の真価と関係するという点からも、「境遇の不平等」と「名誉」と呼んできたものの間には緊密で必然的な関係があることが推測できる。言い換えれば、「境遇の平等化」が実現している社会においては、「名誉」という概念はそれ自体、善悪にかかわる徳としての意味は希薄にならざるを得ない。「境遇の不平等」と「名誉」との関連は、階級のなくなった社会においてはほかの徳目に吸収されるのである。

デモクラシーの重りとしての宗教

デモクラシーが人々を個人主義に走らせ、あげくは利己心のみのバラバラの個人を生み出し、「公」の道徳を衰えさせる危険をはらんでいることをトクヴィルは見抜いていた。そうしたリスクへの歯止めとして、地方自治、結社、そして陪審制という政治的・社会的な「装置」があり、利己主義に陥った「個人」を社会的に訓練することによって公共精神を持つ「市民」に転化する点に注目したのである。これら三つの装置についてはすでに論じたが、宗教の持つデモクラシーへの力と作用に関するトクヴィルの見解を見ておこう。

言うまでもなく、トクヴィルはデモクラシーの核心をなす「平等」の理念を歴史の流れとして受け入れている、あるいは受け入れざるを得ないと考えている。彼にとっての問題は、「条件の平等」とそれによって生ずる「個人主義」を認めた上で、これらをデモクラシーのもとで共同善（common good）といかに両立させるかという点にある。「平等」は共同の利益を切り崩す力が強い。個人主義は人から共同の利益への関心を奪い去る傾向が強いからだ。だからこそ、平等と個人主義を基盤とする社会に、いかにして公の道徳の感覚を再生させるのかという問題が重要になるのだ。

すでに論じた「啓発された自己利益」（松本礼二氏の訳では、「利益の正しい理解の説」）がこの問題を解く鍵であった。この「啓発された（bien-entendu）」という言葉は、経済的な摩擦や対立をより高次の立場から解消する理解力を意味している。その高次の立場とは、物質的な利害対立を調整する力を超えた公共精神、あるいは国や全体のことを考慮する精神に繋がる「何か」である。こうした問題意識から、トクヴィルは宗教の意味と役割について検討している。

宗教の必要性

では「啓発された自己利益」と宗教はいかなる関係にあるのか。『アメリカのデモクラシー』第二巻（上）、第五章「合衆国において、宗教はどのように民主的本能を利用しうるか」の中で、宗教の必要性についての意識が希薄になりがちな現実をトクヴィルは次のように言う。

「神と人間本性についての揺るぎない観念は人が日々暮らしていくのに不可欠だが、その日々の暮らしが人からそうした観念を獲得する力を奪う(11)」。だがこうした神と人間本性に関する一般観念は、人の生の最重要な問題に一つひとつ明確で厳格な解決、わかりやすく、長く持続する解決を提供してくれると指摘する。

確かに世の中には、いかがわしい荒唐無稽な宗教は存在する。しかし一般に普通の宗教は、基本的に知性に健全な枠を与えるものだとトクヴィルは肯定的に捉える。人間は、世界のすべてを知りうるわけではないから、知性の限界についての一定の認識は不可欠なのである。この認識がないと、人間の知性が全能であるかのごとく思い込み、人間はいつかはこの世界を完全に理解する時代が来ると思い込む。これは「知る」あるいは「知力」ということに対する大いなる誤解を生む。この点に関して英文学者で評論家でもあった福田恆存は、次のような見事な説明を与えている。

「人々はなにかを知るということによって、より高く飛べるようになると思っているようです。いままで知らなかった世界が開けてくると思うのでしょう。が、それは半面の真理にすぎない。なるほど、峠の上に立った人は、谷間にうごめいている人より、周囲をよく見わたせるかもしれません。が、こういうことも考えて見なければならない。一つの峠に立ったということは、それまで視界をさえぎっていたその峠を除去したことであると同時に、また別のいくつかの峠を自分の眼の前に発見するということであります。（中略）さらに、それは、そのもっと大きな世界を知らなければならぬという責任を引き受けたことを意味します。とすれば、なにかを知るということは、身軽に飛ぶことではなく、重荷を負って背をかがめることになるのです。人々は知識というものについて、その実感を欠いていはしないでしょうか」[12]

このように考えると、知性に枠を与え、その限界を認識することは人間の精神活動にとって極めて重要な前提となる。その点をトクヴィルは、

「その外に出て人間精神の自由な羽ばたきをあらゆる面で妨げることがなければ、すべて宗教は知性に健全な枠をはめるものということができる。そうした宗教はたとえ来世において人を救わないとしても、少なくとも現世における人間の幸福と栄光に大いに役立つことは認めねばならない。

この道理はとりわけ自由な国に生きる人々に当てはまる。／ある国民の宗教が破壊されると、国民のもっとも知的な部分が懐疑にとりつかれ、その他の部分も懐疑のために心が半分麻痺してしまう(13)」

トクヴィルは、平等の価値を認めつつも、平等が「人々に極めて危険な本能を吹き込むことを認識しなければならない」と強調している。それは「人間を互いに孤立させ、誰もが自分のことしか考えないようにさせる」だけでなく、人々の心を度外れなほど物質的享楽に向かわせるからだ。

したがって、平等の原理が支配する社会では、人に徳の有用性を実感させるような感覚が不可欠になる。実際、現世ではその報いを期待できないような「犠牲」というものが必要になることがある。徳がこの世で「有用だ」と証明できたとしても、そうした論理がすべての人間に対して説得性を持つとは限らない。とすると、徳には、「来世がある」から、「来世で報われる」からという支えがどうしても必要になる。

徳には、「来世」という支えが必要になるという点に、トクヴィルはデモクラシーの困難を克服する解決の糸口を見出す。すなわち、「自己利益の原理」を「未来の生への報酬」へと拡張するのである。『アメリカのデモクラシー』第二巻（上）の第九章「アメリカ人は利益の正しい理解の説をどのように宗教に適用するか」において、人によっては神への愛のみから善行に励むこともあるが、基本的には宗教は「自己利益」で人々を善く治めるための主要な手段となっていると指摘し、「利益の正しい理解の説」がどうして人を宗教的信仰に近づけるか「私には見抜ける気がする」と述べたのである。(14)

ここに宗教は単に最高の自己犠牲を義化するための「権威」として必要とされるだけではなく、デモクラシーのもたらす個人主義と物質主義の双方と闘うという重要な役割を与えられていることが見て取れる。人間には感覚による経験を超えた善きものへの願望というものがあり、すべてが物質に還元され肉体と共に滅ぶという物質主義の教説と、宗教は闘っているのである。

トクヴィルは、宗教は人間の最も崇高な力を目覚めさせるだけではなく、自己の殻に閉じこもりやすい人間に、他者への奉仕へと向かわせる力を持つと捉えている。先に引用したように、神と人間本性に関する一般的な概念こそが、人間の自由の保護者となりうるとトクヴィルが考えたのは、自由が道徳なしには保持しえず、道徳は宗教なしには成り立ち得ないと考えているためである。

以上のようなトクヴィルの宗教観（あるいは宗教の必要性の論理）はアダム・スミスが『道徳感情論』で論じた宗教の発生の由来を想起させる。

「社会の秩序は現世における不正の処罰以外の方法をもってしては維持できないにもかかわらず、われわれは単に社会の秩序を維持するために不正が必ずしもこの世の生活においてのみ罰せられねばならぬとは考えていないという事実、自然はわれわれにかかる不正があの世の生活において罰せられることを期待するように教え、そして宗教はわれわれのかような期待を正当と認めている事実は、充分注目に価いするからである[15]」

と述べ、「したがって、これまでこの世にあらわれたあらゆる宗教、あらゆる迷信においては、極楽とならんで地獄が存在している。いいかえるなら、正しい者を褒賞するための場所とともに極悪なるものを罰するために設けられた場所が見受けられるのである」と記し、この世ですべての行為が裁かれるのではなく、来世で新たな審判が下されるのだという宗教の教説の基本構造に言及するのである（この最後の文章は、同書第六版で新たにつけ加えられた）。

また、スミスは、「未来社会への信仰」という道徳的適正の感覚が、最も強力な利己心（self-interest）の動機によって充分に支持されていることを次のように説明している。

「地上においては不正の勝利を阻止することのできる何らの力も発見しえないのに絶望した場合、われわれは自然に天に訴える。そしてわれわれの自然を造り給える偉大なる創造主は、われわれの行為の指導原理としてわれわれに与え給えるすべての原理をこの地上においてさえわれわれを促して試みさせようとしているのであるが、われわれはそうした事柄を創造主自らあの世において実行し給うであろうことを希望する。（中略）そしてこのようにしてわれわれは人性の弱さや人性にもとづいて生ずる希望や恐怖からばかりでなく、人性に属する最も高貴な、また最も善良な諸原理によって、すなわち美徳を愛し、悪徳と不正とを嫌うことによって、未来社会に対する信仰へと導かれてゆくのである(16)」

このように、単純な現世利益の考えを否定し、死後の「審判」と「清算」がないと人生は不合理だという感情は、人類一般に多く見られる。トクヴィルは、こうした未来や死後の世界への思いが、一時的な流行や多数者の意見に支配されやすいデモクラシーの不安定性や暴走に対して「錘」のような役割を果たしてくれると考えるのである。

このようなトクヴィルの宗教観は、宗教一般の教理の構造に言及しているのであって、個別具体的な宗教をトクヴィルが擁護しているのではない。彼は宗教の中には「いかがわしい荒唐無稽な」ものがあることを認めつつ、社会の秩序に貢献する宗教でも、そこに具体的な政治目的に奉仕するような「真理や論理性」が求められてはいないことに目を向ける。

「国　教」と政教分離の問題

この点を推し進めて、トクヴィルはアメリカではなぜ宗教の力が強いのか、なぜ、自由の精神と宗教の精神がアメリカでは同じ方向で（対立することなく）結びついているのかと問い、その原因を探る。

トクヴィルは合衆国に到着してすぐ、アメリカが宗教的な雰囲気の強い国だと感じて驚く。アメリカが自由の国であるとすれば、宗教の精神と自由の精神がフランスにおけるように常に反対方向に進むと彼は想像していたからだ。しかしアメリカでは、二つの精神はともに同じ土地を支配し、両者は親しく結びついているのだ。滞在が長引くにつれて、この新しい事実から注目すべき政治的帰結が導き出されることにトクヴィルは気付く。

それは、「誰もが、この国における宗教の平穏な支配の主要な原因を、宗教と国家との完全な分離に帰した。私は、アメリカ滞在中、この点で考えを異にする人間には、聖職者と平信徒とを問わず、ただの一人も出会ったことがないと言って憚らない(17)」と言い、「私は、第一巻において、アメリカの聖職者たちがどのようにして政治から距離をとるかを示した。これは彼らの自制のもっとも目立つ例だが、唯一の例ではない。アメリカでは、宗教は聖職者の支配する別世界だが、聖職者はそこから決して出ないように気を配る。その境界の中では、聖職者が精神を導いている。その外では人々の自由に任せ、彼らの本性と時代に特有の独立心と気まぐれに委ねる。合衆国ほどキリスト教が儀礼や勤行、聖像で飾られていない国、それでいて、キリスト教がこれほど真摯にして単純で普遍的な観念を人間精神に提示している国を、私は他に見たことがない(18)」と言わしめた。

さらにこの点をデモクラシーの特質と関連付けながら次のように分析する。デモクラシーにおいては、国民の好みと意見が政治を支配する。アメリカの場合、政治家も行政官も国民（市民）による選挙で選ばれる。国家元首を四年ごとに選び、二年ごとに新しい議員を選出し、地方の行政官は毎年入れ替える。このような移ろい易い政治の世界での改革の実験が、もし宗教の世界に連動するようになれば、不安定な人の趣味や意見に押し流されないためには宗教は何に摑まることができたのだろうかと。そして次のように言う。

「党派抗争の渦中で、宗教に払われるべき尊敬が一体どこにあっただろうか。周囲のすべてが滅びるときに、宗教の永遠性はどうなったであろうか。／アメリカの聖職者は他の誰よりも前にこの真理を認識し、行動をこれに一致させた。彼らは、政治的権力を得ようと思うならば、宗教的影響力を放棄しなければならぬことを理解し、政治の有為転変を共にするよりは、その支持を失う方を選んだのである」[19]

この点はヨーロッパのキリスト教と比較するとわかりやすい。歴史的に、ヨーロッパのキリスト教会は地上の権力と密接に結びつくことを強く意識して来た。教会と皇帝は権力闘争にエネルギーを費やし、ときに完全に重なり合い、ときには二つの中心を有する「権力の楕円的な緊張関係」をはらみつつ政治は推移した。しかし（特に革命後のフランスでは）「そうした権力は地に堕ち、キリスト教はそれら権力の残骸に埋もれているようなものである。生きながら死者に結びつけられた人なのである。その絆を断ち切れば、再び立ち上がる」[20]。

トクヴィルは教会と国家の分離を説く。しかしその論理は、通常われわれが「政教分離」の必要を論じるときのそれとは全く異なる。通常、政治と宗教の分離は、「政治が宗教勢力に支配されること」によって思想信条の自由が奪われることへの警戒から語られる。だからこそ宗教的秩序を弱め、政治による秩序を強めるために政教の分離が必要だと説かれる。しかしトクヴィルの論理はこれとは異なる。彼は宗教が政治的な関心を高めることによって、宗教の持つ本来的な力が弱まることを恐れるのである。宗教は、市民社会に生きる個人に「他者や未来」への思い、「不死なるもの」への崇敬の念を忘れさせないための重要な役割と力を持っている。多数決原理などの支配する政治の世界に宗教が侵入することによって、あるいは宗教が特定の政党と連携することによって、自由の精神と宗教の精神（信仰）が両立する可能性が絶たれると彼は考えるのである。したがって、トクヴィルは「国教」という形の宗教を擁護しようとしない。

アダム・スミスの政教分離論

アダム・スミスも『国富論』第五編第一章第三節第三項「あらゆる年齢の人々を教化するための施設の経費について」において教会と国家の分離を唱えている。その論理は、トクヴィルのそれに近いが、「競争」という視点が強調されている点に特徴がある。スミスは、完全な宗教の自由を唱えながら、信者獲得のため宗教に競争する機会と権利をすべての宗派に認めるべきだと言う。既成の宗教は、「人が選ぶ教会」へ行くことを禁じるがゆえに、「自然的自由」を侵しているからだ。

スミスはヒュームと同じように、宗教における「過度の熱狂」に対し強い疑いを抱いていたが、ヒュームとは違った視点から「国教」の危うさを指摘している。ヒュームによると、「過度の宗教的熱狂」から社会を守る方法は、聖職者が自分たちの棒給を信徒たちの拠出（教会維持費と献金）ではなく、既存の体制に依存するような公的教会を設立することだという。そうすれば、聖職者にとって行きすぎた熱狂に対して「報酬」がもたらされるということはないからだ。

しかしこれでは教会はまちがいなく権力機構の道具となる。アダム・スミスは、ヒュームとは対照的に、宗教における自由競争によって、信徒集会へ新しいメンバーを引きつけるために、説教師はその見解を穏やかにせざるをえないということ、信徒獲得のための各教会間の競争が、各教会を穏当な中庸点に位置させるだろう、と論じた。

「各小宗派の教師は、自分がほとんど孤立無援だとわかっているから、ほとんどすべての他の宗派の教師たちをいやでも尊敬せざるをえないし、お互いさまに譲り合えば都合もいいし気持ちもいいものだと双方が思うような互譲を重ねていると、時とともに、おそらく、彼らの大部分の教理は、背理、欺瞞、あるいは狂信の混ぜものとはいっさい無縁な純粋合理的宗教になってしまうであろう。そういう宗教は、世界じゅうあらゆる時代に、賢人たちが国教として認められることを望んできたところだったけれど、おそらく、いまだ、どの国でも、実定法によって国教と認めたことはなかったし、たぶん、これからも認めることはけっしてあるまい。それというのも、こと宗教に関しては、実定法は民衆の迷信と熱狂によって多少ともこれまで影響されてきたし、たぶん、これからも、つねにそうだろうからである(21)」

スミスとヒュームのいずれが正しかったのか、時代と国を特定せずにこの問いに即答することはできない。それ以後の歴史を振り返ると、スカンディナヴィアのように、国教会は人々の宗教的無関心を生み出したように見える。他方、アメリカについて言えば、宗教の自由競争は各教会を均質化し似かよったものにする傾向があった。しかし一方では、アメリカにおける宗教の歴史は、「自然的自由」が宗教の発展をもたらすというアダム・スミスの主張を裏付けているようにも見える。実際、自由競争体制の下でのアメリカでの宗教の繁栄は目覚ましいものがあり、教会信徒の割合は建国以来増加の一途をたどって来たからだ。実際、スカンディナヴィア諸国で設立されている沈滞したルター派教会とアメリカの進取の精神に富み活気に満ちたルター派教会ほど、強いコントラストをなすものはないと言われる。

このようにスミスはトクヴィルとはやや異なった視点から自由社会における「教会と国家の分離」を唱え、信徒獲得についても、「宗教思想」の市場で競争する権利をすべての宗派に認めるべきだとし、こうした自由競争が、宗教における行き過ぎた熱狂から社会を守ることができると考えたのである。

注

（１）トクヴィル、第二巻（下）、一二三頁。
（２）『カーネギー自伝』（坂西志保訳）中公文庫、二〇〇二年、角川文庫版、一九六七年。
（３）『カーネギー自伝』の第十九章「富の福音」。さらに詳細な彼の富の哲学と慈善事業の考えは、「富の福音」

（一八八九年初出）『社会進化論』（後藤昭次訳）研究社、一九七五年で述べられている。
（4）トクヴィル、第二巻（下）、一二四頁。
（5）トクヴィル、第二巻（下）、一二六頁。
（6）トクヴィル、第二巻（下）、一三〇～一三一頁。
（7）トクヴィル、第二巻（下）、一三二～一三三頁。
（8）トクヴィル、第二巻（下）、一三六～一三七頁。
（9）トクヴィル、第二巻（下）、一三七頁。
（10）以下の引用はアリストテレス『ニコマコス倫理学』（上）（高田三郎訳）岩波文庫、一九七一年、七四～七五頁。
（11）トクヴィル、第二巻（上）、四五頁。
（12）福田恆存『私の幸福論』ちくま文庫、一九九八年、八一～八二頁。
（13）トクヴィル、第二巻（上）、四六～四七頁。
（14）トクヴィル、第二巻（上）、二一九～二二〇頁。
（15）アダム・スミス『道徳情操論』（上）（米林富男訳）未来社、一九六九年、二一三頁。
（16）アダム・スミス『道徳情操論』（上）、三六四頁。
（17）トクヴィル、第一巻（下）、二二六頁。
（18）トクヴィル、第二巻（上）、五六頁。
（19）トクヴィル、第一巻（下）、二三二頁。
（20）トクヴィル、第一巻（下）、二三六頁。
（21）アダム・スミス『国富論』（Ⅲ）（大河内一男監訳）中公文庫、一九七八年、一六四～一六五頁。

第9章　平等がもたらす順応主義

政治の領域での「思想の自由」と、財の市場での「生産・消費の自由」の間の構造上の類比を見てとることは、(双方の市場に同じ法制度や公共政策を適用できないとしても)それぞれの市場の問題点を摘出する上では有益であろう。特に消費者が市場で本当に「自由な選択」を行っているか否かという問題を考える際に、いくつかのヒントが得られる。

政治の「人民主権」と経済の「消費者主権」

まず経済の市場の構造から見ておこう。消費者が自分で買いたいものを決め、それが市場での需要を構成し、企業から市場への供給と相俟って市場価格と取引数量が決まる、というのが「消費者主権(consumer sovereignty)」論をモデル化した伝統的経済学の基本構造になっている。しかし消費者は本当にこのような好みと需要を内発的に自ら生み出しているのだろうか。現実に企業が供給するものに対して、消費者の好みが受動的に反応しているだけではないのか。つまり「供給が需要を創出する（supply creates demand）」というのが事実に近いのではないか。消費者が主権を完全に行使しているのではなく、供給者側、すなわち企業が消費者の意識しない好みを掘り起しているという作用の方が強いのではないか。

例えば、新しいゲームソフトが売りに出される日時が発表されると、販売店前に前夜から長蛇の列ができたとの報道に接することがある。これは供給側が需要を創り出しているのであって、もともと消費者が、そのようなモデルの機器を注文して生産されたわけではない。こうした現象はあらゆる製品市場で見られる。自動車、健康食品、化粧品、医薬品などなど。もちろん供給がすべてを規定しているわけではない。供給者である企業が、消費者が何を望んでいるのか、どのような製品であればヒットするかを「予測」しているのだ。時には、消費者の潜在的な（意識下にある）好みや需要を呼び覚ましているケースもあろう。自分でも気付かなかった消費者の欲望を企業が刺激し、現実の購入行動へと駆り立てていると考えられる。消費者の倫理を問うことは多くの場合、生産者の倫理を問うことでもある。

このように捉えると、「消費者主権」という考えは、ある種の極端とフィクションを含んでいることになる。消費者が何を望んでいるのかを一番よく知っているのは消費者自身ではない。生産者によって呼び覚まされる需要もあるのだ。人間の欲望は、決して外生的に与えられるデータではない。そこには成長したり変化したりする「内生的な欲望の形成」という側面がある。

こうした需要と供給の相互依存関係を考慮すると、「消費者主権」は、必ずしも、消費者の自由と責任の問題だけに帰すことはできないということになる。人々は供給側である企業からの刺激によって、欲望を呼び覚まされて消費する。しかしそれにとどまらず、他人の消費行動を模倣することによって自分の消費行動を決める場合がしばしばある。いわゆる「流行」あるいは「〇〇ブーム」と呼ばれる現象である。

「流行」と「画一化」

消費行動の外部性の中で、この「流行」の占める位置は大きい。ひとつの財が圧倒的な勢いで市場を制覇したために、その財と競争的・代替的な関係にあった財が市場から駆逐されてしまい、少数派の消費が嗜好の選択肢として消えてしまうという問題である。

小規模な職場で生産される伝統的な工芸品は、同じ機能を持つ大量生産方式で生み出される工業品と比較すると相対的に高価にならざるを得ない。人々のいわゆる「本物へのこだわり」がなくなり、「機能第一主義」の傾向が強まる。その結果、伝統的な工芸品は工業品と比べるとますます高価にならざるを得ない。多くの人々が流行品の消費へと傾斜していくと、少数派の嗜好は、市場で不利な情況へと追い込まれてしまう。同じような嗜好を持つ社会の「多数派」が、流行によって「少数派」の好みを駆逐してしまうのだ。

こうした「流行」現象は、近代以降、市場とデモクラシーを通して、程度の差はあれ、あらゆる社会が経験してきた。多数派の嗜好の浸透によって、少数派の選択の自由が狭められ、時には閉ざされてしまう現象である。大量生産による薄利多売の波の中で、「手作り」「こだわり」「伝統」といった合言葉で、こうした流れに抵抗しようとする力も次第に萎えてきたのが現実であろう。消費者は「何かを選ぶこと」によって、意識せずして市場に大きな影響を及ぼしているのである。この構造は「政治の主権在民」と「市場の消費者主権」の間の類比（アナロギア）を示している。

順応主義と「大　衆」

以上の説明形式は、トクヴィルのいう政治における「多数の専制」と同じ構造を持っている。では、この議論における「多数」とは単なる量的概念なのか。質的要素が重要であるとすれば、その「質」とは何なのか。この点についてオルテガの『大衆の反逆』における概念規定が参考になる。オルテガの議論を振り返る前に、トクヴィルの「多数の専制」論のポイントを示しておこう。

トクヴィルの「多数の専制」に関する分析で最も注目に値する点は、多数の「力」というものが、ひとりの専制君主の人民に及ぼす「力」と（性格とその及ぶ範囲において）根本的に異なるということであった。後者、すなわち「ひとりの独裁者の専制」は確かに人民の「行動」を圧倒的な強制力でもって画一化する。独裁者が死ねば国民は皆「号泣せねばならない」。それに対して、前者、すなわち「多数の専制」は人々の「行動」だけではなく、その「考え方」をも画一化してしまう点にトクヴィルは注目した。換言すれば、ひとりの独裁者の権力は人民全部に及ぶとしても、その「考え方」まで完全に変えることはできない。それに対して、「多数の専制」、すなわち「全体の全体に対する支配」は国民の「行動」だけではなく、「考え方」からもその「個別性」を奪ってしまうということになる。そしてこのデモクラシーにおける画一化現象について次のように考える。

トクヴィルは『アメリカのデモクラシー』第二巻第一部「デモクラシーが合衆国における知的運動に及ぼす影響」を論じた箇所で、まず次のように言う（第一章「アメリカ人の哲学、その方法について」）。

「文明世界で、合衆国ほど人が哲学に関心をもたぬ国はないと思う。

アメリカ人は彼らに固有の哲学流派をもたず、ヨーロッパで相争っているいかなる哲学流派にもまるで関心を示さない。それらの名前さえほとんど知らない。

それにもかかわらず、合衆国のほとんどすべての住民が精神を同じように導き、同じ規則に従って頭を働かせていることはたやすく見てとれる。すなわち、彼らはその規則を定義する労こそとったことがないが、彼らすべてに共通のある哲学の方法を有するのである(1)」

加えるに、アメリカ人は、実生活で出会う小さな困難をすべて人の援けを借りずに自力で解決しているので、そこから直ちに、「世界のすべては説明可能であり、知性の限界を超えるものは何もない」と結論するのだとトクヴィルは見る。言い換えれば、自分の理解し得ないものの存在を否定してしまうのだ。アメリカ人は哲学の方法を書物に求める必要がなく、自分自身の中に発見したのである。(2)そしてデモクラシーにおいては個人が均一化してくるため、無理に人との違いを強調しがちになる傾向が生まれる点について、次のように言う。(3)

「デモクラシーにあっては市民の間に大きな違いはまったくなく、本来非常に近い存在なので、全員が一つの共通の塊に溶け込んでしまう可能性がある。だからこそ、意志に反して群衆の中に引き込まれるのを怖れて、人為的恣意的な分類を無数につくって、誰もが違いを明確にしようとするのである(4)」

森の中の旅人

貴族制では、人と人は身分制という不動の壁で隔てられていた。しかしデモクラシーにあっては、人々は見えない無数の糸で分かれ繋がれているものの、その糸はいつでも容易に切断され、別の場所におきかえられる可能性を持っている。したがって、

「デモクラシーにあっては、人はすべて似たようなもので、似たようなことをしている。たしかに彼らは人生の大きな浮き沈みに絶えずさらされているが、同じような成功と失敗が繰返されるので、役者の名前は違っても、筋書きは同じである。アメリカ社会の様相が騒がしいのは、人とものが不断に変化するからであり、それが単調であるのは、あらゆる変化が同じようなものだからである。

民主的な時代に生きる人々は多くの情熱を有するが、その大半は富への愛着に帰し、あるいはそれに発するものである。これは彼らの心が小さくなったからではなく、金銭の重要性がこの時代ほど本当に大きい時はないからである(5)」

そしてトクヴィルは、このアメリカ社会の画一主義とアメリカ人の富への愛好が、現代の（一八四〇年頃の）デモクラシー下に生きる人間にも共通の文明論的な課題であるとして、次のように結論する。少し長いがトクヴィルらしい美しいレトリックに満ちた文章なので引用しておこう。

「私がアメリカについて言うことはさらに現代人のほとんどすべてに当てはまる。人類の中の多様性は消えつつある。同じ行動様式、同じような思考と感性が世界の隅々に見出される。これは単に諸国民の相互の交流が増し、互いに忠実に真似し合うようになったからだけではない。どの国でも、人々は一つのカースト、一つの職業、一つの家系に固有の思想と感情からますます離れ、どこでも変わらぬ人間そのもののあり方から直接発する思想や感情を同時にもつようになるからなのである。こうして人々は真似し合わずとも、似たものになりつつある。彼らはあらゆる道が一点に集まる大きな森の中に散らばる旅人のようなものである。すべての人が中心点に気づき、その方向に歩を進めれば、彼らは、探し合うことも気づくこともなく、互いに見知らぬまま、いつの間にか接近し、同じ場所に集まってはじめて驚くことになるだろう。特定の人間でなく、人間そのものを研究と模倣の対象とするあらゆる国民は、森の中心に導かれるこれらの旅人のように、最後にはみな同じ習俗の中で出会うことになるであろう(6)」

オルテガの「大衆」概念

この「同じ習俗の中で出会う」人々とは誰を指すのか。その人々をさらに明晰に分析したのは恐らくオルテガであろう。

オルテガは『大衆の反逆』の冒頭で、「大衆」という概念を、「群衆」をはじめとする類似の概念と比較しながら検討している。群衆が突然、目に見える一種の塊となって、いまや社会の高級な場所に入り込んでしまったという事実に注目しつつ、次のように言う。

「群衆の概念は量的で視覚的である。(中略)大衆とは『平均人』のことなのである。こう考えることによって、先にはまったく数量的であったもの、つまり群衆が、質的なものにかわるのである。大衆は万人に共通な性質であり、社会においてこれといった特定の所有者を持たぬものであり、他の人々と違わないというよりも、自己のうちに一つの普遍的な類型を繰り返すというかぎりにおいて人間なのである(7)」

注意を要するのは、この社会を「大衆」と「すぐれた少数派」に分けるのは、社会階級の区分ではなく、人間の区分であって、上層、下層の階級序列とは一致しないということである。いずれの社会階級の中にも、本来の大衆と本来の少数派がいるとオルテガは見る。そして次のように「大衆」を特性化（characterize）するのである。

「今日の特徴は、凡俗な人間が、おのれが凡俗であることを知りながら、凡俗であることの権利を敢然と主張し、いたるところでそれを貫徹しようとするところにあるのである。つまり北米合衆国でいわれているように、他人と違うということ即ふしだらなことであるという風潮である。大衆はいまや、いっさいの非凡なるもの、傑出せるもの、個性的なるもの、特殊な才能を持った選ばれたものを席巻しつつある(8)」

概してデモクラシーにあっては、人はすべて似たような情熱（特に富への情熱）を持ち、似たような成功と失敗を繰り返す。その繰り返しが単調なのは、変化そのものが単調であるからだ。かくして人々の考えの多様性は弱まり、同じ行動様式、同じ思考と感性が社会に行き渡る。

この画一化は、人々の交流と交易の頻度と密度が増し、互いに影響を受け合う結果ではない。「境遇の平等化」が進んだ社会ではどの国でも、人々はひとつの階級、ひとつの職業、ひとつの家系に固有の思想と感情から離れ、どこでも変わらぬ「人間そのもの」のあり方から直接生まれ出る思想や感情を持つようになるからだとトクヴィルは考える。「境遇の平等化」は「徳」の位置付けにおいても新しい様相を呈し始めるのだ。

では、デモクラシーの基本原理である「境遇の平等化」は貴族制社会の枢要な道徳をいかに切り崩し、万民を同一の道徳律で縛るという「画一化」現象をもたらすのであろうか。

プラトンの影響

民主制の下で、社会的職分や組織内の「上下関係」がどのような形になるかについては、遥かソクラテス、プラトンの昔からすでに議論されていた。プラトンは『国家』第八巻第十章で、民主制がどのようにして生まれ、いかなる性格を持つのか、さらに民主制的な人間を他の政体のそれと比較考察している。(9)

プラトンの「対話」の進め方は、政体（regime）の移行にともなっていかなる人間が生まれるのか、政体が人間の「魂」をいかに変えるか、その論理を明らかにしている点に特徴がある。プラトンがソクラテスをして語らしめたのは、「都市」の統治形態の分類とそれらの特質の抽出であった。「都市」の目指す目標は何か、支配するのはどのような人々なのか、そこに生きる人々の魂と体制はどのように対応しているのかというのがその基本的な論点であった。

王制、あるいは貴族制は善と徳に向かう最良の人（あるいは人々）の支配で、「正しい都市」と呼ぶ。名誉至上政治（timocracy）は名誉を愛する人、あるいは優越と勝利を求める野心的な人間の支配を指す。寡頭制（oligarchy）は富に高い価値を置く富者の支配、民主制は、自由に最高の価値を置く自由な人間の支配、そして独裁制（tyranny）は、破廉恥な不正義が支配する不正な人間の統治を意味する。政体（regime）とその下で生活する人々の「魂」との関係に注目するこうした分析方法は、トクヴィルの政治学の基本的な視座でもあった。もちろん彼以前にも、モンテスキューが諸政体を分類しつつその目的価値を論じているから、トクヴィルがプラトンと直結しているというわけではない。

ちなみに、このプラトンの叙述には、明らかにヘシオドス『仕事と日』における人間の五つの種族（五時代の説話、金、銀、青銅、英雄、鉄）と対応するところがあり、ヘシオドスの影響が強いと推測できる。これは格別驚くにあたらない。思想は突如生まれるものではなく、先人の「影響」が後に続く人間の思考を刺激して、微妙な修正を加えながらさらに形を変えていくのが通常の思想の歴史であるから、一人の人間の独創性を強調するよりも、知的遺産としての過去の思想をどのように受けついだかという点にこそ、思想史研究の重要さと面白さがあろう。

寡頭制から民主制への移行

簡単にプラトンの説を以上のように図式的に説明したが、この中で民主制が寡頭制から生まれると考えていた点を取り上げておこう。その移行の経緯は次のようなものである。彼の論理はかなりの程度、近代における貴族制の崩壊と革命による民主化の過程と重なるところがある点に注目したい。

この移行の図式によると、富や財産を持つものたちが支配する寡頭制は、貴族制の後に現れる。寡頭制においては、富を尊重しながら同時に節制の徳を十分保つということはできないため、支配者たちは怠慢な態度で放埒な浪費を許す。それゆえ凡庸でない生まれの人間はしばしば貧困に陥る一方、金儲けに成功している人間は、金儲け以外のことには意を用いなくなる。

その結果、国内の富の分配は大きく歪む。貧乏になったものは、「針で身を武装して、この国のなかで為すこともなく座していることになるだろう。そのあるものは借財を背負いこみ、あるものは市民権を奪われ、（中略）その他の国民にたいしても憎しみをいだいて、陰謀をたくらみ、革命に思いを寄せているのだ[10]」。

また、「金を儲けている者たちは、身をかがめて仕事に熱中し、そうした貧乏人たちのことは目にも入らぬふりをして、その他の人々のうちに言うことを聞く者があれば、そのつど金銭の毒針を刺しこんで傷つけ、そして親金の何倍もの利息を取り立てては、雄蜂と乞食を国のなかにますます生みふやして行くのだ」[11]。

そうした過程が続く中、「痩せて日焼けした貧乏人が、戦闘に際して、日陰で育ち贅肉をたくさんつけた金持ちのそばに配置されたとき、貧乏人は金持ちがすっかり息切れして、為すすべもなく困り果てているのを目にするだろう」。そして「あの連中はわれわれの思いのままになるぞ。何の力もないのだから」という考えが広がるのは容易に想像される[12]。

貧しい人々が闘いに勝って、富める者を殺したり、追放したりしたあと、残りの人々を平等に国政と支配に参与させるようになったとき、デモクラシーが生まれ出るとプラトンは推論した。名誉を重んずる貴族制が名誉至上主義に陥ると、富の支配をうけることによって寡頭制に移行し、寡頭制の下で革命が起こり平等な国政参加のデモクラシーが生まれるということになる。この民主制における役職は、まさに平等の極限として、「くじ」で決定するということになるのである。

「父親と息子」「先生と生徒」

デモクラシーの下では自由が支配し、「何でも話せる言論の自由」が行き渡り、支配者になってもよし、ならなくてもよし、戦争に行ってもよし、行かなくてもよし、という自由が行き渡る。プラトンは次のように言う。

「ここでは、国事に乗り出して政治活動をする者が、どのような仕事と生き方していた人であろうと、そんなことはいっこうに気にも留められず、ただ大衆に好意をもっていると言いさえすれば、それだけで尊敬されるお国柄なのだ[13]」

つまり民主制は、「大衆に好意をもっている」という政治家による、「快く、無政府的で、多彩な国制であり、等しい者にも等しくない者にも同じように一種の平等を与える国制だ[14]」と述べ、「最高度の自由からは、もっとも野蛮な最高度の隷属が生まれてくるのだ[15]」とプラトンは考える。

そのような状態では、父と息子、先生と生徒の関係はどのようになるのか。まず親子の関係については、

「父親は子供に似た人間となるように、また息子たちを恐れるように習慣づけられ、他方、息子は父親に似た人間となり、両親の前に恥じる気持ちも怖れる気持ちも持たなくなる。自由になるためにね。そして居留民は市民と、市民は居留民と、平等化されて同じような人間となり、外人もまた同様だということになる[16]」

さらに先生と生徒に関しては、

「先生は生徒を恐れてご機嫌を取り、生徒は先生を軽蔑し、個人的な養育掛りの者に対しても同様の態度をとる。一般に、若者たちは年長者と対等に振る舞って、言葉においても行為においても年長者と張り合い、他方、年長者たちは若者たちに自分を合わせて、面白くない人間だとか権威主義者だとか思われないために、若者たちを真似て機智や冗談でいっぱいの人間となる」(17)

いずれも現代民主主義社会でもしばしば身近に観察される、あるいは誰しも思い当たる節のある「上下関係」の実態ではなかろうか。このような国では、人間に飼われている動物までもが自由を謳歌し、馬やロバも路上で出会っても、こちらがわきに退いてやらないとぶつかってくるようになるのだと、プラトンは嗤《わら》うのだ。

トクヴィルの描く「主人と従僕」

以上述べたプラトンとかなり近い論を、トクヴィルはデモクラシー下の主人（master）と従僕（servant）の関係について展開している。まず貴族制社会における従僕と主人それぞれの階級内の秩序の類似性に注目する。

「貴族制の諸国民の下では、従僕は主人の階級と変わらぬ固有の階級を形成している。いずれそこに固定した序列が生まれ、後者に劣らず前者の中にもやがて一つの階層秩序が姿を現し、集団はさまざまに分化し、順位がはっきりする。その中で世代は交代しても、占める位置は変わらない。二つの社会は重なり合い、常に区別ははっきりしているが、類似の原理が両者を貫いている(18)」

具体的には、

「主人の社会と同じように従僕の社会でも、人々は相互に大きな影響を与え合う。彼らは不変の規則を承認し、法律がないところでは、世論が彼らを導く。そこに規律ある習慣が行き渡り、一つの秩序が成り立つ。

服従が定めであるこの人々は、たしかに、栄光と美徳、誠実と名誉について主人と同じ理解はしない。だが彼らは彼らなりに従僕としての栄光と美徳と誠実を考えており、もしそういう表現が可能ならば、従者の名誉とも言うべき観念をいだいている(19)」

ここで語られている貴族と従僕の具体的なイメージは、現代日本に住むわれわれには容易には想像できないかもしれない。トクヴィルの言う「従僕としての栄光と美徳と誠実」がどのようなものかを実感することは難しい。筆者が具体的イメージを持ったのは、カズオ・イシグロ『日の名残り』を読んだときであった。

ダーリントン卿の執事（butler）スティーブンスは、主人を心から敬愛している。対独融和主義者のダーリントン卿は、善意から、屋敷内での英・独・仏の融和の秘密会議に奔走するが、ナチス・ドイツの対イギリス工作に巻き込まれ、失意のうちに亡くなる。『日の名残り』は、ダーリントンの屋敷を買い取ったアメリカの富豪からスティーブンスが小旅行の休暇を与えられるところから回想として始まる。その中に、イギリスの執事のメンタリティーと日常がさりげなく描かれている。

バトラーは英国の家事使用人の高位の職種である。主人の身の回りの世話、食器や酒類の管理だけでなく配下の使用人の管理監督を行う。使用人の採用と解雇の権限と責任も与えられている。『日の名残り』の映画（ジェームズ・アイボリー監督）では、アンソニー・ホプキンス演ずるスティーブンスの服装は主人と見分けのつかないような私服である。

ちなみに、ジョウゼフ・ロージー監督のイギリス映画『召使』（一九六三）で、ダーク・ボガード扮する召使バレットも、黒いコートに帽子を被り、こうもり傘を携えて登場する。完全なジェントルマンのいでたちである。映画を観る者は、彼こそ主人なのかと思ってしまうが、実は召使役の主人公なのである。

執事に関してもうひとつ興味深い点は、『日の名残り』のスティーブンスがそうであったように、執事は原則独身であるということだ。彼がダーリントン屋敷に勤務していた間同じ使用人（女中頭）のミス・ケントンとの相互の想いにスティーブンスは気付いていたが、二人の愛は成就しない。そこには自分の生活よりも、主人の生活を優先させるという気持ちが働いていたからではないか。

「どんな下層の階級でも、その先頭に立ち、しかも、その階級から出るつもりのないものは一個の貴族的地位にあるのであって、この地位が彼に高尚な感情を吹き込み、誇り高い矜持と自尊心をいだかせる。これらが彼を偉大な徳に相応しい人間にし、滅多に見られぬ行動をとらせる」(20)というトクヴィルの言葉は、貴族社会における階級と気品の本質を示している。

つまり、ダーリントン卿と執事のスティーブンスは、財産と教育、意見と権利において上下に完全に分断されている。従僕は従属的な位置にあって、そこから脱することができない。傍らには、失うことのない優位にある別の人間がいる。一方は永遠に無名で貧しく、人に従い、他方は恒久的に名誉と富につつまれて人を率いる。にもかかわらず、この二人の異なる境遇をトクヴィルは、「長期にわたる共通の記憶で結ばれ、どんなに異なっていても、二人は溶け合っている」(21)と見る。時の経過が二人をひとつに結びつけるのである。

デモクラシーにおける契約関係

これに対して、デモクラシーにおいては主従の関係はどうなるのか。主人と従僕は、本来ほとんど違いのない人間であるのに、いつまで経っても他人同士である。トクヴィルは次のように言う。

「境遇がほとんど平等であるとき、人々の地位は絶えず変化する。召使の階級と主人の階級はなお存在するが、その構成員はいつも同じ個人ではなく、とりわけ同じ家系ではない。命令する側にも従属する側にも、恒久的なものはもはや何もない。

従僕が彼らだけで別個の一国民をつくっているわけではないから、彼らに固有の習慣、偏見、習俗はもはやない。彼らのうちに特別の気質や固有の感性は認められない。身分に固有の悪徳も美徳もなく、知識と思想と感情、そして美徳も悪徳もすべて同時代の人と同じものを共有する。誠実なものも恥知らずなものもあるが、それは主人たちも同様である。

境遇は主人たちの間に劣らず従僕の間でも平等である[22]」

さらにトクヴィルは、「合衆国で私は一流の従僕という観念を思い起こさせるものに会ったことがない[23]」と言う。この「一流の」という修飾語が大事である。アメリカにも従僕はもちろんいる。しかし彼らは従僕の社会の伝統も文化も持ち合わせない使用人にすぎない。そこには何がしかの力量が評価され、従僕の社会の中の位階秩序の梯子を昇進していくというシステムもない。が、ヨーロッパでは、その位階秩序を極めたものが持ち合わせる文化と伝統の記憶がまだ消えていない。だがアメリカでは上位の従僕、下位の従僕、いずれの痕跡も消えているとトクヴィルは見るのだ。というのは、「従僕には主人になる可能性がいつでもあり、またそうなることをいつも願っている。従僕はだから主人と別の人間ではない」からなのだ。

では前者が命令権を持つ理由はどこにあり、後者を従わせるものは何か、と問うて、トクヴィルは次のように答える。

「両者の自由な意志が一時的に一致するからである。二人のどちらかが生まれつき下位にあるわけではなく、契約の結果一時的にそうなるに過ぎない。契約の範囲において、一方は従僕であり、他方は主人だが、その外では、二人の市民、二人の人間である」(24)

ここで用いられている「契約」という言葉は信約(原文では contrat)であり、英訳版(例えば Henry Reeve Text)では covenant という言葉が用いられている。

イギリスの法律書では近年まで、master と servant という言葉を工場労働者、事務職員、医師、大学教員などの雇用関係文書で用いていたようだ。問いとして生まれるのは、こうした雇用の契約関係が、その当事者の間に支配と服従の関係を生み出すのはなぜか、契約に基づいて雇い主が命令を下し、契約に基づいて労働者が命令に服従する事態をどのように説明すればよいのか、とうことである。

この問いに関しては、森建資『雇用関係の生成』（木鐸社、一九八八年）が入念なる優れた歴史分析を行っているので、同書に譲りたい。

マスターとサーバントのパラドックス

デモクラシーにあって、富貴の差、命令と服従の関係が偶然二人の人間の間に大きな距離をおいたとしても、「事物の通常の秩序に基礎をおく世論が両者を共通の水準に近づけ、二人の境遇に実際ある不平等にもかかわらず、一種の想像上の平等を両者の間につくり出す」[25]のだ。

この世論が、平等を保障し、人々を「誰であることもでき、誰でもない」という「互換可能な平等な人間を生み出している。順応主義（コンフォルミズム）の最も大きな力の源泉は世論なのである。この世論の力は強大だ。これと戦う方が利益になるような人々の心にまで浸透し、闘争意欲を萎えさせるのだ。彼らの意志を挫くとともに、その判断を変えてしまう。マスターとサーバントはお互いの間に根本的な相違を認めず、違いに気付くのを怖れもしないほどに、心の奥底まで浸透するのだ。

「主人は契約に自分の権力の唯一の起源があると考え、従僕はそこに服従の唯一の根拠を見出す。相互の位置関係について二人の間に争いはなく、どちらも自分の立場を容易にわきまえ、これを守る(26)」

ここに、一見奇妙なパラドックスが存在する。貴族制にあっては、従僕と主人は互いの姿を遠くから見ているにすぎないのに、両者は通常固く結びついている。他方、デモクラシーにあっては、従僕と主人はすぐ近くにいて、身体は終始触れ合うが、心は決してひとつにならない。共通の仕事に携わりながら、共通の利害を持つことはまずほとんどない。

「貴族制の諸国民においては、奉公人の身分にあるからといって少しも卑しい心をもたずに奉公するものがしばしば見られる。彼らはそれ以外の身分を知らず、想像できないからであり、また自分たちと主人との間に見られる驚くべき不平等も、彼らには何か神の隠された法の必然にして不可避な帰結のように思われるからである。

デモクラシーの下で、奉公人の地位になんら卑しむべきところがないのは、それが自由な意思で選んだ一時の選択だからであり、世論の非難もなければ、主従の間にいかなる恒久的な不平等もつくり出さないからである(27)」

確かに、デモクラシーの下では、主人は従僕に契約（contrat）の厳格な履行以外のものを求めないし、献身的であれ、自分を尊敬せよ、とも言わない。主人にとって従僕は几帳面で誠実であれば十分なのである。

主人と従僕の関係を、これまで順応主義（コンフォルミズム）との関係で論じてきた。同じような契約で人と人が結ばれるとき、社会関係が画一化し、そこに現れるのは、「誰であることもでき、誰でもない」という「互換可能な」平等な人間である。この平等な人間が生み出す「コンフォルミズム」の力の源泉が、世論なのである。こうしたデモクラシーの様相を、トクヴィルは次のように見透かし警告する。

「常に疑い合って敵対する二つの力の秘かな暗闘がそこで不断に続けられる。主人は敵意を含みつつも穏やかに振舞い、従僕は敵意は同様で従順でない。前者は不実な口実のもとに従僕を保護し褒賞する義務を逃れようとし、後者は服従義務を免れようとする。両者の間で家政の手綱は浮遊し、両方がこれを手にしようと躍起になる。暴政から権威を分かち、放縦から自由を、そして事実から権利を区別する境界線がどちらの目にも錯綜混乱して見え、自分が何者で、何を為し得、何を為すべきか、誰も正確に知らない。

このような状態は民主的ではなく、革命的な状態である[28]」

注

(1) トクヴィル、第二巻(上)、十七頁。
(2) トクヴィル、第二巻(上)、二〇頁。
(3) トクヴィル、第二巻(下)、九六～一一九頁。
(4) トクヴィル、第二巻(下)、九八頁。
(5) トクヴィル、第二巻(下)、一一六～一一七頁。
(6) トクヴィル、第二巻(下)、一一八～一一九頁。
(7) オルテガ・イ・ガセット『大衆の反逆』(神吉敬三訳)角川文庫、一九六七年、八～九頁。
(8) オルテガ・イ・ガセット『大衆の反逆』十四～十五頁、傍点は引用元による。
(9) プラトン『国家』(下)(藤沢令夫訳)岩波文庫、第八巻第十章。
(10) プラトン『国家』(下)二〇〇頁。
(11) プラトン『国家』(下)二〇〇頁。
(12) プラトン『国家』(下)二〇二頁。
(13) プラトン『国家』(下)二〇六頁。
(14) プラトン『国家』(下)二〇六～二〇七頁。
(15) プラトン『国家』(下)二三二頁。
(16) プラトン『国家』(下)二一九頁。
(17) プラトン『国家』(下)二一九頁。
(18) トクヴィル、第二巻(下)、三八頁。
(19) トクヴィル、第二巻(下)、三八～三九頁。

(20) トクヴィル、第二巻（下）、三九頁。
(21) トクヴィル、第二巻（下）、四一頁。
(22) トクヴィル、第二巻（下）、四三頁、傍点は筆者による。
(23) トクヴィル、第二巻（下）、四四頁。
(24) トクヴィル、第二巻（下）、四四頁。
(25) トクヴィル、第二巻（下）、四五頁。
(26) トクヴィル、第二巻（下）、四五〜四六頁。
(27) トクヴィル、第二巻（下）、四九〜五〇頁。
(28) トクヴィル、第二巻（下）、五〇〜五一頁。

第10章　学問・文学・芸術への影響

デモクラシーと、それが推し進める産業化は、社会の文化的側面にいかなる影響を及ぼすのか。トクヴィルはこの問いを正面から理論的に考えた最初の社会科学者であった。平等化が行き渡った社会では一般に、学問、文学、芸術は振るわなくなるのか。アメリカ人は応用と実践の科学に優れ、純粋理論や抽象的な思考にそれほど抜きん出ていないと言われるのはなぜか。こうした問いをトクヴィルは『アメリカのデモクラシー』第二巻第一部第九章から総計十章余りにわたって論じている。

「民主的なもの」と
「アメリカ的なもの」

注意を要するのは、第九章「アメリカ人の実例は民主的国民が、学問、文学、芸術への適性を欠き、その趣味を持たない証明にならないのはどうしてか」の冒頭で、「今日の文明諸国の人民の中で、合衆国ほど高度な学問が発展せず、偉大な芸術家、優れた詩人、著名な作家を輩出することの少ない国はあまりない。」と述べた後、しかしこの問題を考えるとき、「民主的なもの」と「アメリカ的なもの」とを混同してはならないとことわっている点である。

　アメリカでは、知識を備えた人々が広大な土地に出会い、それらを沃野へと転じ、その過程で財産形成欲をふくらませていった。したがって金銭欲が旺盛で、その精神は「一時たりとも想像を広げる楽しさや知性の働きに惹かれず、ひたすら富の追求に向かう」という特性を持つデモクラシー国家なのである[1]。その点に留意しつつ、ここではまずデモクラシーと学問との関係について考えよう。

　トクヴィルの時代から一〇〇年以上たって、多くの分野（特に自然科学・工学など）においてアメリカの研究者は世界の学問研究をリードした。この傾向が著しくなるのは第二次大戦後である。この点をどう考えればよいのだろうか。「アメリカとヨーロッパを切り離す考えには賛成できない」とトクヴィルが言う点に注目したい。

　アメリカ人は常に富の追求に熱心で、精神は一時たりとも想像を広げる楽しさや知性の働きに惹かれることはない、というトクヴィルの言葉を先に引用した。アメリカではすべての人が皆同じように商工業に従事している。しかしこのことは、「理論を育てずして長期にわたる学問の実用の発展はなしえないこと」「よりよい成果を収めるために時には目先の目標を離れる必要があること」に気付かない国民であることを意味するわけではない。むしろアメリカの特殊な点は、「彼らの起源はまったく清教徒的であり、習慣は商売一辺倒、住んでいる土地そのものが学問、文学、芸術の研究から彼らの知的関心をそらせている。ヨーロッパと隣り合っていることが、これらを研究せずとも野蛮に帰らずにすむことを彼らに許している」のだとトクヴィルは言う。(2) この指摘は、先に触れた「民主的なもの」と「アメリカ的なもの」を区別するという点で重要だ。「ヨーロッパと隣り合っていること」の具体的な意味合いを、筆者が半世紀余り向きあってきた経済学の分野を例に考えてみよう。(3)

ヨーロッパの人材、アメリカという舞台

戦後アメリカの経済学を発展させた独創的な研究者のキャリアや教育のバックグラウンドには、ひとつの際立った特徴がある。ヨーロッパ（イギリスを含む）で大学・大学院教育を受けた研究者が多いということだ。つまりヨーロッパで高等教育までを終えてから、「自由を求めて」アメリカ大陸へと渡り、米国のアカデミアの舞台で優れた研究成果を挙げるというケースが目立つ。一九二〇、三〇年代に両親が（ヨーロッパにおけるユダヤ人迫害もあって）アメリカへ移民した世代、あるいは生まれはヨーロッパであるが教育はすべてアメリカというケースも少なくないが、ヨーロッパで独立した研究者となった段階で（修士号や博士号などの二つ目の学位〔second degree〕を取ってから）アメリカの大学や高等研究機関に入った「ヨーロッパ出身の研究者」の多さと、その優れた研究内容は際立っている。

それぞれの専門領域でパイオニア的な仕事をしたノーベル経済学者としては（カッコ内は出身国）、R・コース（イギリス）、G・ドブルー（フランス）、T・クープマンス（オランダ）、W・レオンティエフ（ロシア）、S・クズネッツ（ロシア）、F・モディリアニ（イタリア）などがおり、アメリカが広くヨーロッパ各国から頭脳を吸収したことがわかる。ノーベル賞にとらわれることなく、地味であるが優れた研究を行った経済学者を数え上げると、G・ハーバラー（オーストリア）、E・ドーマー（現ポーランド領のロシア——満州）、T・チトフスキー（ハンガリー）、R・マスグレーブ（ドイツ）、F・ハーン（ドイツ、ただし英国に移住）、O・モルゲンシュテルン（ドイツ—オーストリア）、R・トリフィン（ベルギー）、A・ラーナー（ロシア）、N・ジョルジュスク＝レーゲン（ルーマニア）、N・カルドア（ハンガリー、ただし英国に移住）、A・ハーシュマン（ドイツ）と、そのリストは延々と続く。経済学に関心がない読者には退屈な名前の羅列であろうが、筆者はこのリストを作りながら改めて驚いたものである。

アメリカが、F・ナイト、K・アロー、J・トービン、R・ソローなどの「純国産」の優れた経済学者も生み出していることは確かだ。しかしそれはヨーロッパとて同様である。特にイギリス、フランス、スウェーデン、オーストリアなどは独自の研究蓄積を持つ分野の経済学の伝統を保持してきた。第一回ノーベル賞に輝いたR・フリッシュ（ノルウェー）とN・ティンバーゲン（オランダ）をはじめ、J・コルナイ（ハンガリー）、E・マランボー（フランス）、L・フォン・ミーゼス（オーストリア）、F・フォン・ハイエク（オーストリア）、B・オリーン（スウェーデン）とその名は枚挙にいとまがない。

ここで強調したいのは、二十世紀後半のアメリカ経済学の黄金時代は、ヨーロッパから渡って来た人材がその基礎を築いたということである。ヨーロッパの学問と教育が、アメリカ大陸で十分な養分を吸収したあと花開いたのである。と同時に、イギリスの古典派経済学の伝統、フランスの公共経済学、スウェーデンの期待理論、オーストリアの市場理論が、アメリカで修正と改造を受けて経済学の共有財産となったのである。

こうした事実から何が言えるのか。ロシアを含むヨーロッパの中の反ユダヤ主義が彼らをアメリカへと亡命させたからだと言うこともできよう。あるいはヨーロッパの教育こそが独創性の生みの親なのだと主張することもできる。ひとつ確かなことは、トクヴィルが言うように、ヨーロッパと隣り合っていることがアメリカ人の知的関心を学問・文学・芸術の分野からそらすことがなかったということであろう。

ヨーロッパで鍛えられた知性が、アメリカの社会科学にもたらした革新は、数量化による分析方法の厳密化、精緻化、そして経済学の分析手法の他分野への適用ではなかろうか。後者について、トクヴィルの推論と重ね合わせつつ説明を加えておこう。

明している。

経済理論の応用学の普及　第十章「アメリカ人はなぜ理論より学問の実用にこだわるのか」においてトクヴィルは、アメリカ人が応用と実用の学に強い関心を示す理由を次のように説

「平等は人間一人一人の心の中にすべてのものごとを自分で判断しようとする意欲を育てる。万事に触知しうるもの、実在するものを好み、伝統と形式を軽んずる考えを植えつける。（中略）民主的国民にあって学問に携わる人々は空想に陥ることをいつも恐れる。彼らは体系を疑い、事実に密着して自分の目でこれを研究しようとする」(4)

したがって彼らは大家の言葉を鵜呑みにする気には決してならず、学問的伝統は彼らの上にはほとんど力を持たない。学問はより自由で、より着実なものとなるが、「高踏的ではなくなる」として、トクヴィルは学問をその精神によって次の三種に分類した(5)。

①理論的諸原理、抽象的な諸観念を有し、応用や実用からは程遠いもの
②純粋理論と結びついているが、実用につながるような一般的な真理から構成されているもの
③応用の仕方と実施の方法

この中で、②と③においてアメリカ人は優れているが、①の本質的に理論的、抽象的な部門の研究に打ち込む人はほとんどいない、それは民主制社会が貴族社会とは異なり、①の部門の学問に不可欠な、時間をかけた静かで深い思索に適さないからだとトクヴィルは言う。

アメリカでは、理論を応用する形態として、ひとつの分野の手法を他分野へ持ち込み、実用性を高めようとする傾向が強い。その例を経済学の概念と分析手法が政治学や法律学に応用されるケースについて見てみよう。

経済学から政治学への適用

経済学の考え方や分析手法が、伝統的な学問分類では別と考えられてきた分野で用いられるようになったのも、二十世紀のアメリカ社会科学の大きな特徴であろう。ひとつには、経済学には価格、数量、GDP、利子率をはじめとして量化しうる概念が多いため、概念を変数で表現してモデルを組んで解析するという手法が適用しやすかったという事情がある。このモデル分析という手法を徹底的に導入することによって、二十世紀の経済学はその実用性を飛躍的に高めた。その経済学の分析手法が、隣接する他の社会科学の分野にも及んだのである。二つ例を挙げよう。

第一は、経済学的なモデル分析の政治学への援用である。この分野の開拓者のひとりA・ダウンズの *An Economic Theory of Democracy.* における分析の大前提は、「政党の行動は、社会全体にとって『善きことの実現』ではなく、政治家の得票数を最大化するという目的によって動機付けられている」というところにあった。[6] いかにも経済学では馴染み深い「制約つき極大化」問題に馴染みやすい発想である。「利己的」な投票者は、候補者や選挙公約の内容に関する情報を獲得するコストを考慮しながら行動すると仮定すると、民主制下の政党政治で観察される事実(例えば多党体制が二大政党へ収斂すること、投票率が低下することなど)が明快に説明できるようになる。こうした論考は、「共同善の実現」「最高のモラルとしての政治」「善き生をもたらす哲人政治」といった古典的な政治思想からの乖離を意味したことは言うまでもない。

このようにダウンズの著書は、経済理論を政治理論へと形式的に読みかえる構造を持っている。つまり最も早い時期に、経済学の政治学への影響がはっきりと現れたケースと考えられよう。「公共選択の理論」は、規範分析が中心となるため、ダウンズの方法をそのまま継承するものではないが、J・ブキャナンやG・タロックの発想と理論展開がダウンズから強い影響を受けたことは否定できないだろう。

法学への適用

二つ目の例は、経済学の法学への接近である。中世以来、公正価格や利子徴収の問題分析は教会法や市民法の世界に属していたことを考えれば、この接近はそれほど驚くことではないかもしれない。しかしここで例示する近年の動きは、基本的に(中世とは異なり)経済学が法学へ応用されたケースと考えられる。一般には、「法と経済」あるいは「法の経済分析」と呼ばれる分野である。その発展には、R・コースが一九六〇年に発表した論文、

"The Problem of Social Cost" が大きく寄与している(7)。

コースの論文は、ピグーが『厚生経済学』の中で展開した「外部性」の議論への挑戦を意図するものであった。蒸気機関車や工場からの煤煙によって農作物や民家が大きな被害を受けるといった問題は、はたして政府介入を正当化するような「市場の失敗」なのか、という問いに対して、コースは概略次のような答えを導き出した。

資源への所有権が確定しており、各経済主体が取引費用なしで互いに交渉できれば、こうした「公害」の費用は自発的取引で被害者から汚染者へとシフトしうる。さらに、国民所得の価値額や構成はこの自発的取引によって影響を受けないこと、取引費用が仮に大きくても、「市場の失敗」よりも政府介入による「政府の失敗」の方が大きくなるケースも起こりうることを示したのである。コースの分析は、後の「所有権の経済分析」や「法の経済学」を飛躍的に発展させることになる。

パスカルのような研究者は出るか

以上の応用と実用の例は、「諸学の高尚な部分」を研究するための思索から生まれ出たものではない。あくまで現実への実用性という問題関心から出たものなのである。トクヴィルは、「フランス人が精密科学において突如あの驚くべき進歩を示したのは、まさに古い封建社会の残滓を破壊し終えたそのときであったが、このように豊かな成果が突然生まれた原因はデモクラシーに求めるべきでなく、その発展に付随した前例のない革命に帰さねばならない(8)」とする。

というのは、「民主的な社会状態と諸制度はたいていの人々を不断の行動に駆り立てる。そして行動に適する精神習慣が常に思考に適するとは限らない。行動する人間はしばしばおおよそのところで満足せざるを得ない。（中略）ほとんどすべての人が行動する世紀には、だから人は一般に早い頭の回転と皮相な思いつきを過大に評価しがちであり、深遠で時間のかかる精神活動は逆に極度に軽視される(9)」と考えるからだ。

トクヴィルは、利己的な動機、すなわち金儲けや仕事のために知的発見への意欲を燃やすものと、少数の人間の心の中に燃える真理への私心無き情熱とを混同してはならないという。「知識を利用しようとする欲求」と「認識への純粋な欲求」とを区別せよというのだ。後者の例として彼はパスカルを挙げる。パスカルが、利益や栄誉を望んでいるだけであれば、「知力の限りを尽くして造物主の最奥の秘密を明らかにしえたとは、私には信じられない(10)」と言う。そして次のような心を揺さぶるような言葉を続けるのだ。

「彼（パスカル——筆者注）がこうした研究に専心すべく自分の魂をいわば現世の雑事から切り離し、魂を肉体につなぐ絆をあまりにも早く断ち切ったがために、四十歳を出でずして老いさらばえて死んでしまったことを思うとき、私は愕然とし、尋常な原因がこれほどに異常な努力を生むはずのないことを理解する」[11]

ヨーロッパ人でもアメリカ人でも、知性の本質は変わりがないとトクヴィルは考えている。知性は外的条件や体制によってその現れ方を異にするのだ、「人間精神は一方で有限なもの、物質的なもの、役に立つものに傾くのは事実だとしても、他方で、無限のもの、精神的なもの、美しいものを求めて立ち上がるのもその本性だからである」[12]。この本質は変わらないから、民主的な社会状態や制度ゆえに、人間精神が自らを照らす光が次第に消えていき闇の中に落ちていくということはない。精神の快楽を好む気持ちは教養ある人間の心に自然に備わっているからだ。それがひとたび意識されれば、人間の知的欲求は満たされずにはおられない。ただ民主制という忙しい人間を生み出すシステムが、「学問の貴族的な目標」を見失わせているだけなのだとトクヴィルは信ずるのである。

トクヴィルの第十章の言葉、「貴族制の世紀に人が学問にとりわけ求めるのは精神の満足だが、デモクラシーにあっては肉体の満足である」[13]には、単なるレトリック以上の真実が含まれている。境遇の恒常的な「不平等」は、抽象的な真理を求める実りの少ない研究に人を閉じこもらせ、境遇の「平等化」は学問に直接役に立つ応用だけを求める態度に人を向かわしめるというのが、トクヴィルの結論と見てよいだろう。

芸術も、学問の場合と似ている

トクヴィルが「合衆国ほど高度な学問が発展せず、偉大な芸術家、優れた詩人、著名な作家を輩出することの少ない国はあまりない」と断言口調で語ったあと、しかし「アメリカ的なもの」と「民主的なもの」を区別しなければならない、と述べた意味について筆者の解釈を加えた。取り上げたのは学問、特に経済学の分野に関する実情であった。

学問に続いてトクヴィルは『アメリカのデモクラシー』第二巻第一部第十一章「アメリカ人はいかなる精神のもとに芸術を育てるか」において、民主的な国家における芸術の運命を論じている。

広大な土地に散らばったアメリカ人は、金銭欲を旺盛にして財産形成にエネルギーを注いできた。その精神が「一時たりとも想像を広げる楽しさや知性の働きに惹かれず、ひたすら富の追求に向かう」[14]のであれば、「想像力の翼」が不可欠な芸術の分野には何が起こるのであろうか。ここでも、学問の世界と似た現象が観察できる。芸術の分野から映画について、多少の観察を記しておきたい。

ヨーロッパの反ユダヤ主義や全体主義が、芸術の分野でも多くの才能をアメリカへと亡命させたという事実は学問の場合と似ている。ヨーロッパの教育が、アメリカの芸術分野の独創性や豊かな感性の生みの親なのだと言えそうだ。トクヴィルが洞察したように、ヨーロッパと隣り合っ

ているこ とが、アメリカ人の知的関心と鋭い感性を芸術においても逸らすことがなかったのであろう。「ヨーロッパと隣り合っていることが、これらを研究せずとも野蛮に帰らずにすむことを彼らに許している」[15]という点が芸術の分野にも当てはまるのだ。

映画監督はどこから来たか

映画と米国のデモクラシーの関係を論ずるとき、ここでは二つの点に注目したい。ひとつは米国映画の監督は人材としてどこから供給されたのかという問題、いまひとつは、映画という芸術分野の発展とデモクラシーというレジームとの関係である。

前者から見ていこう。サイレント時代から一九六〇年代までの映画を抽出し、さらに筆者の記憶に残る映画を加え、これらの映画の監督の出身国を調べてみる。[16]『国民の創生』『イントレランス』『散り行く花』などの名作を世に送り、「アメリカ映画の父」と呼ばれたD・W・グリフィスはアメリカ生まれである。したがってアメリカ映画のいわば「嚆矢」はアメリカ生まれのアメリカ人によって放たれたと言ってよい。しかしその後のアメリカ映画の「巨匠」と呼ばれる監督は、一九六〇年代に至るまで、ヨーロッパの出身者が驚くほど多い。記憶に残るようなアメリカ映画を調べると、その監督のほとんどがヨーロッパで生まれ、アメリカの映画界に入って優れた作品を撮ったことがわかる。

時代順に思い出深い作品の監督を思い起こすと、（先に示した経済学の場合同様）ヨーロッパ出身者の多さに改めて驚く。第一次世界大戦が終わり、ハリウッドが映画産業（この時期はまだサイレント）の世界最大の供給基地となったころの代表的な監督と言えばセシル・B・デミル（『男性と女性』『十戒』など）であろう。彼はアメリカ市民に好まれそうな華美なもの、「ゆるい倫理感覚」を許容するような作品で、グリフィス以後のアメリカ映画界を盛り上げた名監督と言われる。

しかし第一次世界大戦後のハリウッドには、ヨーロッパ社会の疲弊をそのまま映し出す変化が現れ始める。ヨーロッパから幾多の優れた監督がアメリカで映画を撮るようになったことだ。例えば、モーリス・トゥルヌール（『モヒカン族の最後』）はフランスから、『キッド』や『巴里の女性』で成功を収めたチャールズ・チャップリンは英国から、『愚かなる妻』『グリード』のエーリッヒ・フォン・シュトロハイムはオーストリアからアメリカに渡った映画人であった。

また、第一次世界大戦で甚大な打撃を受けたドイツの映画界からも、著名な大監督エルンスト・ルービッチュがハリウッドに渡り、ウォーナー・ブラザースで『結婚哲学』を撮っている。さらに『救ひを求める人々』、『暗黒街』で高い評価を受けたジョゼフ・フォン・スタンバーグはウィーンから家族とともにアメリカへ移民した。F・W・ムルナウもドイツでサイレント映画監督としての地位を確立したあと、ハリウッドに移って『サンライズ』などの名作を残した。

一九二七年ごろから映画はサイレントからトーキーの時代に移る。そうした制作技術の転換によって、映画という芸術における表現力の可能性が高まったということもあろう。ヨーロッパから米国映画界への人材の流入はさらに続く。『風』のヴィクトール・シェーストレーム監督はスウェーデン出身、『喝采』『市街』のルーベン・マムーリアンはグルジュア生まれ、『西部戦線異状なし』『犯罪都市』を撮ったリュイス・マイルストーンはロシア（モルドヴァ）生まれ、『グランド・ホテル』のエドマンド・グールディングは英国出身である。

さらに若い世代でも馴染みのある戦後の米国映画産業を支えた監督の中で、ヨーロッパ文化を背景とする名監督の名を羅列すると以下のようになる。F・キャプラ（シシリー生まれ）、ウィリアム・ワイラー（フランス・アルザス生まれ）、フリッツ・ラング（オーストリア出身）、アルフレッド・ヒッチコック（英国）、マイクル・カーティス（ハンガリー生まれ）、ビリー・ワイルダー（オーストリア＝ハンガリー生まれ）、エリア・カザン（オスマントルコ帝国）、オットー・プレミンジャー（ウクライナ）、そしてフレッド・ジンネマン（オーストリア）と錚々たる名が続く。

もちろん、ジョン・フォード、ジョン・ヒューストン、オーソン・ウェルズ、ジョージ・キューカー（アメリカ生まれであるが、ハンガリー系のユダヤ人）など、「アメリカ国産」の名監督もいる。スタンリー・キューブリックのように、アメリカ生まれであるが、英国に移住するという逆コースを取った監督もいる。しかし彼らといえども、家庭環境から父母の出身国（ハンガリー、アイルランド等々）の雰囲気が深く染み込んだ映画を作ったと感じさせるところがある。したがって全体として見ると、ハリウッド映画の古典とも呼びうる名作は、ヨーロッパ出身者によって生み出されたと言っても過言ではない。

二十世紀、芸術的なアメリカ映画が隆盛を極めた供給側の要因として、映画という分野が巨大な資金力と技術力を必要としたという点を無視することはできない。豊かなアメリカであったればこそ、長い構想・準備・撮影の期間と高度の制作技術を駆使する映画が産業として発展できた。「巨大スペクタクル」と呼ばれる作品の場合には、特に巨額の資金を必要としたことは言うまでもない。

しかし需要側の要因も無視することはできない。巨額の資金を投資しても、興行成績が良くなければ投資資金を回収することはできない。したがって期待される興行収入に見通しが立たない限り、制作にゴー・サインは出ない。その興行収入を規定する最重要ファクターは「観客動員数」だ。どれほどの観客が映画館に足を運ぶかが決定的に重要になる。正に「数は力」というデモクラシーの原則が、この芸術の「成功と不成功」を分かつのである。映画は、多数の人間（観客）を暗い部屋に閉じ込め、彼らを激しい喜怒哀楽の世界に「同時に」投げ込むことができるのである。映画は「複製技術」に依拠する芸術であるため、上映は、観客が入る限り何度も回を重ねることができる。実際、先に挙げた監督たちが作った名画は多くの観客の魂を揺さぶり、そのコピーが市場に多く出回り、現在でもそうした古典的な作品はＤＶＤの形で手に入れることができる。

なぜ映画産業はアメリカで栄えたか

映画という「複製芸術」はなぜ、デモクラシーの国、米国で特に栄えたのか。そのヒントとなるような指摘をトクヴィルは、第十九章「民主的諸国民の演劇についての若干の考察」において行っている。トクヴィルは言う。

「デモクラシーにあっては、観客は戯曲の上演に耳を傾けても、決してそれを読みはしない。舞台の演技に目を凝らす人々の多くはそこに精神の悦びを求めているのではなく、激しい興奮を覚えたいのである。彼らはそこに文学作品を期待しているのではなく、見世物を見たいのである(17)」

この文章の「戯曲」を「映画」に置き換えると、人々が映画に何を求めているのかが見えてくる。「映画」と「文学」は楽しむ側に全く別種の悦びを与える芸術なのである。

文学の名作を映画化したものには駄作が多い

映画と文学という二つの芸術のジャンルを比べた場合、次のような違いと傾向に気付く。名作と呼ばれる文学作品を映画化したものに一級品は少ないということだ。文字と映像という異なる表現のメディアでは人間精神に訴える形に根本的な違いがあるからだろう。したがって、書物（文学）は書物（文学）として評価されれば十分であって、それを映画という別のジャンルに置き換えることの意味は特にない。

文学の名作を映画化したものが、元の文学（書物）を凌駕することが万が一あり得ても、それは原作ゆえに成功したということではない。概して、そうした「成功」はほとんどないように思う。筆者も学生時代、F・カフカの『審判』がオーソン・ウェルズによって映画化されたのを観て、いたく失望した想い出がある。『罪と罰』しかり、『魔の山』しかり、そして『楢山節考』、と枚挙にいとまがない。

逆に、感激した映画の原作が、書物としてすばらしいというケースも多くはない。似たような現象は音楽の世界でも起こっている。言葉と音楽が重なり合う芸術である歌曲やオペラを思い起こせばよい。モーツァルトの傑作オペラの原作と台本には、荒唐無稽なものが多い。シューベルトやシューマン、ブラームスの歌曲には、時にはゲーテやハイネの詩を歌詞とする傑作もあるが、概して名曲には、マイナーな詩人の作品を材料にしたものが目立つ。もちろん、シェイクスピアやシラーのドラマを台本にして名作オペラを書いたヴェルディのような例外もあるにはあるのだが。

このように考えると、活字で埋め尽くされた書物というのは不思議な存在だ。直接的な映像ではなく、本を読んで（文字を通して）心を動かされるというのはどういうことなのか。「読書」は受動的な行為と考えられがちだが、映像を観るより、はるかに積極的な行為のようだ。文字と自分との間には距離があり、著者が言葉で問いかけている事柄に、読み手として応えるという側面が必ずある。書物と読者の精神との間に成立する関係として、「想像による解釈」という作品への参与の（単なる感覚的な快楽ではなく）精神活動があるのだ。単なる記号にすぎない活字を追いながら、われわれ読者は自らの想像力を働かせて、これまで自らが意識しなかった世界を発見して楽しむのである。

そこへ映画という視覚的にあまりにも具体的な「現実」を突きつけられると、言葉の持つ「曖昧さ」によって喚起された自由な想像力の活動の場が失われてしまう。しばしば「原作はこんなものじゃなかった」と腹立たしく思うのは、自分の想像力を否定されたことへの怒りなのだ。人間は想像力によって幸せになれる。その意味では書物（文学）ほどわれわれの幸福に密接に関係した「物質」はないのではあるまいか。

デモクラシーと想像力

同時に多くの人々に感動や喜びを与える映画芸術（いわゆる「複製芸術」）がこのようにアメリカで発展した背景には、「ヨーロッパと隣り合っていること」が重要な役割を果たしていたと推測できる。こうした事情を考えると、デモクラシーの下で、芸術がいかなる運命をたどるのかについてのトクヴィルの「一般論」が、現代でも十分妥当することが理解できる。トクヴィルの諸論をたどっておこう。

デモクラシーと貴族制の下での、「職人の精神」にいかなる違いが生まれるのか、まずトクヴィルは民主的な国民について次のように言う。

「彼らは生活を美しく飾ることを目的とする芸術よりも生活を楽にするのに役立つ芸術を好んで育てるであろう。彼らは習性として美しいものより役に立つものを好み、美的なものが同時に有益であって欲しいと願う(18)」

特権の世紀、すなわち貴族制社会では、ほとんどすべての芸術作業は、それぞれの職業分野がひとつの団体を形成し、職業団体としての見識と誇りを持ち合わせていた。彼らの行動の基準は、自分の利益でも顧客の利益でもなく、団体の利益であったという。この点は、日本社会でいわゆる「画壇」や「文壇」の果たした機能と近いと考えられる。「文壇」や「画壇」は、近年の職業人の世界ではプラスの機能を果たしたとして語られることはなくなったが、それなりのプロの職業意識を醸成する機能はあったのではなかろうか。

さらにトクヴィルは続ける。

「団体の利益は職人一人一人が傑作をつくるところにある。貴族的な世紀には、芸術の目標はだからできる限りよいものをつくることであって、もっとも迅速にということでも、もっとも廉価にということでもない(19)」

「貴族制にあっては、職人はだから限られた数の、滅多に満足しない顧客のためだけに働く。

彼がどれだけの収入を期待するかはもっぱら製品の出来栄え次第である[20]」

デモクラシーの下では、こうした職業人の行動規範はどのように変わるのだろうか。

芸術の質の低下

「どんな職業も万人に開かれ、無数の人々が絶えずある職業に就いてはまた離れ、仕事仲間といってもさまざまで、数が多いために互いに見知らず、無関心で、ほとんど目に入ることもないとなると、社会のつながりが崩れて、労働者は皆一人きりになり、最小のコストで最大限の金を稼ぐことしか求めない。彼を抑制するものは消費者の意向だけである[21]」

デモクラシーにあっては、多くの人々が財産を増やしているが、その欲望は財産よりも急速に増大するから、手近なところで享楽をより早く味わう安易な近道はないかと探しまわるのだ。常に自分の力以上の欲望を持つ市民が無数におり、これらの人々は出来の悪いもので我慢することに同意はしても、欲しいものを諦めることは決してない、とトクヴィルは言う。そして金を儲けるには便利なやり方があることを知る。それは万人に安く売ることであり、そのために価値を引き下げるには二つのやり方しかないことに気付く。

第一は、技術そのものを改良することによって、より迅速でより巧妙な製法を導入することである。第二は、粗悪品をより大量に製造することである。民主的国民としての職人は、その知恵のすべてをこの二点に傾注する。しかしデモクラシーの社会で優れた作品がつくられることが無いわけではない。時間と労力に相応の報酬を支払う顧客が現れれば、優れた芸術品は誕生しうる。[22]

しかし、貴族制の時代に比べ、芸術愛好家の多くは比較的貧しくなる一方、それほど富裕ではないが人真似から美術品を好む人は増加する。芸術愛好家は数としては増大するが、往時の「大金持ちで趣味のよい消費者」は稀な存在になる。美術品の数は増えるが、個々の作品の質は低下するのである。

芸術における「理想」

人間はいかなる時代、いかなる政治体制の下でも、自分を立派に見せようと精魂を傾ける。それが自然な本性の一部なのである。もちろん民主制社会に生きる人間も例外ではない。しかしデモクラシーは、この性向を物質的な対象に向ける点に特徴がある。トクヴィルは言う。「美徳を装う偽善はいつの時代にもあるが、贅を装う虚飾は民主的な世紀に特有なものである」[23]と。

この点に関してトクヴィルは、第二巻第一部第十一章「アメリカ人はいかなる精神のもとに芸術を育てるか」の末尾で、次のような見事な例を示しながらデモクラシーの下での芸術の運命を見通している。

「芸術が魂を描くことを避け、肉体の描写に専念するように仕向け、感情と思想の表現を運動と感覚の表現におきかえ、ついには理想をおくべきところに現実をおくのである[24]」

そしてさらに次のような美しい対比で、同章を結んでいる。

「ラファエロが今日のデッサン画家のように人間の身体の細かい仕組みについて深く研究したとは思えない。ラファエロはこの点についての厳密性に彼らほど重きをおいていなかった。というのも、彼は自然を超えるつもりでいたからである。人間を人間以上の何かに描こうと欲し、美そのものをさらに美しくしようと試みたのである。

これに対して、ダヴィッドとその弟子たちはよい絵描きであると同時にすぐれた解剖学者であった。彼らは目の前にあるモデルを見事に再現したが、それを超えて何かを思い描くことは滅多になかった。彼らは正確に自然に従ったが、ラファエロはそれ以上のものを求めたのである。彼らはわれわれに人間の正確な肖像を残したが、ラファエロはその作品において神の姿を垣間見せてくれる[25]」

個々の職人がバラバラになって自分の作品を制作する時代と、自分たちが属する団体の名声と誇りを念頭に置きながら制作に励む貴族制の時代とでは、生み出される作品の質は（平均としてみれば）自ずと異なってくる。本章では、二十世紀のアメリカ映画界が、ヨーロッパに残っていた貴族気質の職人たちの手によって数々の名作を生み出したことを示した。と同時に、映画という「複製技術」が、デモクラシーの下での人々の悦楽に奉仕する代表的な芸術分野であることも示した。文字が生み出す想像力ではなく、直接的に「視覚」という感覚に訴える芸術はそれだけ人の心を動かしやすい。この「直接感覚に訴える」と言う要素が、デモクラシーと親和力を持つことをトクヴィルは強調したかったのであろう。

少なくとも一九六〇年代ごろまでのアメリカの映画芸術は、ヨーロッパから渡来した職人たちと、映画制作に必要とされる高度な「複製技術」が合体して生み出したデモクラシーの産物と言うことができよう。

注

（1）トクヴィル、第二巻（上）、六九頁。
（2）トクヴィル、第二巻（上）、七一頁。
（3）以下に示す経済学者の経歴は、Mark Blaug, *Great Ecomomists Since Keynes*, Wheatsheaf Books, 1985. のデータによる。
（4）トクヴィル、第二巻（上）、七七頁。

(5) トクヴィル、第二巻（上）、七八頁。
(6) Anthony Downs, *An Economic Theory of Democracy*, Harper & Row, 1957.（古田精司監訳『民主主義の経済理論』成文堂、一九八〇年。）
(7) R. H. Coase, "The Problem of Social Cost," *Journal of Law and Economics*, Vol. III, Oct. 1960, pp. 1-44.
(8) トクヴィル、第二巻（上）、八〇頁。
(9) トクヴィル、第二巻（上）、八〇～八一頁。
(10) トクヴィル、第二巻（上）、八二頁。
(11) トクヴィル、第二巻（上）、八二頁。
(12) トクヴィル、第二巻（上）、七四頁。
(13) トクヴィル、第二巻（上）、八四頁。
(14) トクヴィル、第二巻（上）、六九頁。
(15) トクヴィル、第二巻（上）、七一頁。
(16) 以下のデータは、『映画史上ベスト200シリーズ　アメリカ映画200』キネマ旬報社、一九八二年から引いた。
(17) トクヴィル、第二巻（上）、一四七～一四八頁。
(18) トクヴィル、第二巻（上）、八九頁。
(19) トクヴィル、第二巻（上）、九〇頁。
(20) トクヴィル、第二巻（上）、九一頁。
(21) トクヴィル、第二巻（上）、九〇頁。
(22) トクヴィル、第二巻（上）、九三頁。
(23) トクヴィル、第二巻（上）、九四頁。

(24) トクヴィル、第二巻（上）、九五～九六頁。
(25) トクヴィル、第二巻（上）、九六頁。

第11章　商業社会と尚武の精神

デモクラシーは尚武の精神を弱めるだろうか、弱めるとすればなぜなのか。この問題を考える前に、アダム・スミスの『グラスゴウ大学講義』を読んでおく必要がある。それは市場をベースとする商業社会が、体制（regime）としてデモクラシーによる統治と類似した性格の人間を生み出す可能性を論じているためだ。アダム・スミスがこの問題を取り上げたのは、英国の工業化が始まった時期であり、トクヴィルの議論に先立つこと七十年以上も前のことであった。スミスは商工業の発展が風習（manners）に及ぼす影響を論じ、トクヴィルは平等化の生み出す習俗（mœurs）が尚武の精神にどのような影響を及ぼすのかを考察した。トクヴィルの推論には、スミスの『国富論』第五編第一章第一節「軍事費について」を読んでいたことを十分うかがわせるような類似性が認められる。

スミスの指摘する市場社会の不都合

スミスは『グラスゴウ大学講義』第二部「治政について（続）(Of Police〔resumed〕)」第十七節「風習に対する商業の影響について」において、概略次のような議論を展開している。(1)

商工業の発展は、国民を誠実に、そして几帳面にするとまず指摘した後、オランダ人がその点で一番優れており、次いでイングランド人、そしてスコットランド人と続くと述べている。さらに遠方の、商工業が発展していないところへ行くと、この誠実で几帳面という性格は弱まるという。こうした違いは、決して「国民性」という曖昧な概念に帰せられるものではなく、商業がその性格上、「評判や信用を落とすこと」を恐れるため、商人にすべての約束を几帳面に守らせるようになるからだと考える。

しかしスミスは常に物事の両面を見ている。商業は人間を誠実、几帳面にはするが、「商業的精神から生ずる若干の不都合がある」として次の三点を挙げている。

まず第一に、商業精神は人々の視野を狭くするという。商業社会を成り立たせている根本的な原則は、「分業の浸透」である。多くの工程・段階からなる最終生産物の製造・流通・販売活動を、分業は単純な作業単位に分解する。分解によって単純化と専門化が生まれ、分業はひとつの作業に人間を局限し、心が他の対象に向けられることを妨げる傾向を生む。したがって商業社会で分業に従事する者は、商工業が未発達な社会の人間よりも一般に思考範囲が狭くなる。

第二の不都合は、分業によって成立する商業社会は、教育を等閑にすることだとスミスは言う。分業がすべての仕事を単純な作業に還元するため、幼少の子供も労働の場に投入される。分業が進んでいない社会では、教育費が低廉、かつ労働が単純な単位に分解・還元されていないため、労働の場に子供を投入しない。このスミスの議論は、学校制度が十分に確立していない時代を念頭に置いて解釈すべきであるが、商業社会が、子供の労働を使いやすくしているという点では現代にも通じる所がある。

またスミスは次のような興味深い点を指摘する。商業社会はあまりに幼少時から子供を働かせるから、子供は自分が父に利益を与えていることを意識し、父の権威を低く見るようになる。こうした要因が重なり、子供は長じて自らの慰めとなるような思想も持たず、仕事から離れると放蕩と酒色以外に何の楽しみも持たなくなるのだと。

商業のもうひとつの悪影響

第三の商業の悪影響として、商業が人類の勇気を沮喪させ、尚武の精神を消滅させる傾向にある点を次のように議論する(2)。商業社会では分業が限りなく進むため、各人の思考はひとつの特定物に向けられ、隣人の業務に通じることはほとんどなくなる。このことは軍務という仕事に関しても当てはまる。戦争をすることもまたひとつの職業として成立しているからだ。実際、国民全員に軍事技術を習得せしめるのには大きな不利益がある。したがって国防は、他に骨折を持たない（who have nothing else ado）一定階級の人々にゆだねられることになり、結果として民衆の間の軍事的勇気（military courage）が低下する。人々は彼等の心をいつも奢侈的技術に用いるので、「女々しく（effeminate）卑怯（dastardly）になる」(3)。

こう述べて、スミスは次のような一七四五年の「ジャコバイトの反乱」の例を挙げる。ちなみに、ジャコバイト（Jacobite）は名誉革命に対する反革命勢力を指す。ジャコバイト運動は、革命で追放されたスチュアート朝のジェームス二世とその直系男子を、正統な国王として復位させようとする運動であった。「ジャコバイト」の最大の支持基盤はスチュアート家の出身地であるスコットランドであり、特にハイランド地方の人々はジェームス二世に対して同情的であった。

こうした敵対図式は、結果的に野党や反体制派を、名誉革命の反動転覆を狙う「ジャコバイト」として封殺する事態を生む。「ジャコバイト」と見なされた保守派トーリーは、ウォルポール政権に対抗し切れず、ホイッグ対トーリーという対決図式は錯綜を極めることになる。

一七四五年の反乱は、「ジャコバイト」の最後の蜂起であった。反乱の失敗によって、スチュアート家とそれを支持する「ジャコバイト」は政治的命脈を絶たれ、歴史の表舞台から姿を消すことになる。このジャコバイトが起こした最後の反乱について、スミスは次のように記している。

「一七四五年に、四、五千の無防備無武装のハイランド人が、この国の進歩せる諸地域を、その非好戦的住民から何の抵抗をも受けないで占領した。彼等はイングランドに侵入して全国民を驚愕させたが、もし常備軍の抵抗がなかったなら、彼等は難なく王冠を奪い取ってしまったであろう。二百年前には、かかる攻撃は国民の精神を振いおこしたであろう。我々の祖先は勇敢かつ好戦的であって、彼等の心は商工業の育成によって力をそがれていなかった。そして彼等のすべては元気潑溂と、もっとも恐るべき敵に抵抗する用意ができていた。四五百のヨーロッパ人の軍隊が蒙古人の国に侵入し、また支那人のもっとも大きな軍隊がいつも韃靼人に打破られていたのも、この同じ理由によるのである。これらの国々では、分業と奢侈がすでに非常な高度に達し、常備軍をおかずに人々はみな平和的な仕事に従事する。オランダは、もしその障壁が取去られたならば、造作なく餌食になるであろう。今世紀の初頭にオランダ人の常備軍は戦いに敗れた。そこで残りの住民は、自己の防衛のために武器を取って立ちあがるかわりに、彼等の国を見捨てて東インド諸島に移住する計画をたてた。商業圏は海外においては恐るべきものであろうし、艦隊と常備軍によって自己を防衛することができよう。しかしそれが負けた場合には、敵は国内に侵入してきて、容易にこれを征服する。（中略）これらは商業的精神の短所である。人々の心は狭隘になり、昂揚することが不可能になる。教育は軽蔑され、また少なくとも閑却され、英雄的精神はほとんど全く消滅せしめられる。これらの欠陥の匡正は、真剣な注意に値いする事柄であろう(4)」

スミスは『国富論』第五編「主権者または国家の収入について」第一章第一節「軍事費について」においても、軍事費が社会進歩の段階によって異なるという点に関して経費面からの理論を展開している。さらに戦争技術が高度化すればするほど、人民は非好戦的になり、しかも富裕な国家は隣国の侵略を挑発すると指摘している。特に国民軍の形成についても「分業の原則」と商工業の発展という視点から『グラスゴウ大学講義』第四部「軍備について」で簡略に論じている。(5) その論旨は次のようなものである。

素朴な社会においては、社会全体が戦いに出た。分業が多少浸透すると、戦いに出るものと残って農業に従事するものとの間に区分と差別が多少は生じたであろう。土地が私有化されると耕作に従事することは、「もっとも賤しい階級にまかせられたであろう」「兵役 military service という、骨折が少くてしかも名誉の多い仕事は、最上層の人々によって要求された」のである。「ローマのエクイテス equites すなわち騎士達は、元来軍隊における騎馬武者であって、奴隷あるいは税を払わない人々はかつて戦いに出たことがなかった」のだ。ブリテン島でも、「騎士の義務」と呼ばれるものを守った人達だけが、国家の防衛に従事した。古代の隷農は決して国民兵の一部とはみなされなかったのである。

民兵の誕生

こうして名誉を重んずる人々によって国家が防衛され、それらの人々がこの原理に基づいてその義務をはたしている限り、訓練の必要は存在しない。しかし手工業や製造業が発達し、人々が、そうした職業に従事することによって品位を高め得ることを知り、富めるものが貪欲になり戦いに出るのを迷惑に思うようになると、これらの仕事（arts and manufactures）は、（元来は活動的野心的なものから軽蔑されたのに）次第に人々の強い注意をひきつけるようになるのである。自分の仕事で多くの利益を得ることができる商人が、戦争で武勲を立てようとは思わないのは当然であろう。ここで、軍務と商業との間で「地位の逆転」が起こるのである。国家の防衛は、「自然に下層の者の職分となった」のである。「商工業がさらに進んで、非常に利益が多くなり始めると、国家の防衛はもっとも賤しいものにまかせられる。これが大ブリテンの現状なのである[6]」。

規律と常備軍

社会内部での階級分化がなかった時代には、規律というものはなかった。社会がひとつの集団として戦争に赴いたときには、軍規（military discipline）を必要としなかったのである。人々はいわば同じ水準にあり、彼らの共通目的はよく認識されていたため、「規律」というものは不要だったのだ。社会の最上層のものが出征した場合には、「名誉の原理」が規律のかわりになった。ところが軍務に最下層の人々が加わるようになると、最も烈しく厳格な規律が不可欠となる。「規律」というものがすべての常備軍の中へ導入されたのである。スミスは言う。

「一般に、彼等が、敵よりも自分達の将軍や士官を恐れるほどの、権威の下におかれることが必要である。彼等の士官達と軍法 martial law の厳罰とへの恐怖が、彼等のよい行動の主な原因であり、彼等の勇敢な行為はこの原理のおかげである」[7]

スミスは、この「規律」と「勇気」の根源は、貴族の時代の名誉でもなく、祖国愛でもなく、いわんや「士官への尊敬」でもないとし、それはただ「士官への畏怖」にすぎないと指摘する。その例として、プロシア兵の「勇気」について次のように述べる。

「近頃の戦争で八百のプロシア兵が数千のオーストリア兵に対して一つの要衝を一昼夜防禦し、夜に入って彼等が退却したときにはほとんど一人になっていた。この勇気の基礎となり得たのは何であろうか。それは名誉の原理でも祖国愛でもなく、彼等の士官達への尊敬でもない。それらのものも、彼等を前進させ得なかったであろう。この勇気の基礎は、彼等の士官への畏怖に他ならない。この士官は、いわば彼等の頭上に迫っていて、彼等は敢て彼にそむくことができなかった。ついでにいえば、これは我々の天性が制御され得るものであることを示し、また我々が大いに誇る男らしい勇気がいかに外的環境に依存するかをも示すことにもなる」[8]

ここで言う「近頃の戦争で（in the late war）」はどの戦争を指すのか。十八世紀のヨーロッパは、スペイン継承戦争（一七〇一〜一七一四）で幕を開け、その後も幾多の戦争が続いた。これらすべての戦争の構図は英仏の対立であった。「近頃」という点では、ここで語られている戦争は、オーストリア継承戦争（一七四〇〜一七四八）よりも七年戦争（一七五六〜一七六三）のことを指しているのだろう。

七年戦争は、オーストリア継承戦争でハプスブルク領だったシュレジアをプロシアが取り上げたため、その奪回を狙ったオーストリア（マリア＝テレジア）がフランス・ロシアと結んで起こした戦争である。それまで激しい対立関係にあったオーストリアがフランスを味方に引き込んだため、「プロシア・英国」対「オーストリア・フランス・ロシア」の対立構図は、「多勢に無勢」の観を呈した。人口比で見ても、圧倒的なオーストリアの優位が予想された。しかしスミスがここで語っているように、プロシア兵の「規律」の強さによって勝利を収めるのである。イギリスはプロシアに財政支援も行ったから、イギリスの財政負担の過酷さは想像するに余りある。

いずれにしても、社会の最上層のものが出征した場合には、「名誉の原理」が規律のかわりになったが、軍務に最下層の人々が加わるようになると、厳しい「規律」が必要になった、というのがスミスの強調するところであった。

トクヴィルの視点

以上のように、スミスは「商工業の発展と尚武の精神の衰退との関係」を論じたが、このスミスの講義から七十年以上を経て、アメリカを観察したトクヴィルが、これと極めて似た「デモクラシーと尚武の精神」の関係を観察している。第二巻第三部「デモクラシーが固有の意味の習俗に及ぼす影響」第二二章「民主的諸国民は本来平和を欲し、民主的軍隊は本来戦争を望むのはなぜか」における考察である。(9)

この章でトクヴィルは、「あらゆる軍隊の中でもっとも熱烈に戦争を望むのは民主国の軍隊であり、諸国の人民の中で、最も平和を愛するのは民主国の人民であるという奇妙な結論に至る。そして、事態をさらに異様にさせているのは、平等がこの相反する帰結を同時に生むという事実である」と結論付ける。(10)この一見奇妙な、相矛盾するような謎を解くためにトクヴィルが注目したのは、軍隊内での昇進への意欲と可能性という問題であった。まず商工業の発展以前の社会構造に注目する。

「平和の友である土地所有者の数は常に増加し、戦争が瞬く間に消尽する動産が増大する。平等は習俗を和らげ、心を優しくし、他人への同情に人を導く。理性の冷たい計算は武人の間に生まれる詩的で激しい感情に人を不感症にさせる。これらすべての原因が一つになって尚武の精神の火を消す」(11)

しかし戦争そのものは、いかなる人民といえども時に避けがたい偶発事であるから、「国民が平和をどんなに好んでも、戦争を避ける用意は整えておかねばならない。すなわち、別の言葉で言えば、軍隊をもつ必要があるのである」[12]。この「戦争を避けるために」軍隊があるという考え、すなわち「平和は武器によって生まれる（pax armis acquiritur）」あるいは「平和は戦争によって得られる（pax quaeritur bello）」という逆説的に見える言葉は、古代ローマの警句か、オリバー・クロムウェルの言葉を念頭に置いているのであろう。

ではその軍隊は、貴族制とデモクラシーとでは、その内部の人間の出世意欲はどのように異なるのであろうか。まず貴族制についてはトクヴィルは次のように言う。

「貴族制の国民、とりわけ生まれだけが身分を決定する国民にあっては、軍隊の中に国家におけると同じような不平等が再現される。士官は貴族であり、兵士は農奴である。一方は必然的に命令する地位に、他方は服従する地位に召集される。貴族的な軍隊においては、兵士の野心にはだからごく狭い限界がある[13]」

それに対して、民主国の軍隊では、すべての兵士に士官になる可能性が開かれており、それゆえ出世欲が広がり、軍事的野心は強く大きくなることにトクヴィルは注目する。

デモクラシー国家の兵士と市民

民主国の軍隊の士官達は、給与の他に特に財産も持たず、軍事的功績によってしか人の尊敬を勝ち得ることを期待できない。したがって、

「民主国の軍隊においては、出世欲はほとんど普遍的である。それは熱烈で執拗、また持続的である。他のすべての欲求とともに増大し、死ぬまで消えない。ところで、簡単に分かることだが、ありとあらゆる軍隊の中で民主国の軍隊こそ、平時における出世がいちばん遅いに違いない軍隊である。階級の数には当然限度があり、競争者の数はほとんど数えきれず、そして不変の平等原理が万人を拘束するから、急激な昇進は誰にもできず、多くのものの地位は動かない。すなわち、昇進の欲求は他の軍隊に比べて大きく、昇進の可能性はより小さいのである。民主国の軍隊の中にいるすべての野心家はだから切実に戦争を欲する。というのも、戦争は地位の空白を生ぜしめ、結局、デモクラシーに唯一自然な特権である年功の権利を侵害することを許すからである[14]」

この「民主国の軍隊の中にいるすべての野心家はだから切実に戦争を欲する」という個所を読むと、筆者は、戦前の日本陸軍で薩長閥が弱まり、陸士・陸大の成績による開かれた平等な出世競争が始まると、好戦的な軍人が主流を占めはじめるということ、あるいはデモクラシー国家ア

メリカのベトナム戦争で軍部が暴走したことを思い出す。

「平等」は、軍職にある人々に対して戦争で殊勲を挙げることを第一の欲求とするようになるのだ。一方、一般の国民は、自分のささやかな事業を最後まで静かに推し進めることを望む。平和なときに、少しでも自分の境遇を改善してより幸福になろうという欲求を抱く。国民は産業を繁栄させる平和を愛する気持ちを強めるのである。

軍務にある者、産業に従事する者、いずれも心の焦燥は同じで、自己利益の追求心と享楽への好みには際限がない。対象と手段が異なるだけで、両者の野心は同じだとトクヴィルは言う。

商工業が発展するとすべての市民がいくばくかの財産を持つようになる一方、民主国の軍隊は一般に無産者によって率いられるという認識は、先に引用したスミスの理解と重なる。無産者たちは国内の混乱で失うものをほとんど持たない。貴族制の時代に比べて、財産を持つ国民の総体はもちろんはるかに革命を恐れるが、軍隊の指導者たちは革命を恐れることはないのだ。

こうしたトクヴィルの鋭い考察の中で、筆者を驚かせたのは次の言葉である。

「実際、軍隊の不穏な尚武の精神が民主国の人民に引き起こす危険をさらに大きくするものは市民の平和的気質である。戦争を好まぬ国民の中にある軍隊ほど危険なものはない。すべての市民の静穏への過剰な愛は憲法を日ごとに兵士の自由に委ねることになる。

それゆえ、民主的な人民はその利害と本能によって自然に平和に導かれるとしても、その軍隊によって不断に戦争と革命にひきつけられると一般に言うことができる」(15)

民主制下の軍人の特質

トクヴィルは、『アメリカのデモクラシー』第二巻第三部（第二二章）で、民主制国家の軍人の特質を貴族制のそれと比較している。その議論には現代にも通じる鋭い洞察が認められる一方、必ずしも命題として一般化できない部分もある。後者からまず見ておこう。民主制の国家では、職業軍人になろうとする者は多くないため、志願兵制度は維持できなくなるとトクヴィルは言う。多くの野心ある者、立身出世を望むものはビジネスの世界に入るからだ。その結果、兵力を維持するために徴兵制をとらざるを得なくなると彼は予想する。この点は現代のリベラル・デモクラシーの国家に関しては妥当しない。むしろ過去四半世紀を振り返ると、徴兵制をとっていた国が志願兵制度へと移行しているのが一般的な傾向だからだ。

徴兵制に関するトクヴィルの推論は次の通りである。徴兵制の下では兵役義務がすべての国民に原則として平等に課される。国民は負担の「不平等」に対して強い不満を持つが、負担そのものに不満を持つことはない。つまり、平等な負担という点で、兵役に服する者はその制度自体に表立った不満は示さないのだ。

徴兵制のもうひとつの特徴は、国民のすべてが長期に兵役に就くのではなく、一人ひとりはほんの一、二年、軍隊に留まるだけである。国民は徴兵されれば、常に家に戻ることを考え、除隊できる日のことしか念頭にないため、徴兵制では「軍人の精神」が染みつくことはない。むしろ徴兵されている間、彼らが、軍隊の中に社会一般の生活慣習や精神を持ち込むという影響の方が大きい。トクヴィルは、「民主的諸国民にあっては普通の兵士がいちばん民間人のままでいる。彼らには国民の習慣がもっとも残り、世論の影響がいちばん大きい」と言う。民主制国家の軍隊は、兵士が「自由への愛着と権利の尊重」を浸透させるのである(16)。

それに対して貴族制の国家では、「兵士」は自らが選んだ生涯にわたる職業なのである。兵士は、一般市民とは精神面での共通性を持たず、ある種外国人のような、時には市民の敵のような存在になるのである(17)。

どの階級が好戦的か

続いてトクヴィルは軍隊の内部を、士官、下士官、兵隊の三階級に分け、それぞれの「保守性」と「好戦性」を比較する。

貴族制の軍隊で保守的なのは階級が上の士官であり、民主制の軍隊では逆に兵隊が保守的になる。その理由は明らかだとトクヴィルはいう。双方とも、いつかは市民社会に戻り、そこで地位を取り戻すという意志を持っているからである。ところが、民主的な国家の軍隊の士官たちの精神的志向は異なる。

「士官となる人間はそれまでの市民生活とのあらゆる結びつきを断つ。市民としての暮らしから決定的に出て、二度と元に戻る関心をもたない。彼の真の祖国は軍隊である。というのも彼は軍隊に占める地位を離れては何者でもないからである。彼はだから軍隊の運命に従い、それとともに偉くなり、それとともに身を落とす(18)」

と言う。

したがって士官は、国民が平和と安定を願っているときに、戦争を欲し、革命に精を出すということもありうるのだとトクヴィルは言う。しかしこうした野心はそれほど大きなものではない。軍隊の低い地位から士官にまで昇進したものは、すでに大きな進歩を遂げた自分に満足し、すでに一定の権利を獲得しているからだ。「もっているものを失うのではないかという恐れが、もっていないものを得ようという執念をすでに彼の心の中で弱めている」のだ。位が上がるに従い、晒される危険や、失うかもしれない特権も大きくなるので、士官の地位にあるものの野心は一般に弱まると考えられる。この関係を引き延ばしていき、トクヴィルは次のように結論する。「民主国の軍隊の中でもっとも好戦的でなくまた革命的でもないのはトップの人々である」と(19)。

下士官の特質

士官と兵卒の間に位置する下士官の思考と行動に関しては、この議論は当てはまらないとトクヴィルは推測している。

確かに下士官は、士官と同じように市民社会との結びつきをすでに断っている。ただ、士官のように高位安定のポストを得たわけではないので、下士官はさらに上位のポストを狙っているとトクヴィルは見る。それは現在の生活が必ずしも安定したものではないからだ。兵卒は、耐え難い窮乏と服従に堪えるよりも、軍隊での危険な仕事に専念し、そうした境遇から脱出して名誉と独立、権利と快楽を手にすることを欲して野心の火を燃やす。そして下士官になれば、概して好戦的になり、戦争を欲するか、革命に乗じて士官を追放しようとすることもある。下士官と兵は情念において異なるものの、出自と習慣には共通性がある。下士官の兵卒への影響力は実に大きく、戦争と革命を起こすことも不可能ではないとトクヴィルは考えるのだ。(20)

こうした「士官」「下士官」「兵卒」それぞれの気質は、何れの国、いつの時代にでも共通に観察される現象であるとし、トクヴィルは次のように言う。

「いかなる民主的軍隊においても、平和で規律ある人民の精神を最も示さないのは下士官であり、これをもっとも良く表すのは兵隊であろう。兵隊は国民の習俗の強さあるいは弱さを軍人の世界に持ち込み、そこに国民の忠実な姿を映し出すであろう」(21)

いずれの時代でも、どのような政治体制でも、下士官は概して保守的で好戦的であるというのが結論なのだ。

民主国の軍隊はなぜ老齢化するか

軍隊の強さは、戦争の継続によって変化するものなのだろうか。言い換えれば、緒戦での強さを、長期戦でも保持しうるのはどのような軍隊なのか、とトクヴィルは『アメリカのデモクラシー』第三部第二四章において問うている。ここでも民主制と貴族制とで、軍隊の強さの性格が異なる点に注目している。

まず民主制にあっては、エリートは軍職に就こうとせず、もっと容易に尊敬と権力が得られるビジネスの世界に入る傾向があるという点にはすでに触れた。軍人も政治家も、デモクラシーの国民には不人気なのである。そのような社会風土の中で、長い平和の後に戦争が勃発した場合、軍隊が屈強さを発揮することは難しいとトクヴィルは推測する。

民主国家では平時での軍隊内の昇進は年功が中心となる。士官の地位は軍隊内において尊ばれ、その軍隊内の地位に対応して国民は敬意を払うにすぎない。士官は軍隊内では相当の昇進を遂げた人物だ、だから偉い、という連想が国民の間での「軍人の評判」を形成する。しかし現実にはその軍隊内の序列についてさえ、デモクラシー国家の国民は疎いのが一般的である。現代日本の自衛隊における統合幕僚長、陸・海・空の各幕僚長がどれほど高いポストなのかを知っている日本人はどれほどいるであろうか。陸上自衛隊の陸相、陸相補、一等陸佐から始まって、いわゆる「階級名」を序列付けて諳んじることができる人は、戦前期のようには多くない。そういう状況でも、軍人の評価は軍隊内の地位・序列から引き出されるから、軍隊内に長く留まり昇進を重ねることが人生の最重要事になるのだ。

民主制の軍隊が「すべての兵隊は子供から大人になったばかりの者で、指揮官はみな老化している」[22]とトクヴィルが指摘する理由は、こうした軍隊内の勤続の長さと平和が長く続くことによって戦争経験のない軍人が軍隊内の大勢を占めるためである。これが戦場における敗北の原因になる。こうして、

「長い平和は民主国の軍隊を老齢の士官で一杯にするだけでなく、しばしば、なお元気旺盛な年齢の士官たちに老人の本能を付与する」[23]

民主制の軍隊における人材の老齢化は、若い軍人をも精神的に老けさせ、尚武の精神を奪い去ってしまうと見るのである。

それに対して、貴族制の軍隊は「生まれ」による昇進が主流であるから、どの階級にも一定数の若者がおり、その若者の活力が戦場での強靭さを生むという。さらに、貴族制下の軍人は、すでに市民社会で確固たる地位を持っているから、いつまでも軍隊内の地位に恋恋としないで、自ら退いて私的な生活を楽しむことが多い。したがって軍隊内で人材の新陳代謝が進み、老齢化す

ることはない。そして軍隊の指揮を執る貴族も、「贅に溺れることがあっても、（中略）安楽を一時犠牲に供することを厭わない」のだ[24]。

長い平和の軍隊への影響

以上述べた貴族制とデモクラシーにおける軍隊の性格や強さの相違は、主に「緒戦」におけるそれであった。戦争が継続すればどうなるかというところまでトクヴィルはさらに論を進め、戦争の継続は軍隊のチャンスを拡大させる点に注目する。戦争が長引き、市民が平和な仕事から切り離されると、民主制の下でも人々の情熱は一転して武器に向かうというのだ。

「戦争はあらゆる産業を破壊しつくすと、それ自体が最大で唯一の産業となり、そうなると、平等から生まれる熱烈で野心的な欲望はあらゆるところから戦争の方向にしか向かわなくなる。民主的国民を戦場に引き込むのはあれほど難しいのに、武器をもたせるのに成功すると、時として彼らが驚くべき戦果をあげるのはこの理由のためである[25]」

戦争が長引けば、軍隊では短期のうちに評判と財産が築けるとなると、エリートの多くは軍人の道を選ぶようになる。「条件の平等化」が広がった民主制社会では、栄達を遂げる最も早く確実な方法は、財産を形成することである。したがって、軍職でその可能性が高いとなると、力のある者、野心に満ちた者は長期的には軍人を職業として選ぶようになるというのだ。さまざまな思惑を持つ野心家たちが軍隊に入り始めるので、長い戦争は「平常の法則を破り、異常な人物の登場を促す」と言う。「平等は万人に野心をいだかせ、死はすべての野心に機会を提供する。死は絶えず隊列を乱し、地位の空白をつくり、ある者の戦歴を閉じ、他の者にその機会を開く」のだ(26)。

こうした視点から、トクヴィルは、軍隊とデモクラシーの間の思いがけない類似性を指摘する。デモクラシーの下では人々は短期間のうちに財産を手早く形成することに強い意欲を燃やしている。「彼らの多くは運を信じ、労苦を払うのは嫌だが、死を恐れるところははるかに少ない。彼らはまさにこの精神で商工業を経営する」と言うのだ。この点は、命を賭して海外に富を求めた冒険心に満ちた企業活動の時代はまだしも、現代社会に妥当するかは疑問であろう。しかしそれに続く推論は納得がいく。

「この精神が戦場に移転されると、それに促されて喜んで生命を投げ出してでも勝利の報酬を瞬時に確保しようとする。軍事的栄光は何の苦労も払わず、ただ命の危険さえ冒せば直ちに手に入る華々しい栄光であり、それ以上に民主的人民を満足させる栄光は他にない(27)」

つまり民主国家の国民は、戦争を避け尚武の精神を弱めてはいるものの、一旦、通常のビジネスと安定した生活から切り離されてしまうと、戦争が長引くにつれ戦う気構えを持ったよい兵隊になりうるというのだ。したがって長期戦になれば、平和を好む民主国家の軍隊といえども、意外にも強い魂の兵士が生まれてくることがあり、貴族制の軍隊を打ち負かすことがあるというのだ。

ここで、トクヴィルが平和と革命に関して次のような「補説」を加えているのは、日本近代史における一九三〇年代を念頭に置くと興味深い。民主的軍隊は兵士の徳を身につけず、戦争が嫌になっていながら、動乱を好むという指摘である。

「軍隊のこの平和的気分がこれを革命から引き離すと信じてはならない。なぜなら、革命、とりわけ軍隊による革命は、通常急激に起こり、しばしば大きな危険をもたらすが、長期にわたる苦労をもたらすものではないからである。革命は戦争より安上がりに野心を満足させる。生命さえ危険にさらせばよく、デモクラシーに生きる人々は命よりも楽な暮らしに執着するのである。

人民の自由と静謐にとって戦争を恐れる軍隊以上に危険なものはない。というのも、そのような軍隊はその栄光と影響力を戦場で得ようとせず、別のところに見出そうとするからである。それゆえ、民主的軍隊を構成する人々は市民としての関心を失って兵士の徳を身につけず、軍隊は戦争が嫌になっていながら、動乱を好むということになりかねない」[28]

デモクラシーは軍規を弛めるか

ではデモクラシーにおける「平等の精神」は、軍規にいかなる影響を及ぼすのだろうか。この問いに対して、トクヴィルは「規律」には二つの種類があるとして、それらを区別しつつ次のように論じる（第二巻第三部第二五章）。

貴族制の下では、富裕で教養と力を持つ貴族の士官と、貧困で無知無力な農奴の兵士との間に、強い従属の絆が生まれている。この隷従の絆は、軍規以前にすでに出来上がっており、軍規を特に必要とするような「規律」ではない。いわば入営以前から士官も兵士も軍規に従っているようなものだとトクヴィルは言う。兵士は上官の命令に素直に従い、「考えることなく行動し、勝利にも熱狂せず、黙々と死んでいく」のである。[29]

したがって貴族制の軍隊は、「軍規」が自然に出来上がっているという点では強い統制力を持っている。しかし習慣の上に出来上がった「規律」は、戦争という特異な状況下では「弛む」危険性をはらむ。なぜなら「戦争は習慣を乱すからである」[30]。

これに対して、デモクラシー国家の軍隊はどうか。デモクラシーの軍隊では、兵士の服従を始終保持することは確かに難しい。軍隊の外部の社会が、条件の平等に溢れ、命令と服従を当然とはしない状態にあるからだ。しかしこうした状態でも、「軍規」によって兵士の魂が方向付けられていれば、「理性による服従」を生み出すことは可能である。さらにこの「理性による服従」の絆は、（戦争時のように）危険が増すに従って自然と強くなる性質があるとトクヴィルは言う。したがって、戦場で「弛む」危険性のある貴族制の軍規と、「強くなる」可能性のあるデモクラシーの軍規の絆と、何れが強くて確実かは容易には判断できないのである。

興味深いのは、プルタルコスの『対比列伝』の中に現れる『名将伝』を例に引きながら、自由人と市民だけから構成されていた古代ギリシア・ローマの軍隊内の付き合いは対等であったが、トクヴィルはこれは「古代の軍隊は貴族の中から生まれたにもかかわらず、民主的であった」ことを示すとしている。「士官と兵隊の間にある種の親しい友愛感情が支配的であ」り、「彼らは指揮官であると同時に戦闘の仲間のようである」としている。[31]

例えばアレクサンドロス大王の死に際してのエピソードが、この点を明らかにしているのではなかろうか。プルタルコスによれば、アレクサンドロスはメディオスの家の宴会に出て、二日間呑み続けて高熱を発し、十日間高熱に苦しんだ後死んでいる。高熱による喉の渇きで、さらに酒をあおったため、錯乱に陥って亡くなったとある。その最期をプルタルコスは次のように記している。

高熱に苦しんでいる間、将軍と会い、部隊長、五〇〇人隊長が待機する中、死の前日にはマケドニア兵が王薨去と考え戸口に来て叫び続け、ヘタイロイを威嚇し力をもってしても入るという。

戸口を開き、一人ごとに下着のみにて大王の寝台の傍を通ったという。アレクサンドロス大王と兵士がいかに親密な関係にあったかを示す情景であろう（ちなみにプルタルコスは、大王毒殺説についても触れ、アリストテレスがアンティパトロスと共謀して毒薬を運んだ、という説を挙げている。しかし、大王の要請でアリストテレスは『王道論』『植民論』を東征中書き送ったとされ、アレクサンドロスも、遠征先から動物や植物をアリストテレスに送り、彼の研究を支えたとも言われる。アリストテレスと大王の間にこうした交流があったとすれば、この毒殺説はにわかには信じがたい）。

戦争忌避の傾向について

続く第二六章では、デモクラシーの諸外国への普及が、国民の間に平和への志向を強め、戦争を恐れる傾向を生み出すか否かという問題を論じている。つまり、「ある種の無気力と遍く広がる親しい感情が知らず知らずのうちに彼らをなだめて武器を手から捨てさせる。戦争は稀になっていく」という現象を検討するのである(32)。「機会の平等」を保証するデモクラシーによって工業と商業が発展すると、国家間の利害関係も相互依存的となるため、すべての国民にとって戦争は益の無い「大災害」となる。したがって、「民主的な世紀には、一方で諸国民を互いの戦争に引き込むのは難しく、他方、戦争が二国間だけのものに終わることはほとんどあり得ない。すべての国民の利害が絡み合い、考え方も欲求も同じようなものだから、いかなる国民も他のどこかで騒ぎがあると安閑としていられない。戦争はだから稀になるが、一度始まると、その戦場は広大になる」[33]

この「戦争は稀になるが、一度始まると、その戦場は広大になる」という指摘は二十世紀の二つの世界大戦にも見事に妥当する。その論理は次のようなものである。民主的な国家が増えると、互いに国民は類似的になり、国力というものが結局人口に比例するようになる。すなわち「数の力」が戦争における決定的に重要な要素となる。戦場にいかに多くの兵士を送り込むことができるかということが勝敗を分けるのだ。

「勝利の決定的理由は数にあるので、各国民は戦場に可能な限り多くの人員を向かわせるためにあらゆる努力を傾けねばならぬことになる。（中略）社会全体の力は民主的人民において他のどこよりもずっと大きい。こうした国民は、だから壮丁人口をすべて軍に召集する欲求を感じると同時に、これを達成する能力をもつ。このことの結果、平等の世紀には、尚武の精神が消えるにつれて、軍隊の規模が大きくなるように思われる」[34]

ところが、貴族制の大国が隣国を征服することも、隣国がこれを征服することも難しい。隣国を征服できないのは、貴族制の大国の人民は全軍事力をひとつに集め、長期間これを統合しておくことができないからである。他方、貴族制の大国が征服されにくいのは、至るところで小さな抵抗の拠点を作り、敵の行く手を阻むからである。トクヴィルは貴族制の国の戦争を「山国の戦争（la guerre dans un pays de montagne）」になぞらえ、貴族の敗軍はいつでも新たな拠点に再結集し、頑強に抵抗するとしている(35)。

民主的国家と貴族制国家の国民の抵抗力

豊かで人口の多い民主国家は兵力を動員するのに困難はないが、負け戦となると抵抗力は弱く、首都が陥落すれば容易に国は亡ぶ。つまり戦局が悪化し形勢が悪くなれば、民主制の軍隊は大変脆い。その理由は簡単だ。民主制国家の社会では、人々は繫がりを持たずバラバラであるため、ともに絆や砦を作って自分や国を守るという精神が染み通っていないからだと。そして、

「国家の軍事力は軍隊の崩壊によって破壊され、市民の力は首都の占領によって麻痺しているから、残っているのは規律も力もない烏合の衆に過ぎず、組織された軍隊の攻撃に抵抗することはできない(36)」

民主国の住民は、戦争を継続する力がないだけでなく、形勢が悪くなると戦争の継続を試みる意志を失ってしまう恐れがあるのだ。

貴族制の国では、むしろ民衆を道連れにしながらも「最後まで戦う」精神が支配的である。この点についてトクヴィルは次のように言う。

「貴族制の国民が軍の敗北の後に侵略されると、貴族たちは同時に富者であるにもかかわらず、降伏するよりも個人として防衛戦を続ける方を選ぶ。なぜなら征服者が国の主人としてとどまるならば、貴族たちの政治権力を奪うであろうし、彼らは財産より政治権力に執着があるからである。彼らはだから、彼らにとって最大の不幸である征服に甘んじるより戦闘を選び、しかも簡単に民衆を戦いの道連れにする。というのも民衆は長い間貴族に従いその命に服する習慣を身につけており、その上、戦争において失うものがほとんどないからである[37]」

民主国の人々は、概して安楽を好むから、本来的に尚武の精神には欠けるところがある。したがって、戦いに際しては、戦争指導者は「自由の情熱と習慣」に頼るほかはない。そして小規模の戦闘ではなく、「大会戦 (de grandes batailles)」で勝利し、「一挙に首都をめざし、一撃で戦争を終わらせる」のである。

この戦法を発明したのがナポレオンだとトクヴィルは指摘する。

「ナポレオンの戦争のやり方は時代の社会状態が彼に示唆したものであり、彼を成功させたのはそれが見事にこの状態に適合し、彼がこれを最初に実行したからであった。ナポレオンは軍隊を率いてあらゆる首都への道をかけめぐった最初の人間である。だが封建社会の崩壊が予め彼にその道を開けていたのである。この非凡な人物といえども、もし三〇〇年前に生まれていたならば、彼の戦法も同じ成果をあげることはなかったであろうし、むしろ別の戦法を採ったであろうと考えてよい(38)」

ナポレオンの戦略

この「数を恃み、首都を撃破する」というナポレオンの戦術の近代性の指摘は重要だ。ナポレオンは国民軍を創設し、砲兵・騎兵・歩兵の連携、輜重の重視、指揮官の養成などを行っただけでなく、皇帝の座についてからの彼の戦績を見ると、トクヴィルの指摘するように、「大会戦」から「首都一撃」という戦術の見事さが見て取れる。

確かに、一八〇五年十月、ネルソン率いるイギリス海軍の前にトラファルガーの海戦に敗れはしているが、陸上では少し前のウルムの戦いでオーストリア軍を破り、ウィーンを占領している。また、プロイセンが中心となった第四次対仏大同盟に対してナポレオンは、一八〇六年十月のイエナの戦い・アウエルシュタットの戦いでプロイセン軍に大勝してからベルリンを占領する。この辺りは、ナポレオンの戦術は文字通り天下無敵であった。

そしてロシア・イギリス・スウェーデン・オスマン帝国以外のヨーロッパをほぼ制圧したナポレオンは、イタリア・ドイツ・ポーランドをフランスの属国に、オーストリア・プロイセンは従属的な同盟国にしてまさに絶頂期を迎える。しかし皇帝に即位して以来、ヨーロッパ全土を支配下に入れてきたナポレオンは、スペイン独立戦争（いわゆる半島戦争）により陸上戦で初めての敗北を喫し、その戦術が万能ではなかったことが明らかになる。

イギリスによる大陸封鎖令で欧州諸国は経済的に困窮し、フランス産業も苦境に陥いる中、ロシアがこの大陸封鎖令を破ったため、一八一二年、ナポレオンはロシア侵攻を決行する。同盟国を含む六十万の大軍でナポレオンはモスクワに向かうが、ロシア軍の徹底した焦土戦術に苦しめられ、飢えと寒さで次々と脱落者を出す。首都モスクワも大火で焦土とされたため、ナポレオン軍は総退却を余儀なくされるのだ。

確かに、多数の市民の精神的な力は、軍事面でも途方もない力を発揮することがある。しかしこのナポレオン戦争の例は、多数の力といえども、条件次第では敢え無く壊滅することを示している。ナポレオン配下の兵士六十万人のうち、ロシア戦役後パリにたどり着いたのはわずか五〇〇〇人ほどであったと言われている。

日本の事情は異なる

最後に、この「尚武の精神」に関して日本の福澤はどのように考えていたのかについて触れておこう。この問題をスミスやトクヴィルなどのヨーロッパの思想家の考えと比較することは難しい。日本の場合の貴族階級はどのような身分・階級の者を指すのか、それがヨーロッパの貴族階級とどのように異なるのかについて明確に定義することができないからだ。武士階級は軍人である。公家は世襲という点で貴族とみなされるものの軍人ではない。この二つの身分が、明治に入ってから「華族」という新しい社会集団として創出されている。(39)

一八六九（明治二）年六月十七日に版籍奉還が行われ、藩主が知藩事となったが、公卿（一四二家）と諸侯（二八五家）の族称として「士族の上に位置する」華族の制度の原型ができあがった。公卿とは京都朝廷に仕える上級・中級の廷臣たち、諸侯とは江戸幕府に直接臣従した表高一万石以上の武家のことである。翌一八七〇年には、諸侯はすべて東京に居住すること、修学に努め、庶民の模範となるべきことが天皇より諭された。そして一八七一年、華族は廃藩置県によって政治的特権を失う。留学生として海外へ渡る者、企業家に転じる者も出始めた。

一八八二年十一月に宮内省の中に華族局が置かれ、華族の監督を直接行うようになった。一八八四年七月に出された「華族令」（全十条）によって華族は公・侯・伯・子・男の五等の爵位に分けられ、爵位は天皇が授け、女性は爵位を持つことができないと定められた。公爵は、「親王諸王より臣位に列せらるる者」および五摂家・徳川旧将軍家をはじめとして、維新に功のあった公家や旧藩主など十一家、侯爵は、旧清華家、中山家および十五万石以上の旧大藩知事を原則として、大久保・木戸家などが含まれた。伯爵は旧公卿の一部、および旧諸侯では五万石以上、子爵は五万石未満、男爵は公家・諸侯の支族・分家の特別の者、大社・大寺の神官・僧侶、特別な功臣が含まれた。

こうして生まれた華族は、一八六九年に創出された四二七家と、その後八四年の「華族令」までの間に新たに誕生したものを加えて、約五三〇家、人数にして三四〇〇名ほどである。華族創出には、イギリスの二院制を模すため「貴族院」を準備するという意図があった。三十歳以上の公・侯爵は全員が、伯・子・男爵は互選によって、それぞれ貴族院議員になることができるとされた。

福澤諭吉は、一八七九(明治十二)年、『郵便報知新聞』に「華族を武辺に導くの説」という論説を寄稿し、「華族にして武を講じ兵に慣るるは、国の為に益するのみならず、一家一身の為に大なる利益にして、既に存する固有の実を利用するの上策と云うべきなり」「華族を奨励して兵事の気風を養うの策なり」と論じた。そして一八八九(明治二二)年、華族同方会での演説「華族の教育」において、「言行の優美にして時に大胆率直(或は無頓着)なる事、能く事物に感動して慈悲深く、能く人を信じて寡慾なるが如きは、華族固有の徳義にして甚だ美なりと雖も、如何せん、祖先以来恰も人間界と離隔して普通の知見に乏しく、尋常一様平易至極の人事に解せざるもの多くして、往々その方向に迷うものなきに非ず」と華族の精神的特性を要約している。[40] このような福澤の言説からも明らかなように、明治以降創出された「華族」の特質は西洋の貴族とは全く性質を異にしている。

注

（1）アダム・スミス『グラスゴウ大学講義』（高島善哉・水田洋訳）日本評論社、一九四七年、四五二〜四六四頁。
（2）アダム・スミス『グラスゴウ大学講義』四五八〜四六四頁。
（3）アダム・スミス『グラスゴウ大学講義』四五八頁。
（4）アダム・スミス『グラスゴウ大学講義』四五八〜四六〇頁。
（5）アダム・スミス『グラスゴウ大学講義』四六一〜四六六頁。
（6）アダム・スミス『グラスゴウ大学講義』四六二〜四六三頁。
（7）アダム・スミス『グラスゴウ大学講義』四六三〜四六四頁。
（8）アダム・スミス『グラスゴウ大学講義』四六四頁。
（9）トクヴィル、第二巻（下）、一七六〜一八六頁。
（10）トクヴィル、第二巻（下）、一七九〜一八〇頁。
（11）トクヴィル、第二巻（下）、一七六頁。
（12）トクヴィル、第二巻（下）、一七六頁。
（13）トクヴィル、第二巻（下）、一七七頁。
（14）トクヴィル、第二巻（下）、一七九頁。
（15）トクヴィル、第二巻（下）、一八二頁。
（16）トクヴィル、第二巻（下）、一八八頁。

(17) トクヴィル、第二巻（下）、一八八頁。
(18) トクヴィル、第二巻（下）、一八九頁。
(19) トクヴィル、第二巻（下）、一九〇頁。
(20) トクヴィル、第二巻（下）、一九一～一九二頁。
(21) トクヴィル、第二巻（下）、一九二頁。
(22) トクヴィル、第二巻（下）、一九四頁。
(23) トクヴィル、第二巻（下）、一九六頁。
(24) トクヴィル、第二巻（下）、一九五頁。
(25) トクヴィル、第二巻（下）、一九七頁。
(26) トクヴィル、第二巻（下）、一九八頁。
(27) トクヴィル、第二巻（下）、一九九頁。
(28) トクヴィル、第二巻（下）、二九〇～二九一頁。
(29) トクヴィル、第二巻（下）、二〇〇頁。
(30) トクヴィル、第二巻（下）、二〇一頁。
(31) トクヴィル、第二巻（下）、二〇一～二〇二頁。
(32) トクヴィル、第二巻（下）、二〇三頁。
(33) トクヴィル、第二巻（下）、二〇三～二〇四頁。
(34) トクヴィル、第二巻（下）、二〇四～二〇五頁。
(35) トクヴィル、第二巻（下）、二〇五～二〇六頁。
(36) トクヴィル、第二巻（下）、二〇六頁。

(37) トクヴィル、第二巻（下）、二〇七頁。
(38) トクヴィル、第二巻（下）、二〇八頁。
(39) 以下の説明は、拙著『文芸にあらわれた日本の近代——社会科学と文学のあいだ』有斐閣、二〇〇四年からのものである。
(40) 『福澤諭吉著作集』第九巻、岩波書店、二〇〇二年所収。

第12章　習俗（mœurs）を生み出す女性の地位

『アメリカのデモクラシー』の第二巻第三部第九章で、トクヴィルは民主制社会における女性の地位を論じている。この問題がなぜ重要なのか。同書の第一巻ですでに指摘されているように、「自由な社会では、習俗を形成するのは女性」であり、アメリカほど、女性の自立が社会に広く浸透している国はないと彼は見ていたからだ。こうした彼の問題意識を理解するためには、「習俗（mœurs）」という概念を把握しておく必要がある。

「習俗」という用語は少なくとも十九世紀のアメリカの社会学にはなかった。英語圏で mores という言葉が用いられるようになったのは、十九世紀の末になってからである。(1)例えば第十一章で引用したように、アダム・スミスは mores とほぼ同じ意味で manners という言葉を mœurs という概念で用いている。(2)実際、十九世紀前半にトクヴィルの友人H・リーブが最初に英訳した

『アメリカのデモクラシー』では、原著の mœurs は morals と訳されており、mores という言葉は使われていない。mores と morals は類語ではあるが、これら二つの語の重要な違いは、mores が社会や社会集団全体の価値観を反映する慣習や道徳を指しているという点であろう。この違いは、いかに社会科学や歴史学における「概念」の理解が重要で、翻訳という知的作業がデリケートで困難をともなう仕事かを示している。この点は、英語で日本人の概念化した人文知を講義することがいかに困難か、例えば英語で日本史を書くことがいかに難しいかという問題にも通じる。

mores の概念は、「法」のようなフォーマルなルールや制度としばしば混同される。しかし両者を区別することによって初めて、その意味と重要性が明らかになる。mores という概念を自身の思想体系の中で明確に意識していたのはモンテスキュー（Montesquieu）だとされるが、トクヴィルは mores をモンテスキュー同様、あるいはそれ以上に重要視していた。(3) トクヴィルは「法制度は人間の運命に二次的な影響しか与えない」とまで述べている。(4) そして mores こそ、社会を形成する最も重要な基盤をなしていると考える。つまり、一片の「法」という紙切れによって社会が変わるのであれば政治問題の解決に苦労はないというわけだ。「政治社会は法が作りだすものではない。人々の感情、信条、心の習慣、およびそれらを形成し、あらかじめ準備し、そして本性や教育が生み出す人間の精神が生み出すのだ」と言う。この社会的集団としての人々が持つ「心の習慣」が mores なのである。

このmoresが、フランス語の社会科学の著作の中で現れたもうひとつの重要な例は、J・J・ルソーの『人間不平等起源論』である。クレス（D. A. Cress）が一九六四年に刊行した英訳版を見ると、まず冒頭で、訳者から次のような言葉が示されている。[5] Tastes, customs あるいは moral, societal norms を指し示す言葉 mœurs は、一語で適切にそれを言い換える言葉は英語にはない、として、訳文中では一貫して mores を用いると断っているのだ。

トクヴィルの政治科学、あるいは比較体制論を理解する場合、この mœurs の概念は、その理論の中心的な位置を占めていると言っても過言ではない。そしてトクヴィルは、アメリカにおいてその mores のベースを作っているのが女性だと捉えるのである。

トクヴィルの見た米国の女性

プロテスタントが過半を占めた当時のアメリカの女性は、結婚適齢期に達するはるか前から、母の庇護を離れようとする傾向にあったとトクヴィルは見ている。女性の独立の時期がヨーロッパに比べてはるかに早いのだ。彼の観察では、概してアメリカの女性は、ヨーロッパの女性のような「内気と無知をさらけ出すこと」がほとんどないという。フランスでは、女子に対しては貴族制の時代の修道院のような教育を施し、その後突如として庇護する者もなく社会の無秩序の中に投げ出されるというようなことが起こっている。[6]

しかしデモクラシーの下では若者は強い独立心を持ち、自由に振る舞う。堅固な習慣も安定した世論もない状況では、父親も夫も強くはなれないため女性の情念を抑圧することができない。

したがって、その情念をコントロールするのではなく、早熟な知識を女性に与え、彼女の「意志の自由」で風俗の乱れなどから自力で身を守る道を重視するのである。アメリカ人は、個人の独立を律するのに、まず個人が最大限の努力を払い、力が及ばないところに至って初めて宗教の援けを求める点にトクヴィルは注目したのだ。

このアメリカ流の女性の独立心の涵養方法は、女性の判断力を強めはするが、「優しく愛らしい妻」ではなく、「堅実で冷静な女性」を生み出すことになる。(7) トクヴィルは、そうした社会は静謐で規則正しいが、私生活は面白みに欠けると言う。これは「二次的な弊害」であると断ってはいるものの、フランス人トクヴィルがプロテスタントの規律の流儀に抵抗感を抱いていることは明らかだ。しかしデモクラシーの社会ではこのアメリカ流の規律が必要とされることを認めているのである。

続いて『アメリカのデモクラシー』第二巻第三部第十章で、婚姻によってアメリカ女性の何が変わるのか、あるいは変わらないのかを論じている。「独立の精神」という面ではアメリカ女性が婚姻によって変わることはない。しかし婚姻後に女性が強い義務の下に置かれるようになることは確かなようだ。アメリカ人は、ピューリタンであると同時に商業的な人々であるから、宗教と産業の両面から、婚姻というものにある種特別な位置を与えているとトクヴィルは見ている。宗教によって規則正しい生活が女性の品行を保証し、婚姻こそが家の秩序と繁栄、ひいては産業の発展をもたらすと考えるのだ。このように宗教と産業の両面から、「妻に自分を殺し自分の楽しみを絶えず犠牲にして家の仕事に打ち込むことを強要することになる」。つまりアメリカ女性は「独立の生き方をする中で、自らそうすべき時が来れば抵抗なく不平も言わずに独立を捨てる勇気を身につけたといってよい(8)」。自分で選んだからこそ、勇気を持って新たな境遇に耐えるという、自由と責任が表裏の関係にあることを自覚しているのだ。

トクヴィルの観察で興味深いのは、こうしたアメリカ女性の婚姻による境遇の大きな変化が、実は夫の浮沈の多い冒険的な社会活動を支えていると見ている点だ。アメリカの妻たちの冷静不屈の力で、男たちは一生の間で富裕と貧困の間の有為転変を乗り越えている。妻たちの勇敢な精神が、役割や形は変わっても、アメリカ社会の mores を形成しているというのである。

アメリカにおける恋愛と婚姻

以上のように、mores をベースにしてアメリカ女性の社会的な地位を理解したトクヴィルは、恋愛と婚姻をどのように見ていたのだろうか。彼は、男女が互いに引き合う力と情熱は、気候風土に影響されるという当時の通説には疑念を呈し、むしろ、その自然な情熱は社会状態と政治の諸制度によって決まってくると見ていた。北アメリカは他のどこよりも道徳が非常に厳しいという多くの旅行者の指摘を肯定しつつ、小説の世界でも、女性の貞淑は当然とみなされ、そこからの逸脱を社会が厳しく制裁する問題がテーマになっている点に注意を向ける。女性の姦通とそれに対する社会的制裁を描いたナザニエル・ホーソンの

『緋文字』（一八五〇）はその代表的な作品であろうか（それに対して、フランスのアベ・プレボー『マノン・レスコー』の主人公の奔放さはどうだろうか）。

こうした貞節への強い道徳的なこだわりは、民族や宗教に起因すると片付けてしまうことが多い。しかしそれだけで説明できるものではない。トクヴィルが重視する要因は、「平等とそれに発する諸制度」である。(9) 貴族制社会では、出自と財産に違いがあるからという理由で男女が公的な婚姻制度によって結ばれないというケースはめずらしくなかった。そうした許されざる愛ゆえに、男女の「隠れた交わり」が生まれ、それが法の制約を補っているとトクヴィルは見る。

他方、デモクラシーの社会では、こうした出自の違いや財産の格差が男女の情熱を阻むことはない。女性が自分の好きな男性と結婚できないということはまずないのだ。婚姻は選択の「自由」の下で結ばれた契約なのである。契約を自ら進んで結んだにもかかわらず、それを破ったという事実が、「婚前の不行跡を非常に難しくする」。したがってトクヴィルによれば、婚姻の自由が認められ、よき判断力を涵養するための教育（知性の明るさと意志の力）が授けられている国では、世論は妻の過ちを許さない。ここにアメリカの道徳的厳格主義の根本が存在するとトクヴィルは見る。

一方、貴族制の下では、婚姻は人を結びつけるのではなく財産を結びつける。幼い子供時代に、親同士の黙約で二人の将来の婚姻が約束されていたという例は多くの国で見られた。日本にもこうした慣行はあった。そうした封建の世では、「密通」や「不倫」がめずらしくなかったことは予想に難くない。そうした「不行跡」は、財産の結合の契約重視の精神に発する自然の結果であると見る。一方、封建社会で時たま見かけられた「恋愛結婚」は、ほとんど常に惨めな結末に終わっている。親への従順を断ち切り、習慣と圧力の暴虐から逃れ、多くの友人・親族から最終的には疎外されるような結果に終わるのである。こうした惨めな結末を考えると、心と情熱のおもむくままに相手を選択するよりも、「偶然の選択」の方が賢明であると考えるようになったとトクヴィルは推理する。

デモクラシーの社会では封建時代の貴族と比べれば一般に人々はほとんど財産も持たず、男性はすべて政治や公務、あるいは諸産業での仕事に没頭しなければならない。妻は家庭の仕事に多くの時間を取られる。したがって道徳上の「不行跡」が起こる機会は貴族制社会に比べるとはるかに少ない。この点をトクヴィルは次のように総括する。

「境遇の平等が男を品行方正にできるわけでは決してない。だがそれは不品行をより無害なものにする。このとき、固く身を守ろうとしている貞淑な女性を口説く暇も機会もないから、娼婦はたくさんいても大多数の女性は貞節を守る(10)」。そして貴族制の時代の恋愛遊戯（ギャラントリー）と比べると、売春は社会の活気と力を保ち、デモクラシーの下では家族の絆や国民の道徳が衰弱することはないと論ずるのである。

一般にデモクラシーの社会では、人々は騒がしく忙しく、恋愛遊戯に身をやつす時間はないのだ。そこでは商工階級の習慣が浸透し、人々は現実的で計算高い気風を身に付けているため、長く時間のかかる「理想」を追い求めるのではなく、欲望を手近なところで実現させてくれるような目標を追求する。つまり夢想し、物思いに沈む者はほとんどいないというのだ。

男女平等の将来

デモクラシーのもたらす「平等化」の力が、息子と父親、従僕と主人といった、下位者と上位者とを同じレベルに近づけるという点は、すでにプラトンの時代から指摘されていた。第九章でも引用したように、プラトンは『国家』において、デモクラシーの社会にありがちな人間のメンタリティーを次のように描いていた。

「一般に、若者たちは年長者と対等に振舞って、言葉においても行為においても年長者と張り合い、他方、年長者たちは若者たちに自分を合わせて、面白くない人間だとか権威主義者だとか思われないために、若者たちを真似て機智や冗談でいっぱいの人間となる」(11)

この若者と年長者の関係は、男性と女性の間でも同じ傾向を生む。その結果、結局女性の地位を向上させ、次第に男性と同等にするとトクヴィルは確信している。ただし彼の論理は、当時のヨーロッパの識者の男女同権論とは根本的に異なっていた。

当時の男女同権論は、基本的に男性と女性を同じ属性を持つ存在とみなし、同じ役割、同じ権利、同じ義務を有することが強調されていた。しかしこのように労働、娯楽、商売などにおいて男女を同じように扱う考えは、結局男性と女性の双方を貶め、「男は弱く、女は淫らになるだけであろう」とトクヴィルは考える[12]。

それに対してアメリカでは、産業を支配する経済学の大原則が男女の役割にも適用されていると指摘する。社会的労働が全体としてよりよく行われるように、男女の役割を慎重に区別しているのだ。アダム・スミスの経済学が言うところの「分業と協業の原則」である。アメリカではこの原則によって、両性が「同じ歩調」で、常に「異なる道」を歩めるような配慮がなされており、平等の原理が夫権を否定したり、夫権が妻の権利を簒奪することもないのだ。

こうした違いは男性の女性に対する言辞や態度に現れていると次のように指摘する。

「ヨーロッパでは男性は女性に賛辞を惜しまないが、その賛辞の中にある種の女性蔑視が現れているとはしばしば指摘されたことである。ヨーロッパの男は往々にして女の奴隷になるが、これを本当に自分と対等の人間と信じることは決してない」

他方、

「合衆国では男が女にへつらうことはほとんどないが、尊敬の念は毎日表す(13)」

女性の理性に全幅の信頼を置き、彼女の自由を心底尊重しているか否かがこうした態度の違いを生み出している。ヨーロッパでは、「男は女の専制支配に嬉々として服しながら、人間として最も重要な資質のいくつかを女性に認めず、女性を魅力的だが何かが欠けた存在とみなしている」とトクヴィルは見ているのだ。

こうした男性の態度は、女性自身がそのように思い込むという姿勢を生み出す。女のほうが、女性というのは頼りなく、弱々しく、臆病そうに振る舞うのが特権であるかのごとく考えるのである。そして夫の貞節の問題が「過誤」の問題とみなされ、妻の貞節の喪失は「罪」に問われるのである。アメリカ人はこの権利と義務の悪しき使い分けを知らない。むしろ女性の道徳的自由を尊重し、女性の名誉を何よりも貴重なものと考え、それを否定する「強姦」のような犯罪は、死罪としているのである。

このようにトクヴィルは、アメリカ人が社会の活動では女性を下に置いているが、知性と道徳の世界では男性と同じ水準に引き上げることに力を尽くしている点に注目している。そしてここにこそ、デモクラシーのもたらす大いなる進歩への理想が実現しつつあり、アメリカの繁栄と力の増大の原因は、こうした女性の美質とその高い地位に起因するのだと結論付けるのである。

J・S・ミル『女性の隷従』

『アメリカのデモクラシー』第二巻が刊行されて三十年ほどたって、イギリスの古典経済学者であり功利主義哲学者のJ・S・ミルが、女性の社会的地位に関する論考『女性の隷従』（*The Subjection of Women*, 1869）を公にしている。トクヴィルとミルの間に思想上の交流があったことはすでに述べたが、トクヴィルが亡くなって十年後に刊行された『女性の隷従』に、トクヴィルからのはっきりとした影響が認められるわけではない。むしろ、ミルの著書は、女性と男性の不平等に倫理的、論理的な根拠がないことを分析的に示そうとすることに主な目的があった。同書は後に述べる福澤諭吉の「女性論」に強い影響を与えたと推察されるので、ミルの議論の大要を記しておこう。(14)

ミルの時代の法律では、法の前の男女の平等が存在しなかった。その理由が、男性が女性より優れているということにあるのではなく、単に男性の方が女性より肉体的に強いという事実から来ているにすぎない、とミルはまず力説する。力の法則に立脚するという点では、強者が弱者を支配する原始的な奴隷制度が現在まで継続してきたというのである。こうした状況に対して、女性が共同して反乱を起こすということもなかった。女性が自ら進んでその無能力状態を受け入れてきたのにはいくつかの理由があった。「女らしくないのぞみは抑える」と教えられてきたこと、一度に完全な自由を得ようとする試みが困難であり、再び自分の加害者の肉体的な暴力に服さざるを得ない可能性が高いことを知っているという点が考えられる。また、女性が男性をひきつけるような人となることを、教育と品性の陶冶とともに人生の目標として刷り込まれてきたことが挙げられるとしている。こうした状況は改められるべきであり、それこそが社会進歩なのだとミルは考える。なぜなら社会進歩は個人の自由の拡大だからだ。したがって人々の任務は、女性に職業選択の自由を与え、あらゆる職業と地位とを女性に開放するようにすることだと説いている。自由競争によって女性が自らが最も必要とされ、最も適している職務に就くことが望ましいと強調するのである。

さらにミルは、より具体的に当時のイギリスの法律上の女性の地位を検討しつつ、女性が娘として、妻として、父や夫にいかに隷従しているのかを示し、そうした状況では女性は天賦の能力を発揮し人格を完成することができない実態を示している。特に、「現状でも女性は幸福ではないか」という反論を想定しつつ、それに対して強く論難している。

また、女性が政治的・社会的に不利な立場に置かれているのは、そうした制度そのものを作ったのが男性だからだとミルは指摘する。そのことはすでに幾許かは歴史的に示されている。エリザベス女王しかり、ジャンヌ・ダルクしかり。女性が政治支配に適していることは経験の示すところだというのだ。

女性には、実際方面への才や傾向、事実に対する洞察力があるから、男性と同じだけの教育や機会が与えられれば、その力は十分に発揮されるはずだ。女性は一般に物事を個別的に捉えることに長けているので、抽象的な思考を得意とする男性の偏った思考にバランスを与えることができるとミルは見ているのだ。そして賢明な女性の長所として、理解が早く、そのため行動に移るのも早いという特徴を持つ。このようにミルは女性の優れた特質を挙げながら、男性と女性の特質の相違は、女性の生得的な特質というよりも環境の相違に帰せられるものが多いと主張するのである。文学や芸術において男女のどちらが優れているのか、というミルの議論には完全に承服はしがたいものの、大体において現代の女性論の主張と大きく異なる所はない。

このような議論を展開し、ミルは、女性が社会的な桎梏から解放されて人格的な成熟と能力面での発展を遂げることによって、社会的に見ると男性にも大きな利益がもたらされると考えるのである。

福澤の女性への崇敬の念

このようなミルの女性解放の思想の背景には、彼の身近にいて彼自身の考えを形成した優れた女性の影響を無視することはできない。ミルは、一八三〇年ごろから実業家ジョン・テイラーの夫人、ハリエット・テイラーと恋愛関係にあり、二十年に及ぶ二人の関係は、夫ジョンの死によって結婚に至る。このハリエット夫人の賢明さ、徳、そして公共精神の豊かさは、ミルの女性観に多大な影響を与えたことは間違いなかろう。つまりミルの女性観は、具体的なハリエット・テイラーという身近な女性との交流によって培われたと見られる。実は同じように、こうした「具体的な身近な優れた女性」の影響によって、「女性の解放」を論じたのが福澤諭吉である。その女性とは福澤の母、順である。
中津藩士の娘であった順は、十八歳で諭吉の父百助と結婚して二男三女を儲け、結婚後十五年して百助が亡くなったあと、女手ひとつで五人の子供を育て上げた。身分で人を判断しない温かさと賢明さ、金銭の潔癖さ、特定の宗教に帰依していたわけではないがしっかりとした死生観を持ち、福澤の自由を許しつつ側面から援助するという新しい時代の女性を彷彿とさせるような立派な人物であったようだ。(15)
福澤がJ・S・ミルの『女性の隷従』を読んでいたことは、『学問のすゝめ』十五編「事物を疑て取捨を断ずる事」にも触れられている。

「今の人事において男子は外を務め婦人は内を治るとてその関係殆ど天然なるが如くなれども、スチユアルト・ミルは婦人論を著わして、万古一定動かすべからざるのこの習慣を破らんことを試みたり(16)」

つまり、女性が職業に就かず自己の役割を家庭の中での仕事に限定することを、物事を疑おうとしない「軽信」の例として挙げているのだ。この『学問のすゝめ』十五編は明治九(一八七六)年七月に出版されているから、それ以前に福澤はJ・S・ミルの『女性の隷従』を読んでいたことになる。おそらく、原著が出版されてから、遅くとも六、七年以内ということになる。

福澤が上記の『女性の隷従』の影響を受けつつ独自の「女性論」を最初に体系的に展開したのは、『日本婦人論後編』（一八八五）であろう。(17) 同書では、女性に責任と財産を持たせることの重要性を説いている点が、先のトクヴィルのデモクラシーの下での女性論と通底するところがある。また大胆にも、結婚後は夫の姓でも妻の姓でもない「新しい姓」を選ぶべきだと論じている点も、現代日本の夫婦別姓論に繋がる主張であり、この書が日本で最初の「女性解放」の書だと言われるのも当然であろう。女性が解放されて初めて、男性と女性が相互に自由に学び合い、それが社会全体の利益に繋がるとする見方は、先に示したミルの主張と基本的には同じと言うことができよう。

封建時代の日本の武士階級に浸透していた女性蔑視の思想に対して、福澤が強い反論を記したのは一八九〇年代後半、最晩年に著わした『女大学評論』（一八九九）においてである。(18) 彼が批判の対象としたのは、まず貝原益軒が『和俗童子訓』巻之五「女子を教ゆる法」（一七一〇〔宝永七〕年四月撰）をはじめとする一連の女子教訓書であった。江戸享保期に出た『女大学宝箱』、あるいは明治に入ってからの『新撰女大学』などは、「総じて婦人の道は、人に従うにあり」とし、女だけを警《いまし》める「儒教主義の偏頗《へんぱ》論」に基づく「奴隷の心得」を説いたものだと福澤は断じる。こうした教科書やその類書が、江戸時代の寺子屋、明治以降の女学校の修身教材として使われてきたため、女子教育はこの「女大学」で説かれた道徳論が基本となった。しかし、福澤はこの『女大学』を「あらん限りの悪徳を並べ立てる」書物として徹底的に論破し、『女大学評論』において、

「古来勇婦の奇談は特別の事とするも、女中に文壇の秀才多きは我国史の示す所にして、西洋諸国に於ては特に其教育を重んじ、女子にして物理、文学、経済学等の専門を修めて自ら大家の名を成すのみならず、女子の特得は思想の綿密なるに在りとて、官府の会計吏に採用せらるゝ者あり。又学者の説に、医学医術等には男子よりも女子を適当なりとして、女医教育の必要を唱え、現に今日にても女医の数は次第に増加すと云う。何れの方面より見ても、婦人の天性を無智なりと明言して之を棄てんとするは、女大学記者の一私言と云う可きのみ」(19)

と批判したのである。

『女大学』のような儒教的道徳観は、J・-J・ルソーの『エミール』の中で説かれている女子教育論（女子の家事、育児、衛生の教育重視）と基本的に変わるところはない。ルソーの後、コンドルセ、R・オーエンなどは男女同一水準の教育を主張して急進的な理論を展開させたものの、ヨーロッパでも、現実に男女共学が一般的となるのは十九世紀の末になってからのことであった。

福澤は『新女大学』で、女性も経済や法律を学ぶこと、世間体を気にする「勇気なき痴漢（ば

かもの――筆者注）」にはならないことの大切さを説き、そうした女性になるためには父母が手本となるような家族関係を作ることが大事だとしている。道徳は「耳より入るのではなく眼より入る」ものだと信じていた彼の道徳教育の哲学である。

以上見たように、ミルと福澤の女性論には、その内容はもちろん、その執筆の動機においても、二人のごく近くにいた女性の影響が大きかったことに共通点がある。それは思想が、具体的な人間との接触を通して人間との交わりの中で形成されることを示す点で興味深い。ミルの「女性解放論」においても、福澤の「婦人論」においても、女性の独立こそが自由と平等をベースとするデモクラシーにとって不可欠な習俗（mores）であるとしている点は、トクヴィルがアメリカ女性の独立的精神の重要性を説いたことと軌を一にしているのである。

注

（1）米国の社会学者サムナー（William G. Sumner, 1840-1910）が最初に用いたとされる。

（2）例えば、アダム・スミス『グラスゴウ大学講義』（高島善哉・水田洋訳）日本評論社、一九四七年において、「風習に対する商業の影響について」を論じるとき、manners（風習）という言葉を用いている。

（3）この mœurs は manière と一緒にして mœurs et manière として用いられる。モンテスキューは『法の精神』第十九編第十六章で「mœurs はより内的であり、manière はより外的である」としている。

（4）Tocqueville, *Selected Letters*, Roger Boesche's edition, pp. 292-295.

(5) Jean-Jacques Rousseau, *Discourse on the Origin of Inequality*, Translated by Donald A. Cress, Hacket Publishing Company, 1992. なお、このルソーの著作の優れた訳注と解説を付した新訳が戸部松実氏によって、国書刊行会から二〇〇一年に刊行されている。
(6) トクヴィル、第二巻（下）、七一～七三頁。
(7) トクヴィル、第二巻（下）、七三～七四頁。
(8) トクヴィル、第二巻（下）、七五～七六頁。
(9) トクヴィル、第二巻（下）、八〇～八九頁。
(10) トクヴィル、第二巻（下）、八五頁。
(11) プラトン『国家』（下）（第八巻）（藤沢令夫訳）岩波文庫、一九七九年、二一九頁。
(12) トクヴィル、第二巻（下）、九〇～九一頁。
(13) トクヴィル、第二巻（下）、九三頁。
(14) J・S・ミル『女性の解放』（大内兵衛、大内節子訳）岩波文庫、一九五七年。
(15) 福澤諭吉『福翁自伝』、岩波文庫、一九七八年の幼少時代の記述による。
(16) 福澤諭吉『学問のすゝめ』十五編「事物を疑って取捨を断ずる事」岩波文庫、一九七八年、一三四頁。
(17) これより先に『時事新報』に掲載された「日本婦人論」をわかりやすく書き改めたため、「後編」という文字がタイトルに加えられた。
(18) 『女大学評論』は、明治三二年四月一日から七月二三日まで、三四回にわたって『時事新報』に掲載され、同年十一月に単行本として時事新報社から刊行された。
(19) 石川松太郎編『女大学集』東洋文庫三〇二、平凡社、一九七七年は貝原益軒から福澤諭吉までの女大学論のアンソロジーであり、「女大学」本の系譜を知る上でも有益である。なお福澤の女性論は『学問のすゝめ』

にも展開されているが、『日本婦人論』『新女大学』『女大学評論』で系統だって取り上げられている。

第13章　日本の「民権論」

これまでトクヴィル『アメリカのデモクラシー』をいわば「軸」として、アダム・スミスに遡り、福澤諭吉への影響にも言及しつつ、自由と平等を基本価値とするデモクラシーと市場経済の問題を論じてきた。最後に本章では、日本のデモクラシーの将来を見通すために、日本のデモクラシーを最も早い段階で考察した福澤諭吉の「民権論」を、トクヴィルの所論と比較することによって、日本の民権論の歴史的側面を振り返っておきたい。

地方議会の重視

福澤諭吉の『通俗民権論』と『通俗国権論』は明治十一（一八七八）年九月に同時刊行されている。この二書に冠された「通俗」という言葉には、「よく高尚なる議論を読て真に民権の旨を解したる者は、上等社会僅々の数のみ。蓋し本編の適とする所は、上等社会の学者をば之を除て、専ら俗間の人を相手にするの積り」と緒言に断っている通り、福澤の実学重視と虚学批判の考えが込められており、当時の「民権」という言葉がすでに手垢にまみれ、多義的になっていたことが読み取れる。実際、福澤自身「民権」論者であったものの、当時の自由民権運動には、「国会開設要求」に一方的に傾斜しがちな「歪み」があったことを『通俗民権論』の冒頭に記している。

まず第一に注目すべきは、『通俗民権論』第八章で、健全なデモクラシーの運営のために人民が備えるべき力として、知力、財力、私徳、健康腕力の四つを挙げ、この四つが必要であるだけでなく、その中のいずれかが抜群であっても、他のいずれが欠落しては民権は成立しないと福澤は説いていることだ。(1) 知力があっても徳がなければ窃盗や詐欺師となる。財力が大事だとしても、日本史上金力を持って後世に残るような功徳を残したものは少ないと言う。また、無欲淡泊で徳義において優れたものが、社会の権力の座に就くこともない。腕力については説明無用であろう。日本の武士が腕力を重視したのは、智徳の働きを前提としての話であった。さもないと「若し腕の力一方を論ずれば、相撲より強き者はなかるべし」ということになる。そこで必要なのは「諸力の平均」、つまりバランスだと論じたのである。この「諸力のバランス」を福澤は重要視しているのだ。いずれの力が突出しても不足しても、健全な「民権」は生まれない。それが「民権」の重要な前提であり、この前提はかなり厳しい条件であるが、これらの条件が満たされない限り成り立たないと福澤は考えているのだ。

また第二に、この『通俗民権論』では、すでにその二年前に書かれた『分権論』と同じく、人民が努力すべきは、民権の確立のために地方の権利の拡張から始めるべきであるという、「地方自治優先」というトクヴィル同様の考えが強調されている点にも注目したい。福澤の地方分権論についてはすでに第一章で論じたが、『通俗民権論』においても、民権の基礎としての地方分権を強調して次のように述べている。

「今日の要用は、地方の仕事に就いて分界を立て、是れは政府の処分、是れは人民の引受けと、明に双方の職分を定めて、餅屋が酒を造り、酒屋が餅を売るが如き不都合なからしむるにあり。但し此分界なるもの甚だ分明なり難くして、人民の気力強気に過ぐれば、治権の界越えて直ちに政権を犯さんとし、之に反してその気風卑屈なれば、政権を窺はざるのみか、己が領分の治権をも守ること能はず(2)」

と述べて、結局は政府が勢いに乗って職分を忘れ、「深く其私領に侵入して」人民を無気力にすることを福澤は憂えた。

当時勢いを得ていた民権論者の論ずるところが実現すれば、この人民無気力の傾向はますます強まると福澤は見ていた。

「今、世間に民権論者なるものありて、動もすれば代議政堂を開くと云い、国会を催ふすと云い、其細密なる箇条は聞及ばざれども、全体、論者の旨とする所を察するに、中央の首府に大なる議事堂を開き、有志の人物を集めて国政を議するの目的なるが如し(3)」

として、強力な中央専制に陥ることを危惧するのである。福澤の論理は、中央の議会が健全に機能するためには、まず、地方議会が整備確立され、その土地のことはその土地の人民で取り扱うという風習が浸透していなければならないというところにあった。地方の小会議がそれぞれ人物を選んで、中央首府の大会議に送り出すという形にならないと、国会を開く便益は少ない。したがって、まず健全に機能する地方議会、そして国会、という順序を福澤は重視したのである。

「犬の糞を避けてはならない」

第三に注目すべきは、福澤が考える民権の政治においては、人民は議論することを「面倒がってはいけない」という点である。彼の表現を借りれば、「犬の糞を避けて通ると、之を掃除すると二様」ある場合、「犬の糞を避ける」という態度は、民権のためには大きな妨げになるということ。したがって、彼は人民の姿勢について、次のような具体的な留意点を示す。まず、司法や租税などについて無理・不公平があれば、それを面倒がって唯々諾々としてただ単に政府を批判するだけではなく、出訴・公論を厭わず、進んでこれを行うべきだという。

また短い人生においてすべてを成し遂げることはできない。現世代が先代から遺産を受け継いだように、次世代、またその次の世代へと時間をかけて漸進的に物事は成就させればよい。したがって民権を伸ばすために煩労をはばかることなく、「口ある者は弁を尽し、文ある者は筆を揮ひ、光陰も精神も愛しむに足らず、畢生の力を用いて刻苦勉強すべきなり」と人民を鼓舞し、「見て見ぬ振りして安楽」に過ごそうなどと考えては民権の確立はあり得ない、と直言する。つまり、人民はいたずらに引っ込み思案にならず、妨げ無きところまで進み出て事を成すようでなければならないとして、怯懦や消極性を強く戒める。政府を恐れず、役人を毛嫌いせず、しかしこれらの権力に阿ることもなく、「人民の一分を守ってことに当たれ」と叱咤激励するのである(4)。

さらに民権確立の必要条件として知識を広く求めなければならない点を福澤は強調している。つまり、デモクラシーがうまく機能するためには、国民が知的な活力を持ち、政府の仕組みや外国の事情に関する知識を求めるエネルギーが必須だというのである。この場合の知識は「学者士君子」の知識を意味しない。福澤の学問観の特色としての「実学」の重視がここでも読み取れる。「高を学びて低を知らず、遠を勉めて近きを忘るゝときは、其高遠なるものも遂に人事の用を為すに足らず」という。こうした害は学者の間に最も多く、世間の笑い種になるのはこの種の知識であると言って、「剣術の形を勉強して仕合を知らず、軍学の名人にして戦争の下手なるが如し(5)」と笑うのである。

したがってこうした学者の唱える民権論は通用しないだけでなく、民権論の嫌われる原因にもなると言う。そして「上流の人必ずしも智なるに非ず、下流の人必ずしも愚なるに非ざれども、唯其心の働の及ぶところに広きと狭きとの差別あるのみ」と述べ、「民間に学問の大切なりと云うも、専ら其知見を博くせんとするの旨なれば、学問の道興らずしては民権論も無益の空論と知る可し」とし、民間の知識学問は必ずしも高尚なものである必要はない、「唯其所見所聞を少し博くして、聊か戸外の事に就いて喜憂する所あらんを願ふのみ」(6)と実学の必要性を説くのである。読みもせぬ洋書を書棚に並べ、注で螺鈿の如く飾られた論文を書くような知識ではない。彼が『学問のすゝめ』で説いた実学の知識なのである。この実学の知識こそ、「犬の糞」を掃除するために必要なのだということになる。

品行を修める必要性

ここで浮かび上がるひとつの問題は、福澤はこうした「民権」にとって大前提となる「力」が湧き出る原動力をどこに求めていたのかという点である。トクヴィルの場合、デモクラシーを支える背骨として「不死なるもの」へ思いを馳せる精神の必要性を論じつつ、彼が「宗教」を重視したことはすでに述べた。福澤の著作には、こうした宗教の役割は表立っては示されていない。トクヴィルの基本図式、「自由はモラルなしには成り立たず、モラルは宗教なしでは其のベースを失う」という展開ではないが、『通俗民権論』の第六章で、「品行を脩る事」を論じている箇所に注目したい。ここでは「品行」が何によって支えられる徳なのかについては言及されていないが、「品行論」と「民権」確立との関係を福澤がどのように考えていたのかを知るヒントがある。

まず福澤は、「品行」を取り上げる前に「家産を脩る事」を論じて、「人として財産なきは、恰も其智徳の働を発揚するの方便を欠くが如し」と言い、民権を論じて特に財産の重要性を主張している。しかし品行を決して等閑にしてはならないと言い、特に私徳に関して次のように述べている。

文明開化の極点においては、智にも徳にも「公私」の別なく、また「智徳」も同一のところに収束すると考える。『文明論之概略』では、私徳より公徳、徳より公智の重要性を強調したが、この『通俗民権論』では私徳の働きに注目している。福澤は、智と徳の関係を次のような譬えで、両者の働きの違いを説明する。「智は猶鉄砲の如く、徳は猶台場の如し。鉄砲は攻るに便利にして、台場は唯守るに用るのみ。然りと雖も、誤て攻て失敗せんよりも、寧ろ攻めずして守るの安全にしかず(7)」と徳が智よりも重要になる局面を認める。

特に「民権」の流布に際しては、徳が大事だという功利的な判断がここにはある。それは、徳なきものが(汚濁に沈みながら)民権を唱え、正義公論を言い張り、改良進取を主張しても、耳を貸すものはいない。このような姿勢は、民権を説得する過程での効果という点では「台場の防御を忘れてみだりに進撃を試みる」ようなもので、その敗北は火を見るよりも明らかだと言うのだ。

これは人民の度量と関係しており、私徳の欠けた民権論者達は「恰も無頼者の巣窟なりとして、嘗て之を信ずる者なし」[8]とし、民権運動にとっては逆効果だと考える。ひとたび人々の信用を失えば、たとえ信ずべき事実を示し得ても顧みるものはいなくなる、と「民権論の普及のため」の私徳の重要性を説くのである。

次いで、徳義品行の中で最も重要なのは公私の区別なく「職分を守ること」だと福澤は言う。職分を成すか成さざるかは、才能、外的事情などによる。重要なことは、職分を成そうと努める心が「職分を守る」という精神なのだと。事の成否は人の罪ではない、心に恥じることさえなければそれで十分だと福澤は言うのだ。今の社会に多くを求めることはできないと悲観的な言葉を並べ、「唯赤心以て職分を守る人なれば、以て上流に列すべきなり」と「品行」に関する論を結んでいる。

「マルチルドム」の思想

以上のように、福澤の品行論には私徳の持つ手段的な色彩が強く、民権を普及するためには民権運動家の品性が上等でなければ、その論に説得力が欠けるという功利的な視点が認められる。トクヴィルのデモクラシーと道徳の関係の洞察には、デモクラシーの道徳的根拠として「未来」と「他者」に思いを馳せるという宗教的な含意が具わっていた。ここに福澤とトクヴィルのひとつの注目すべき違いが存在するように見える。福澤自身が宗教について体系だった論を残さなかっただけでなく、キリスト教や仏教に対する彼の姿勢も、決して首尾一貫したものではなかったことが示すように、この違いは否定しがたい。

ただし、福澤がキリスト教の根本思想に深い理解を示していた点（あるいは福澤の思想とキリスト教との親近性）は見逃せない。それは彼の「マルチルドム」の思想である。[9]「世を患て身を苦しめ、或は命を落すもの」すなわち殉教の思想である。自分の命を棄てて、多くの人々を救うという殉教思想を、福澤は、失うのは命ひとつであるが、その効能は「千万人を殺し、千万両を費したる内乱の師よりもはるかに優れり」と高く評価するのである。その思想が日本にあるか、と問うて次のように応える。日本には討死や切腹は多い。彼らは忠臣義士と評判は高いが、命を棄てる理由は、政権争いか主人の敵討ちなどのためであって、「その形は美に似たれどもその実は世に益することなし」と批判する。確かに忠義は尊いが、ただ命をさえ棄てれば「忠義」だと言うのはおかしいと述べる。

ここには、「私利」のために仲間を打ち捨てて立身出世を企てる「私智・私徳」のみに凝り固まった人物を礼賛する日本の民情への強い批判が込められている。「友のために命を投げ出すほど尊い行いはない」（『ヨハネ福音書』15・13）という言葉が示すように、西洋社会では、仲間のために命を投げ出す者にこそ畏敬と崇拝の念が払われるのに対して、日本では、自分の栄達のために仲間を打ち棄て立身出世を成し遂げた者を崇める。この価値観は西洋人に共感を呼ぶことはないと福澤は言う。

この点は、『文明論之概略』（第四章）でも指摘されている。日本人は階級の間の隔壁を自ら取り除こうとはせずに、己の階級から抜け出すことを立身出世や栄達と考え賛美するのみである。その典型は豊臣秀吉（木下藤吉郎）だとする。福澤の目からすれば、藤吉郎は単に仲間を見捨てた利己的な男にすぎないのである。

「人民の権議を主張し、正理を唱えて政府に迫り、その命を棄て、終りをよくし、世界中に対して恥ることなかるべき者」は日本では古来珍しい。その例外としては佐倉宗五郎が挙げられるくらいではないかと。

『学問のすゝめ』で福澤が説いた「マルチルドム」の精神が、地域間紛争を解決へと導いたエピソードを紹介しておこう。「長沼村事件」である。[10]

今の千葉県成田市にある印旛郡長沼村には、かつて瓢簞型をした沼があり、村民はそこでの漁撈によって生活を支えていた。隣接する十五カ村が、長沼村が漁業権を独占していることを不満として、維新後（一八七二年）官有化によって「入会地」として長沼村からその漁業権を奪ってしまう。村民はただちに生活に困窮し政府に強く請願するが聞き入れられない。そこで長沼村の村用掛の農民運動家・小川武平という人物が、この『学問のすゝめ』をたまたま読んで「マルチルドム」の思想に感激して、此の著者（すなわち福澤）のような人物であれば、自分たちの窮状を理解し、協力してくれるに違いないと思い、福澤に面会を求める。小川の訪問を、煩を厭わず、招き入れ事情を聴き、同情し、請願書の案文を作成し、高官・西郷従道宛てに「何とかしてほしい」との書簡を送る。その結果、この「事件」は四年後の明治九（一八七六）年七月に、「五年ごとに借地権を契約で改めるものの、一応長沼村民の独占的な使用権を認める」という形で解決を見る。この「長沼村事件」は、政府の暴政に対して人民は死をも怖れることなく言論を以て対抗すべきだという福澤の思想の影響を示すだけではなく、福澤自身がその思想の実践者であったことを物語るエピソードでもある。

宗教の位置付け

公のために働くという姿勢が、福澤の民権思想の基礎にあったことは以上の例からも明らかであろう。福澤は、日本では徳の意味が狭く解され、公徳よりも私徳の偏重される傾向が強いことを指摘していた。福澤自身、『文明論之概略』で、聡明叡知の働きは知恵の方に含め、徳は主に受身の私徳に限定した意味で用いられている点を批判している。福澤は、私徳は人体の耳目鼻口のように、人間にとって必要欠くべからざるものではあるが、私徳だけを有した人間が、公務を確実かつ適切にこなせるわけではないと言う。外物に接してその利害得失を考える知恵の働きは広く社会に影響を与える。日本は徳義よりもこの知恵の方が不足するとしている。

徳義について、福澤は、神・儒・仏が日本に行われてきたことの影響が大きく、その説くところに根本的な差はなく、また「東西の教、正しく伯仲の間に在る」と見ていた。ある意味で、知恵と異なり、理念としての徳義は天地開闢のはじめから変わることなく進歩がないと言う。福澤は多くの例を引きながら、徳より智、私徳より公徳、私智より公智が文明社会にとって重要なことを強調していたのである。

ここには、福澤の公と私という視点が明確に現れている。すなわち、日本では「公」は政府であり支配者を意味している。日本の歴史はすべて朝廷から武士へといった政府権力の移行の歴史であり、人民は歴史の表舞台に登場しない。新井白石も頼山陽も例外ではない。「日本にはただ政府ありて国民（ネーション）なし」なのである。階級間の隔壁を取り除くことを試みたものはほとんどいない。宗教も政治に取り入ること、権力と一体化することに執心であり、それがために日本には宗教戦争は起こらなかった。学問も治者の学問となることに努め、宗教も専制を助けることになった。こうした「権力の偏重」が日本の文明の進歩を阻んできたと福澤は指摘するのである。

ここにデモクラシーという装置を補完する「公共精神」、その「公共精神」を醸成するための制度としての地方自治、陪審制度、結社などを論ずるトクヴィルの論点とが重なってくる。と同時に福澤の論には、「私徳と結びつく宗教」という視点はあるが、「マルチルドム」の思想を除けば、「公智・公徳と結びつく宗教」という観点は薄い。そこには日本社会全体が、歴史的に見ても公智・公徳よりも私徳を重視する傾向が強かったからだとする福澤の見解が認められると言えよう。

すでに本書第八章で論じたように、トクヴィルは宗教は単に最高の自己犠牲を義化するための権威として必要とされるだけではなく、デモクラシーのもたらす個人主義と物質主義の双方と闘うという重要な役割を与えられていると見ていた。人間には感覚による経験を超えた善きものへの願望というものがあり、すべてが物質に還元され、すべてが肉体と共に滅ぶという物質主義の教説と宗教は闘っているのだ。

宗教は人間の最も崇高な力を目覚めさせるだけではなく、自己の殻に閉じこもりやすい人間に、他者への奉仕へと向かわせる力を持つ。トクヴィルが神と人間本性に関する一般的な概念こそが、人間の自由の保護者となりうると考えたのは、自由が道徳なしには保持しえず、道徳は宗教なしには成り立ち得ないと考えているためである。

わからないことがあるという姿勢

平等化の流れを、ある種抗しがたい「神の摂理」のように感じ取ったトクヴィルにとって、民主化のもたらす諸々の課題を人間の自由意思の範囲内でいかに解決するかが「新しい政治科学」の主要テーマとなった点については、すでに述べた。条件の平等化が神の与えた運命だとしても、その流れを、偉大、悲惨、隷従、自由のいずれに繋げるのかは人間の選択と責任の問題だとトクヴィルは考えたのである。したがってトクヴィルにとって、デモクラシーそれ自体は礼賛の対象でもなく、デモクラシーを批判して他の政治体制を擁護しようとする意図も彼にはない。デモクラシーを受け入れながら、その欠陥を何らかの形で補正し、改善して使いこなしていく余地を論究することが、トクヴィルの主要関心事であったと言えよう。

ではその近代のデモクラシーは、どのような特徴を有し、その特徴はいかなる人間類型と社会風土を生み出すのだろうか。トクヴィルがデモクラシー、すなわち「民権」をどのように特徴付けていたのかをもう一度振り返りながら要約しておきたい。

序章で述べたように、物質主義と個人主義を生み出すデモクラシーは、現世的な私的事柄、目に見える物的な報酬へと人々の関心を集中させるため、人間の高貴な能力を刺激して公的な徳へと人々を駆り立てる強い誘因を持たないレジームとなる。この点は、貴族制の下における「武勇の徳」がひとつの極端な例となろう。トクヴィルは言う。

「封建貴族は戦争により、戦争のために生まれた。それは武器に権力の源泉を見出し、武器によってこれを保持した。だから武勇ほど彼にとって必要なものはなかった。他のなにものにもまして武勇の栄光を称えたのは当然であった。武勇を表す行為は、たとえ理性と人道に反したものでも、貴族は何でも肯定し、しばしばこれを命令した。個人が自由に考えてよいのは細かい点だけだった(11)」

コンフォルミズムの弊害

公徳への関心が薄れ、社会的な紐帯が弱まり、個人がアトム化した社会で起こる著しい変化は、人々の意見、感情、感覚、行動目標、尊敬される人間類型、あげくは言葉づかいまでが似てくるという「コンフォルミズム」の浸透である。この傾向は、「市場の浸透」が、流行と画一主義を生み出す力があることと類比的である。市場経済が「消費者主権（consumer sovereignty）」の原則で動くのが原理的には同じメカニズムなのだ。この多数の支配（専制）が独裁の専制と異なるのは、独裁による専制が、人々の「行動」だけを画一化するのに対して、多数の専制は人々の「行動」だけでなく、「考え方」をも画一化するという点であった。経済における「流行」、政治における「ポピュリズム」がその現象形態なのだ。トクヴィルを再び引用しておこう。

「デモクラシーにあっては、人はすべて似たようなもので、似たようなことをしている。たしかに彼らは人生の大きな浮き沈みに絶えずさらされているが、同じような成功と失敗が繰り返されるので、役者の名前は違っても、筋書きは同じである。アメリカ社会の様相が騒がしいのは、人とものが不断に変化するからであり、それが単調であるのは、あらゆる変化が同じようなものだからである。

民主的な時代に生きる人々は多くの情熱を有するが、その大半は富への愛着に帰し、あるいはそれに発するものである。これは彼らの心が小さくなったからではなく、金銭の重要性がこの時代ほど本当に大きい時はないからである[12]」

人々の境遇がほとんど平等であるとき、人々の地位は絶えず変化するようになる。トクヴィルが例に挙げるように召使の階級と主人の階級はアメリカでもなお存在するが、その構成員はいつも同じ個人ではなく、とりわけ同じ家系ではない。命令する側にも従属する側にも恒久的なものはもはや何も存在しないのだ。

デモクラシーにおける「従僕」は、彼らだけで別個の一国民をつくっているわけではないから、彼らに固有の習慣、偏見、習俗は存在しない。彼らのうちに固有の気質や感性はなく、したがって身分に固有の悪徳も美徳も生まれない。

「知識と思想と感情、そして美徳も悪徳もすべて同時代の人と同じものを共有する。誠実なものも恥知らずなものもあるが、それは主人たちも同様である。／境遇は主人たちの間に劣らず従僕の間でも平等である[13]」

画一主義の浸透は、デモクラシーというレジームが生み出す必然の帰結だとトクヴィルは見ている。ここに個人主義を生み出すデモクラシーが「多数の専制」への道を準備するというひとつのパラドックスが潜んでいる。

ひとつのパラドックス

民主制のパラドックスは、「条件の平等化」が実は専制とも自由とも両立しうるという点だ。これは二十世紀の社会主義国の一党独裁の運命を知った現代人にとっては、歴史的事実としては理解しやすい。平等への強い愛が自由を侵食するという事実だ。そのメカニズムと論理はどのようなものなのだろうか。

トクヴィルは、自由と平等を比べた場合、自由を獲得すること、自由を擁護することの「分の悪さ」が影響すると見抜く。自由は努力と監視が必要であり、自由を獲得するのは難しいが、自由は容易に失われる。自由の過剰は容易に指摘できるが、自由の利益はあまり自覚されない。他方、平等への愛は熱烈で飽くことを知らず、自由の中にも平等を求め、それが実現できないとなると隷従の中に自由を求めることをも厭わなくなると考える。

これほど強烈な「平等愛」は、人々を「偉大な高み」へと平等に引き上げようとする方向の力よりも、すべてを低い共通項へと人を導く傾向を強める。この「低い共通項」への傾斜を促す要素は、人々の間の能力の差だとトクヴィルは言う。この能力の差は、神、あるいは「自然」から出てきているからだ。能力の不平等は、現世での利益獲得への平等な参加が保障されながらも、それを獲得できないという欲求不満の原因となる。嫉妬心を掻き立てやすい条件を生み出すことになる。つまり、平等は、平等そのものを守るために、自由を自ら放棄し、譲り渡してしまいかねないのだ。この場合、自由を譲り渡す相手は、人々の安寧と福祉を保護する中央集権化の進んだ「国家」であり、「多数」なのである。

デモクラシーは、一人の人間の優れた知性よりも、多数の人間が結合して生まれる知性の方が優れているという考えによって正当化される。アリストテレスは、「民主制的な『正しさ』は、価値によらず、数に基づき等しい配分にあずかること」だと要約している。多くの人間が「正しい」と考えることには「多くの場合」、それなりの正当性が認められるという大まかな経験則に依っているのだ。(14)

しかし「多数」は、個人が画一化を拒否することを許さない。多数と異なる意見を持つことは、思慮に欠け、人間的ではないとみなされることが多く、少しだけ知的に優越する者への嫉妬を掻き立てやすい。多数は人々を凡庸さへと順応させるのである。

民権への危惧

このデモクラシーの「境遇の平等化」が生み出す嫉妬心については、福澤諭吉がいくつかの論考の中で鋭い洞察を加えている。『学問のすゝめ』十三編「怨望の人間に害あるを論ず」は最もよく知られた「嫉妬」に関する福澤の見解であるが、福澤の『国会論』における嫉妬に関する議論を紹介しておこう。

『文明論之概略』を著わした頃は、福澤は早期国会開設には消極的であった。しかし、『民情一新』を書いた明治十二（一八七九）年頃から、急速に早期国会開設論へと傾斜する。国会開設の機は熟したと見たのである。そこで『郵便報知新聞』紙上に門下生・藤田茂吉、箕浦勝人の名で公表したのが『国会論』であった。

その内容を注意深く読むと、もろ手を挙げて国会開設運動に身を投ずるという姿勢だけで書かれたものではないことは明らかである。そこには『民情一新』で展開される、イギリス流の議院内閣制の導入と政権交代論が述べられ、選挙があるため政権の座が恒久的なものではないことが強調されている。その「政権交代論」は福澤を「危険思想家」とみなす政敵・論敵に強い警戒心を抱かせる原因となった。しかしそこからは、もともと国会開設は時期尚早と考えていた福澤の「民権と国会」の力に対する冷静なるまなざしも読み取れる。特に、彼が冒頭で要約している「時期尚早論」の批判の中に、国会が開設されても「民権そのものに伏在する危うさ」を指摘している点を見逃すことはできない。

まず、国民の智徳と自治の精神は育っているかと問うて、次のように論ずる。

「第一、我人民智徳の度を察するに、概して未だ高尚の域に至らずして、自主自治の気風に乏しく、百千年来、人に依頼して人の制御を受け、所謂政治之思想無きものなれば、国の政権に参与するが如きは、此輩の知る所に非ず、又欲する所に非ず。（中略）本人の為めに謀り、啻に快楽を感ぜざるのみならず、却って痛苦を覚ゆるに足る可し。故に今、斯る木石に等しき人物を集めて国会を開くも、唯一場の愚府たるに過ぎざるのみ(15)」

次いで、「治める力」は措くとしても、「治められる力」があるのかと問うて、次のように述べる。

「第二、日本人の人民必しも木石のみにあらず、往々独行活潑の人物に乏しからず。彼旧藩士族の如き、即ち其人なりと雖も、如何せん、此流の人は政治上の思想なきにあらざれども、其思想の由て来る所は封建世禄の祖先より遺伝する所のものにして、能く人を治るを知て未だ人に収めらるゝを知らず、他人の為めに民権の論を唱ふるも、自から為めに権利を主張するの道を知らず。其自ら主張して権利と名くる所は、唯現今政府の人に代て自から政柄を握らんとするの功名心にして、所謂、宿昔青雲の志に外ならず(16)」

さらに、この「治められる力」の不足と欠如はいかなる事態を出来するのか、この「青雲の志」が成就しないとどうなるか、と問うて以下のように言う。

「此志を伸べんと欲して其路を得ざれば、功名の心は変じて不平の心となり、只管政府を怨望して社会の多事を祈り、甚しきは軽挙暴動の弊害を生ず。概して之を、非政府党と名く可し。尚甚しきは、嘗て官途に地位を得て意気揚々とたりしもの、一朝失意の人となれば、俄然心事の方嚮を変じて、所謂民権なるものを唱え、或は演説師となり或は新聞記者となりて、漫に朝野の情態を罵詈して、以て俗人の喝采を求めんとする者少からず。此輩は畢竟、政弊を矯めんと欲して議論するにあらず、自己一身に浮沈あるが為め、事に托して不平を洩らすに過ぎざれば、其議論は唯一種の怨言と認む可きのみ。（中略）今、若し強て之を開くも、其会は唯、社会の事物を破却するの一方に止りて、而して之を経営するを知らず、傲慢過激を事として、温良従順の風を紊り、遂に以て粗暴の府となるに至る可し(17)」

機会の平等が、時に怨望を生み、社会と政治への「軽挙暴動」に走る人間を生み出すことを、福澤は、国会開設反対論の中に織り込み、その危険性を指摘しつつも、ようやく国会を開設する時機に達したと読むのが、当を得ているのではなかろうか。ここで福澤が指摘したのは、政治参加の機会平等が招く可能性の高い「怨望」であった。

平等は蜃気楼か

民主制社会に存在する、除去できないいまひとつの異質性ないしは不平等をトクヴィルも福澤も決して看過したわけではなかった。

トクヴィルは、富めるものと貧しいものとの絶え間ない対立と抗争が、デモクラシーの下で解決されるとは考えなかった。民主制によって富の完全な平準化が起こるわけではない。富裕階級、中間層、貧困階級の三階級の割合は異なるものの、貧富の差はどこの社会にも存在する。そして富の平準化はある程度進むものの、富裕層と中間層が大多数を占めるということにはならないだろう。とすれば、どのようなことが起こるのか。普通選挙の普及は、貧困層の政治参加を促進し、社会の統治に、より多くの貧困層が関与することになる。この動きが、貧困層を少しでも豊かにすることにではなく、富裕層の富と所得をいかに削減するかに人々の関心を向かわせるとすればどうなるだろうか。富裕者を貧しくすることが社会にとって益にはならないという経済の論理を人々が理解するのは難しいと古典派経済学に馴染んでいたトクヴィルは見ていた。

福澤諭吉は、教育の重要性を説く『学問のすゝめ』では「無知が貧困の原因」との論を主張した。しかし『時事新報』(一八八三年三月)の「貧富論」では、貧富格差は避けられない事実とし、「富豪の進捗を妨る勿れ」との論へ強調点を変えている。そして翌一八八四年十月からの社説で、六回にわたり日本に富豪の少ないこと、日本の商業の担い手として、あるいは国力の原動力として富豪に期待する所が大きいと述べた。ただし貧者の怨望に対する政策措置の必要を認めてはいるが、救貧政策には富豪の経済活動を円滑にする一定の役割を与える程度の論に留まっていた。

しかし商業の進捗によって貧富の差が露わになり始めると、「貧困が無知の原因」、しかし人力を持って直には如何ともしがたい、と論ずる(『時事新報』明治一七年十月二四~三十日の巻頭社説)。

そして一八八九年から始まる「貧富論」再論では、福澤のスタンスは変化する。さらに貧困を放置するような政策に対しては、西洋の通俗経済書は「富者に媚を献ずるもの」とまで言い放つ(『時事新報』明治二四年四月二七日～五月二一日の巻頭社説)。もちろん、『時事新報』の社説がすべて福澤の政策論そのものかという問題は残る。しかし、理論に合わないといって現実をすぐさま断罪する「プロクルステースの寝台」のような解決手段を福澤が採らなかったことには注目すべきであろう。

自由な競争社会が人々の平等感覚に合わないような不平等な結果をもたらすことは、福澤の時代同様、現代社会でもその所得と富の分配の著しい歪みを見れば明らかであろう。他方、平等の徹底は、それが仮に可能だとしても、自由を著しく侵食することはこれまでの歴史的経験が示す通りである。自由と平等の完全な両立はほとんど不可能だと言っても過言ではない。その現実を認めた上で、デモクラシー社会に生きる人間に与えられた選択肢は、どれほどの自由を求め、どれほどの不平等を許容するのかについての社会的な合意を探ることでしかない。そのための適切な政治的選択に必要とされるのは、民主制社会の経済メカニズムの論理を理解することと、そこに生きる人々の価値意識を再確認し、自らの目指す目的・理念と選び取られた政策手段との論理的な整合性を十分に学び取ることであろう。本書で取り上げたスミス、トクヴィル、福澤の三人の知的巨人の自由とデモクラシーの考察は、これからの人類社会の姿を予想する上でも、またこれからわれわれが直面する政治、経済、社会にかかわる幾多の難問に対処するためにも、重要な示唆を与えてくれると筆者は信じている。

注

(1) 『福澤諭吉選集』第五巻、岩波書店、一九八一年、一一五〜一一六頁。
(2) 『福澤諭吉選集』第五巻、九七頁。
(3) 『福澤諭吉選集』第五巻、九八頁。
(4) 『福澤諭吉選集』第五巻、一〇一頁。
(5) 『福澤諭吉選集』第五巻、一〇五頁。
(6) 『福澤諭吉選集』第五巻、一〇三頁。
(7) 『福澤諭吉選集』第五巻、一〇九頁。
(8) 『福澤諭吉選集』第五巻、一一〇頁。
(9) 以下の引用は『学問のすゝめ』七編「国民の職分を論ず」岩波文庫、一九四二年、七二頁。
(10) 鎌田栄吉「福澤先生と長沼村との関係」西川俊作・松崎欣一編『福澤諭吉論の百年』慶應義塾大学出版会、一九九九年参照。
(11) トクヴィル、第二巻(下)、一二四頁。
(12) トクヴィル、第二巻(下)、一一六〜一一七頁。
(13) トクヴィル、第二巻(下)、四三頁。
(14) アリストテレス『政治学』(山本光雄訳)岩波文庫、一九六一年。

(15)『福澤諭吉選集』第五巻、一二三頁。
(16)『福澤諭吉選集』第五巻、一二三頁。
(17)『福澤諭吉選集』第五巻、一二三～一二四頁。

あとがき

「自由の思想家」の著作を再読し、その思想に新たな光を当ててみたいというのが、本書執筆の動機であった。ミネルヴァ書房の広報誌『究』に連載のスペースを与えられた当初は、構成として、前半でトクヴィルを中心に、「アダム・スミスのトクヴィルへの影響」「福澤諭吉のトクヴィルからの影響」を論じ、後半ではベルクソンを念頭にF・ナイトの自由社会論を取り上げたいと考えていた。しかし連載第二三回の原稿を書き終えた段階で思わぬ病を得て連載は休止となり、後半のナイトとベルクソンまで進むことができなくなった。しかし幸いにも、連載中にお世話になった堀川健太郎氏から、前半部分だけでも一巻の書物としてまとめてはどうか、とお勧めいただき、なんとか本書の刊行まで漕ぎ着けた。

「あとがき」としては蛇足になることを承知で、筆者のトクヴィルとの「出会いと交際」についての思い出を記しておきたい。

すでに半世紀近くも前のことになるが、筆者はアメリカで四年半余りの大学院生活を送った。

下宿が近かった級友のチャールズ・ピゴット君（その後ＦＲＢに勤務）から、アメリカの大学生が読んでいる本の話を聞く機会がしばしばあり、「アメリカ社会の理解にはトクヴィル『アメリカのデモクラシー』を推奨する。今でもその価値は全く失われていない」と強く薦められたことがあった。

早速、大学（ＭＩＴ）の生協で入手したのがヘフナー（R.D. Heffner）が編集したMentor Bookの抄訳版であった。トクヴィルの友人ヘンリー・リーブ（Henry Reeve）の英訳に、ボーエン（Frances Bowen）が手を加えたものである。「一九六九年一一月三日購入」との書き込みがあるから、大学院での厳しい勉強が始まってまだ二カ月も経たないときである。米国の大学院生活に全く慣れない時期に、経済学からかなり離れた読書をしていたわけだから、大学院の成績が芳しくなかったのも不思議ではない。

ヘフナーが編集した抄訳版は、第一巻からもかなりの数の章が収められている。第一巻の前半部分は、自由と平等に基づくアメリカの連邦政治を検討する準備として、州と地方（タウン）の政治と行政、そして憲法が論じられている。しかし残念ながらこの部分は、経済理論を頭の中だけで理解し、政治と行政の微妙な関係を知らない未熟な経済学徒にとっては退屈な内容であった。

筆者が当時住んでいたマサチューセッツ州の事例ではあっても、なぜトクヴィルが統治（government）の中央集権と行政（administration）の中央集権の区別に注目しているのかを十分理解できなかったのである。

第二巻では、アメリカのデモクラシーがヨーロッパの旧貴族社会では見られなかったような人間感情と社会風土を生み出している点を、鋭い観察と推理力で具体的に論じている。この部分は、最も良質なアメリカ社会論、文明論であり、「トクヴィルの名言」としてしばしば引用される優れた文章が沢山詰まっている。ここでは習俗（moeurs－英訳では morals, manners あるいは mores）という概念がしばしば登場する。それはアングロ・アメリカン流の経済学を学んでいた筆者にとっては、捉えどころのない曖昧な概念に感じられた。

モラリストと呼ばれるフランスの文人の伝統の中で培われたトクヴィルの文章、論理、表現には独特の味わいがある。明晰さと同時にレトリックの綾も見事というよりほかはない。トクヴィルの叙述のディテール（例えばセヴィニエ夫人の手紙の引用やアダム・スミスへの言及と思われる箇所など）やエピソードも十分楽しめる。政治にとって重要な問題を正確に論じながら、しかも面白く読ませる力量には舌を巻くばかりであった。経済学的な関心を持って読むものにも、多くの示唆が得られる。あのマルクスは、初期の著作、『ユダヤ人問題によせて』『ルイ・ボナパルトのブリュメール十八日』だけでなく、『剰余価値学説史』『資本論』でもトクヴィルに批判的な立場から言及している。本書でも指摘したように、トクヴィルとマルクスの階級論には共通するところが見られる。こうした理論家や思想家が相互に意識し影響し合う関係を、トクヴィルを軸にして、アダム・スミスと福澤諭吉に言及したのが本書の特徴であろう。

このように、筆者はピゴット君の推奨によって初めてトクヴィルに出会った。その後、改めてトクヴィルの著作に目を通すようになったのは、日本に帰って約十年後、大阪大学で「社会思想」「経済思想」の講義をしばしば担当するようになってからである。当時の経済学部では、思想関係の授業は、同僚や学生たちからとかく軽視、あるいは敬遠されがちであった。しかし筆者にとっては、学生にトクヴィルを解説することは、トクヴィル再読のよい機会となった。学部の授業でトクヴィルの話に時間を割き、大学院での思想史の演習（と言っても、古典の読書会のようなものであったが）でもトクヴィルを取り上げ、ますますその魅力に取りつかれるようになったのである。その後、国際日本文化研究センターでの望月和彦氏（桃山学院大学）、山本貴之氏（当時帝塚山大学）との読書会でも、日英仏の三つの版を比較しながら、ゆっくり『アメリカのデモクラシー』を読み直すことができたのも懐かしい思い出である。

読むこと・学ぶことには貪欲な割に、書くことには怠慢な（特に「納期」にルーズな）筆者に、『究』連載の機会を与えて下さった『究』編集協力の宮一穂氏、熱意を込めて編集の作業を進めて数々のアドバイスを下さった堀川健太郎氏に改めて感謝したい。本にまとめようとしていた段階で、田村太一氏（流通経済大学）から、全体の構成から細部に至るまで、丁寧なコメントと有益なサジェスチョンを頂いたことに対して謝意を表したい。

なおトクヴィルを読むに際して、仏語版はGallimardから出たJ.-P. Mayerが中心となって編纂した全集（Œuvres Complètes）の中の二巻本（1961）とPleiade版（1992）を手許に置いた。英語版は、Henry Reeveの英訳をFrances Bowenが改訂し、さらにPhillips Bradleyが修正を施したVintage Classics版（1990）、H. Mansfield & D. Winthrop訳のUniversity of Chicago Press版（2000）、さらに新たに公刊されたA. Goldhammerの英訳（Library of America, 2004）にも目を通した。日本語訳は、大阪大学時代の大学院演習では講談社学術文庫の井伊玄太郎訳をチェックした。『究』執筆時には、松本礼二氏による優れた邦訳（岩波文庫版）が刊行されていたので、本書での引用には松本氏の訳を使わせていただいた。

なお、アダム・スミスの *The Theory of Moral Sentiments* の邦訳は、引用されているそれぞれの章の注に記したように、米林富男訳『道徳情操論』（上・下二巻、未来社、一九六九年）と水田洋訳『道徳感情論』（上・下二巻、岩波文庫、二〇〇三年）を引用者の好みに応じて使い分けたことをおことわりしておきたい。

二〇一六年二月四日

著者しるす

ら・わ行

な　行

は　行

ま・や行

た　行

さ 行

事項索引

あ 行

か 行

ま　行

ら・わ行

た　行

な　行

は　行

人名索引

あ 行

か 行

さ 行

《著者紹介》

猪木武徳（いのき・たけのり）

1945年　滋賀県生まれ。

1968年　京都大学経済学部卒業。

1974年　マサチューセッツ工科大学大学院修了，Ph. D.。

大阪大学経済学部教授，国際日本文化研究センター所長，青山学院大学国際政治経済学部特任教授などを歴任。

現　在　大阪大学名誉教授，国際日本文化研究センター名誉教授。

著　書『経済思想』岩波書店，1987年。

『学校と工場』読売新聞社，1996年，増補，ちくま学芸文庫，2016年。

『経済成長の果実――1955～1972』中央公論新社，2000年，中公文庫，2013年。

『自由と秩序』中公叢書，2001年，中公文庫，2015年。

『戦後世界経済史』中公新書，2009年。

『自由の思想史』新潮選書，2016年など。

叢書・知を究める⑧
自由の条件
――スミス・トクヴィル・福澤諭吉の思想的系譜――

2016年9月20日　初版第1刷発行
2016年11月30日　初版第2刷発行
〈検印省略〉
定価はカバーに表示しています

著　者　猪木武徳
発行者　杉田啓三
印刷者　田中雅博

発行所　株式会社　ミネルヴァ書房
607-8494　京都市山科区日ノ岡堤谷町1
電話代表（075）581-5191
振替口座　01020-0-8076

創栄図書印刷・新生製本

ISBN978-4-623-07792-2
Printed in Japan